湖北省科技厅软科学项目"数字普惠金融助力精准扶贫
湖北省孝感市县域为例"（2019ADC148）

教育厅，规划办：省社科基金前期资助项目（湖北省高等学校哲学社会
科学研究重大项目）"数字普惠金融助力精准扶贫模型研究——基于湖北省
村镇银行服务视角"（19ZD057）

数字普惠金融对县域经济高质量发展的影响研究

——基于大小数据融合分析的视角

蔡皎洁　著

人民日报出版社

图书在版编目（CIP）数据

数字普惠金融对县域经济高质量发展的影响研究：基于大小数据融合分析的视角 / 蔡皎洁著. --北京：人民日报出版社，2023.7

ISBN 978-7-5115-7900-3

Ⅰ.①数… Ⅱ.①蔡… Ⅲ.①数字技术—应用—金融业—作用—县级经济—区域经济发展—研究—中国 Ⅳ.①F832.1－39②F127

中国国家版本馆 CIP 数据核字（2023）第 137574 号

书　　名：**数字普惠金融对县域经济高质量发展的影响研究**
　　　　　　——基于大小数据融合分析的视角
　　　　　　SHUZI PUHUI JINRONG DUI XIANYU JINGJI GAOZHILIANG
　　　　　　FAZHAN DE YINGXIANG YANJIU
　　　　　　——JIYU DAXIAO SHUJU RONGHE FENXI DE SHIJIAO

作　　者：蔡皎洁

出 版 人：刘华新
责任编辑：孙　祺
封面设计：贝壳学术

出版发行：人民日报出版社

社　　址：北京金台西路 2 号
邮政编码：100733
发行热线：（010）65369527　65369846　65369509　65369510
邮购热线：（010）65369530　65363527
编辑热线：（010）65369518
网　　址：www.peopledailypress.com
经　　销：新华书店
印　　刷：凯德印刷（天津）有限公司

开　　本：710mm×1000mm　　　1/16
字　　数：245 千字
印　　张：14
版　　次：2023 年 10 月第 1 版
印　　次：2023 年 10 月第 1 次印刷

书　　号：ISBN 978-7-5115-7900-3
定　　价：86.00 元

|目 录|

第一章　研究缘起：问题、方法及结构

第一节　研究背景、目的和意义

一、研究背景

近年来，全球数字经济蓬勃发展，数字技术正在改变社会、行业、生活的传统运作模式和运作流程，以优化社会资源配置、产业结构升级、生产生活方式，成为新一轮国际竞争的核心。数字经济通过人工智能、大数据、云计算、物联网、区块链等信息技术在各领域的深入应用，成为重组全球要素资源、重塑全球经济结构的关键力量。"十三五"以来，"数字经济"6次被写入我国政府工作报告；《中华人民共和国国民经济和社会发展第十四个五年规划和 2035 年远景目标纲要》将"加快数字化发展建设数字中国"单独成篇，《"十四五"数字经济发展规范》首次提出数字经济核心产业增加值占国内生产总值比重这一新经济指标，明确要求我国数字经济核心产业增加值占国内生产总值比重由 2020 年的 7.8％提升至 2025 年的 10％。数字经济在我国已提升至国家战略层面，是继农业经济、工业经济之后的主要经济形态，成为经济发展的重要组成部分。

数字经济背景下，我国金融体系不仅面临着经济结构调整、利率市场化等传统要素的变革，还面临着供给侧结构性改革、新旧动能快速转化、金融监管力度升级、金融科技飞速发展等创新要素的冲击。发展数字普惠金融，提高各类群体的金融可得性，不仅能从整体上促进金融供给侧结构性改革，推动金融业高质量发展，而是可以通过增加高质量产品供应、激发内需活力来促进数字金融与实体经济的深度融合，助推我国数字经济高质量健康发展。"十三五"以来，金融科技创新成果显著，成为践行普惠金融、发展数字经济的新引擎，为"十四五"时期全面推进数字普惠金融服务建设与发展奠定了坚实基础。《金融科技发展规划（2019—2021）》《金融科技发展规划

（2022—2025）》相继发布，积极推动金融科技惠民利企，加快健全无障碍金融服务体系。《金融标准化"十四五"发展规划》为新技术在金融领域的创新应用提供规范引导，确保金融业数字化转型有标可依。《"十四五"国家信息化规划》提出"数字普惠金融服务"优先行动，在坚持共同富裕发展方向的前提下，实现金融科技与普惠金融、数字经济与实体经济的深度融合。

2022年中央一号文件《中共中央　国务院关于做好2022年全面推进乡村振兴重点工作的意见》，是党的十九大提出乡村振兴战略以来的第5份指导"三农"工作的中央一号文件。"县域"一词被频繁提起，凸显县域经济发展在实施乡村振兴战略以及经济社会发展中的重要性。"三农"的发展离不开金融业的有力支持。2021年中央一号文件《中共中央　国务院关于全面推进乡村振兴加快农业农村现代化的意见》首次明确提出"农村数字普惠金融"，数字技术与普惠金融作为一个组合词组，写入中国农业农村政策改革发展中，期许利用数字技术实现农村普惠金融创新。2022年中央一号文件首次单列"强化乡村振兴金融服务"，对机构法人在县域、业务在县域、资金主要用于乡村振兴的地方法人金融机构，加大支农支小再贷款、再贴现支持力度，实施更加优惠的存款准备金政策。2022年中央网信办、农业农村部等10个部门联合印发《数字乡村发展行动计划（2022—2025年）》，加强数字普惠金融与智慧农业、农村产业发展、农机农艺、农村农业大数据应用场景开发、乡村新业态等多领域应用深度融合，持续深化农村数字普惠金融建设，有力实现从脱贫攻坚到乡村振兴的平稳衔接。

本书基于全球数字经济发展的大背景以及我国从打赢脱贫攻坚战转向全面推进乡村振兴发展的关键历史转折阶段，立足于国家相关条文及政策，探讨数字普惠金融对县域经济高质量发展的影响因素及路径，对改善"三农"融资难题、深化县域经济供给侧改革、提升普惠金融可得性、完善授信评估体系以及培育农民数字素养等多方面有着重要的理论意义和现实意义。

二、研究的目的和意义

（一）研究目的

本书从数字普惠金融的"数字"价值出发，融合大小数据分析的优势，从图论的视角探讨数字普惠金融对县域经济高质量发展中宏观及微观层面的影响，获取影响因素及影响路径，构建不同情境下的影响机制，并提出针对性的县域经济高质量发展策略及建议。为了达到这一总体目标，需要分步骤地实现3个子目标：一是综合管理学、经济学、情报学、计算机科学以及人工智能等多学科理论与方法，拓展数字普惠金融的"数字"价值的内涵与外延，不仅从宏观经济政策方面，还从微观主体的需求与供给心理及态度层面，探讨数字普惠金融对县域经济高质量发展的影响。二是明确大小数据融合分析的思路与框架，鉴于面板数据、问卷数据等小数据的时间滞后性、覆盖对象局限性等缺点，融入实时海量多结构化的大数据以实现数据"镜像化"的构建目标；鉴于大数据关联分析难以深入微观主体价值观及态度等层面的因果问题，融合小数据实证分析获取影响因素间的关联及因果关系。三是基于语义集成及知识图谱等方法，由事件驱动获取不同情境下数字普惠金融对县域经济高质量发展的影响路径及机制，由知识图谱展示影响因素的核心节点及节点间关系，分析其外部及内部的影响机制，并有针对性地提出县域经济高质量发展的建议及对策。

（二）研究意义

理论价值：综合多学科理论和方法，深度剖析数字普惠金融与县域经济高质量发展的多维多层关联及因果关系，不仅探讨数字普惠金融对县域宏观经济政策层面的影响因素及路径，还从数字普惠金融供给与需求的角度探讨影响县域微观主体发展的深层影响机理，拓宽了农村数字普惠金融的研究边界，推动其应用理论体系的发展；融合大数据分析，覆盖以往小数据分析触及不到的环节，深入挖掘在县域产业生态构建及农村消费场景开发中数字普惠金融需求与供给不匹配的影响因素，创新了研究视角，夯实了发展农村数字普惠金融的战略价值；大小数据相结合实现了数据的完整性和全面性，数据驱动分析与知识驱动分析相结合实现了不同层次、不同逻辑上的关系分析，数据驱动分析可为知识驱动分析的理论基础提供创新依据，知识驱动分析获取的因果关系可细化数据驱动分析的关联关系，通过语义集成和知识图谱构建明确数字普惠金融对县域经济高质量发展的影响路径、拓展影响因素分析边界、构建影响因素形成的机制，创新了研究方法和研究内容，丰富了该领域研究的框架体系。

应用价值：综合文献数据、新闻纪要、社交网络、行为及评论、问卷调查、面板数据等多源数据，通过面板回归、结构方程模型、文献计量、文本挖掘、社交网络分析等多种方法，获取数字普惠金融对县域经济高质量发展中宏观及微观层面的影响因素，为县域行政机构、县域金融机构、县域小微企业、"三农"发展等主体提供有针对性的发展建议；从大小数据分析的角度研究数字普惠金融对县域经济高质量发展的影响因素及相关路径，数据驱动拓展研究边界，知识驱动深入态度、价值观等深层影响机理，通过语义集成和知识图谱构建形成完整的影响分析机制，有助于针对具体情境（事件）精准定位影响因素及路径并形成相应对策的战略方案；明确数字普惠金融如何影响县域经济高质量发展，准确定位影响因素及影响路径，构建影响机制，才能落实发展农村数字普惠金融的价值，真正实现县域金融供给侧改革，推动金融供给与金融需求个性化和精准化对接，科学践行强化乡村振兴金融服务发展战略。

第二节　核心概念界定

数字普惠金融产生于数字经济大背景下，具有数字经济的特征和绩效评估的新标准，以互联网为基础，以平台经济为表征，面向长尾客户服务，大数据不仅是产出资源更是生产要素，通过数据价值链的构建驱动社会内需，平衡金融供给侧改革，真正实现我国数字经济高质量健康发展。

一、数字经济

（一）数字经济概述

1996年，美国商业策略大师唐·塔斯考特（Tapscott Don）最早提出"数字经济"的概念，在分析美国信息高速公路普及之后产生的新经济模式下，提出数字经济是建立在信息数字化和知识基础之上的一系列经济活动。后续的研究进一步扩展和丰富了数字经济的内涵，1998—2000年，美国商务部出版的《浮现中的数字经济（The Emerging Digital Economy）》《数据资产2000（Digital Economy 2000）》等研究报告，将数字经济的定义扩展为信息通信技术产业和电子商务，强调信息技术是数字经济的基础。2016年G20杭州峰会通过的《G20数字经济发展与合作倡议》，将数字经济提升到数字化产业和产业数字化层面，进一步强调发展信息技术产业的重要性，并以实现数字经济与传统实体经济融合为目标。大数据、云计算、物联网、人工智能等新一代网络及信息技术的出现与发展，催生了基于万物互联和人类智力互联的数字经济新形态，数字经济步入数智发展的新阶段。所谓"数智"是指大数据和人工智能的深度融合，通过大数据的智能学习、挖掘和分析，提取数据中潜藏、未知、有价值的规则与知识，通过大数据洞察事物、事件本质，从而制定有针对性、精准化的预测及决策方案。数智时代下的社会生产方式和运作逻辑，不仅深入影响宏观经济政策决策、产业生态结构重组、企业经营模式创新、个人创业与生产生活方式等社会应用层面，还对人类思维认知、科学研究，特别是人文社科科学研究的方式方法、思维逻辑等理论构筑层面产生冲击与革新，具体表现如下：

①海量、多结构化、实时变化的大数据不仅成为数智时代必备的生产要素，更是科学研究拓展以往知识边界、提升研究方法可行性与精准度、实现研究内容创新的必要素材。

②以算法、程序驱动的算力成为数智时代主要的生产方式，这种数据驱动的问题解决方式正逐步影响传统以知识驱动为核心的科学研究方法，面向新的大数据环境，数据驱动有助于提升数据分析的宽度和广度。

③知识与智力是数智时代驱动创新的双向核心力，大数据分析与人工智能深度融合的目的不仅是从海量数据中获取知识，更是将数据赋"智"，让数据具备人类思维认知的能力，提高数据分析的深度。

（二）数字经济测度

如何衡量数字经济对社会经济发展及高质量发展的影响，数字经济测评指标体系可分为三类口径标准：第一类主要针对信息通信技术（ICT）产业和电子商务进行指标构建，涉及面窄，反映不出数字经济对传统实体经济的切实影响，早期对数字经济的理解导致通常采用该类测评指标体系。第二类是在ICT的基础上，加上平台经济、共享经济、数字服务等包含数字经济产业特征的商业活动，该类指标涉及范围适中，且与国家统计局发布的《数字经济及核心产业统计分类（2021）》的核心产业分类及指标构建基本一致，侧重于数字经济中的数字产业化部分，仅有一类指标涉及产业数字化部分。第三类重点考核产业数字化发展，即应用数字技术和数据资源为传统产业带来的产出增加和效率提升。数字技术与实体经济的融合也是数字经济发展的核心。根据中国数字经济发展指数，该类指标体系可分为：基础指标、产业指标、融合指标和环境指标。该类指标口径涉及范围广，且对融合指标的评测一直是国内外研究关注的焦点，也是对社会经济由"发展"向"高质量发展"演进的重点测度指标。

核算方法通常结合常规国内生产总值核算方法和增长核算方法，对于数字产业化评估指标，主要采用常规的国内生产总值核算方法，即根据国民经济核算指标体系或基于供给使用表，按照各个行业的增加值进行直接加总；对于产业数字化，采用传统行业数字经济增加值进行测算，主要考虑效率提升和产量两个部分。

二、数字普惠金融

（一）数字普惠金融概述

普惠金融（Inclusive Finance）最早于2005年联合国在巴基斯坦举行的

"国际小额信贷年"宣传上提出，主要针对传统金融中存在的"金融排斥"问题，旨在构建一个更加高效合理的金融体系，通过降低金融服务门槛、增加金融包容性、拓展金融服务的深度和广度，为长期被传统金融边缘化的弱势群体和长尾用户，如小微企业、"三农"、贫困地区、城镇低收入人群等提供便捷、高效、适当及可持续的金融服务。2015年，国务院发布的《推进普惠金融发展规划（2016—2020)》对普惠金融进行了明确定义，即"立足机会平等要求和商业可持续原则，以可负担的成本为有金融服务需求的社会各阶层和群体提供适当、有效的服务"。2016年，在G20杭州峰会上，多位专家指出，普惠金融不是慈善和救助，需要讲究市场性原则，既要满足更多群体的需求，也要让供给方合理受益，即具有商业可持续性。

大数据、云计算、物联网、人工智能等新型数字化技术的发展，带来了金融科技的腾飞，数字技术与普惠金融的深度融合可更加弱化金融排斥、加强金融包容、稳固金融机构的商业可持续性、优化金融供给侧结构、提升普惠群体的金融可得性。数字普惠金融（Digital Financial Inclusion）在2016年G20杭州峰会上正式提出并给出明确定义，即"一切通过使用数字普惠金融服务来促进普惠金融的行为都属于数字普惠金融范畴"。数字普惠金融以金融科技为基础，实现对传统金融业的深化改革与创新，是数字经济的重要组成部分，共享"数字化"特征，是金融产业数字化和数字化金融产业的具体表现。

（二）数字普惠金融测度

目前对数字普惠金融的测度多参考引用《北京大学数字普惠金融指数（2011—2020)》中的指标体系，从2016年开始，北京大学数字金融研究中心和蚂蚁集团研究院利用蚂蚁集团关于数字普惠金融的海量数据，在现有文献和国际组织提出的传统普惠金融指标的基础上，结合数字金融服务新形式、新特征与数据的可得性和可靠性，从数字金融覆盖广度、数字金融使用深度、普惠金融数字化程度3个维度来构建数字普惠金融指标体系。2019年对指数进行更新，在原有大类指标的基础上对下属的支付、保险、货币基金、信用服务、投资、信贷等进行指标细分，并扩展了省级和地级市指数，以及2014—2020年的县域指数。中国社会科学院农村发展研究所课题组推出《中国县域数字普惠金融发展指数研究报告》，重点编制了中国县域数字普惠金融发展指数评价体系。参照加拿大Fraser研究所世界经济自由指数体系和国民经济研究所市场化指数体系的构建方法，从县域数字普惠金融服务广度、县域数字普惠金融服务深度和县域数字普惠金融服务质量三个方面，构建从上到下分为总指数、方面指数、分项指标、二级分项指标的四级指标体系。

关于指标的量化测评，郭峰、王靖一等（2020）在《北京大学数字普惠金融指数（2011—2020)》基础上提出了量化计算方法和步骤，首先采用对数功效函数，对性质和计量单位不同的指标进行无量纲化处理以有效实现多个指标的合成；其次综合使用变异系数法和层次分析法对不同层次指标赋予权重。

三、县域经济高质量发展

（一）县域经济高质量发展概述

县域是指以县为行政区划的地理空间范围内的政府行政机构，农村占有县域的很大一部分比例，是城市与乡村连接的纽带。县域经济的基础是农业，且产业包容性强，涵盖国民经济的一二三产业，涉及生产、交换、分配和流通等各个环节，是国民经济的基本组成单元。同时，县域经济是一种典型的区域经济，具有独立的县级财政体系作为经济发展的保障，行政区划的地理空间界限明显，具有本地化特色的人文历史、特色资源和历史演进，但县域经济具有开放性，要突破行政区划的约束，在更大的区域内进行资源配置。

党的十九大提出乡村振兴战略，在把握现代化建设规律和城乡关系变化的环境下，顺应亿万农民对美好生活的向往，对"三农"工作做出重大决策部署，对县域经济向"创新、协调、绿色、开放、共享"高质量发展阶段迈进提出新要求。当前我国农业农村基础差、底子薄、发展滞后的状况尚未根本改变，经济社会发展中最明显的"短板"仍在"三农"，现代化建设中最薄弱的环节仍是"农业农村"。通过数字普惠金融建设，把乡村振兴各方面资金的投向与实际需求相结合，构建现代农业产业体系、生产体系、经营体系，推进城乡一体化，深化农业供给侧结构改革，以高质量发展县域经济为路径，全面实现乡村振兴战略。

（二）县域经济高质量发展测度

党的十九大报告指出，我国经济已由高速增长阶段转向高质量发展阶段，正处于经济驱动力转换的关键时期。推进县域经济高质量发展，要满足群众对公平、正义、民主、环保等多方面的诉求，构建普惠环境，实现从要素驱动到创新驱动的转变、提高市场在经济发展中的配置效率、优先发展绿色低碳项目、推进内外联动优化资源配置、持续提高城乡基础设施互联互通水平等目标。传统对县域经济发展评估的指标是从经济效率提升的角度开展的，包括县域政府财政能力、主导产业及产业结构、县域综合交通能力、固定资产投资、产业增量、劳动力与就业、金融指标和其他社会发展指标。评估的方法主要有贝叶斯分类、因子分析、随机森林算法等传统计量方法。在数字经济和乡村振兴战略背景下，县域经济高质量发展的评估将以新发展理念为核心，综合考量创新发展、协调发展、绿色发展、开放发展和共享发展等指标，主要采用熵值赋权法进行定量分析。

四、大数据与小数据

（一）大数据

大数据伴随着互联网、移动互联网、社交网络、物联网及各种信息通信平台的发展而产生，具有海量、实时变化、多结构化等特征，多由主动式数据和感知式数据构成，记录用户行为、观点、社群关系等能够反映事物或事件轨迹的内容，通过数据挖掘、机器学习、深度学习等方法与算法获取数据中事物或事件本体之间的关联关系。由大数据驱动的科学分析与由理论（知识）驱动的实证分析在研究范式、分析思维、数据本源等方面有本质区别，以大数据为事物（事件）本体而非抽样数据，以算法自主挖掘而非理论假设检验，擅长关联关系分析而弱于因果关系分析的一套思维逻辑。本研究主要采用文本类数据，利用文本挖掘和机器学习方法进行非结构化数据的分析。

（二）小数据

相比于大数据，小数据在数据量、数据结构、数据来源及数据分析目标等方面都有所区别。目前学术界对小数据的理解有两种含义：一是对比于大数据的多结构化、实时变化及海量的特征，小数据通常是被动产生的数据，如统计数据、问卷数据、访谈数据、数据库数据等，这类数据与正在发生的事件有一定时差性，数据覆盖事件范围有限，但能够折射出深层价值观和态度问题；二是对比于群体大数据，小数据通常是针对某个人或小（特殊）群体实时发生的轨迹数据，在数据结构、数据实效性、数据量上与大数据特征并无区别。本研究主要采用面板及问卷数据，由理论（知识）驱动实现研究假设的实证分析。

第三节　研究框架、内容及创新

一、研究框架及研究内容

本研究源于以下基本认知：

第一，基于数字经济蓬勃发展的宏观环境，以及国家各项政策文件对加强数字普惠金融建设、推进县域经济高质量发展的明确要求，确定数字普惠金融对县域经济高质量发展的影响因素、影响路径及影响机制具有重要研究价值。

第二,大数据与人工智能的融合推动社会迈入"数智经济"时代,不仅对数字普惠金融与县域经济高质量发展的环境产生根本影响,而且影响传统人文社会科学分析方式。融合知识驱动的小数据分析,使大数据分析更具有"智能",是本研究采用的分析方法。

第三,以金融需求与金融供给匹配为分析核心,综合现有评估指标,利用大数据分析获取范围更广的关联节点,为小数据纵深挖掘提供理论依据,实现多维多层的影响因素及路径分析,以构建完整的影响机制。

基于以上基本认知,本课题拟遵循"问题提出—理论分析与框架搭建—数字普惠金融与县域经济高质量发展的大数据相关分析—数字普惠金融与县域经济高质量发展的小数据因果分析—基于语义集成及情境驱动的影响因素及路径获取—影响机制构建及相应对策提出"的研究思路,搭建研究框架如图 1-1 所示,相关研究内容如下。

问题提出	• 研究数字经济、数字普惠金融、县域经济高质量发展的目的和意义。 • 数字普惠金融中"数字"价值对县域经济高质量发展有无影响? • 数字普惠金融通过什么因素及路径影响县域经济高质量发展?
理论分析与框架搭建	• 传统评估数字经济发展、数字普惠金融发展、县域经济高质量发展的指标及方法有哪些? • 大小数据融合分析的优势是什么?能否对传统评估指标和方法实现改进? • 形成大小数据在数字普惠金融与县域经济高质量发展影响关系中的分析思路和框架。
大数据相关分析	• 利用文本挖掘等方法,从海量文本类数据中分析数字普惠金融与县域经济高质量发展的相关因素及路径。 • 围绕"金融需求,金融供给"概念模型,对获取的相关因素指标进行概念集成,形成初始的指标知识图谱。
小数据因果分析	• 基于大数据相关分析结果扩展传统实证分析理论基础的研究边界。 • 融合大数据相关分析获取的新颖、未知、完整的相关因素指标,完善及改进理论基础,进一步检验相关关系间的因果关系。
各类影响因素及关系的语义集成	• 实现相关与因果因素及关系的语义集成和知识图谱构建。 • 由情境(事件)驱动获取数字普惠金融与县域经济高质量发展影响关系路径。
影响机制构建及相应对策提出	• 对不同情境(事件)形成的影响因素及路径进行分类与聚类挖掘,形成有关因素的内外部生态机制。 • 在专家指导下对不同生态中的机制环境提出有针对性的建议。

图 1-1 研究思路图

（一）问题的提出

①从党的十九大提出乡村振兴战略以来，实现从脱贫攻坚到乡村振兴的平稳衔接，对指导"三农"工作和县域经济发展提出了新要求和新理念，其中构建普惠化的金融环境是必要环节。如何利用数字化及数智化的方案推动县域经济高质量发展中的金融供给与金融需求达到平衡，真正实现各项政策文件中的改革要求及目标，是本研究的起点。

②大数据与人工智能等高科技信息技术的发展不仅改变了整个社会经济的运作模式和运作思维，产生数字经济及数智经济新形式，也对科学研究特别是人文社会科学研究提出新的挑战，产生由数据及算法驱动的科学，这是本研究关注的焦点。

（二）理论分析与框架搭建

①结合文献资料、专家访谈等方法，从宏观政策、产业结构、企业发展、民众幸福四个角度归纳、总结、分析数字普惠金融发展、县域经济高质量发展、数字普惠金融与县域经济高质量发展关系的现有评估指标、评估方法、影响机制等内容。

②在数字经济发展及乡村振兴对县域经济高质量发展的要求下，现有评估指标及方法体系发生改变。融合大小数据分析的优势，基于大数据关联分析扩展金融需求及金融供给的研究边界，挖掘更多的关联因素指标；基于小数据因果分析，在大数据关联分析结果的基础上指导理论构建，获取关联因素指标更深层的因果逻辑关系，以实现对现有影响因素指标在多维多层体系上的扩充与构建。

（三）数字普惠金融与县域经济高质量发展的大数据相关分析

①利用社交网络分析法，从海量有关"三农""数字普惠金融""县域经济"等主题的官方新闻页面、文献资料等文本数据中获取数字普惠金融发展的相关因素、县域经济高质量发展的相关因素，以及数字普惠金融发展与县域经济高质量发展相关的因素。这些因素在指标粒度上较大，可作为上层概念指标。

②基于行为和内容的 LDA 分析法，着重从微观主体的行为和观点评论的角度收集及分析数据，如从事"三农"业务的企业微博、个人微博、数字普惠金融机构平台、普惠金融群体的评论与关注等数据中挖掘相关影响因素。这些因素指标可扩充及细化上层概念指标，并以〈金融需求，金融供给〉概念匹配模型为核心，通过语义相似度计算形成初始的影响因素指标知识图谱。

（四）数字普惠金融与县域经济高质量发展的小数据因果分析

①利用面板回归分析法，从宏观角度对数字普惠金融与县域经济高质量发展的因果关系进行分析。结合大数据相关分析结果，在传统计量模型中添加新的因素指标，或修改现有统计模型更新分析逻辑，以获取新颖有趣的因果关系。

②利用结构方程模型分析法，从微观角度对数字普惠金融与县域经济高质量发展的因果关系进行分析，探讨影响深层价值观、态度及性格等因素。基于大五人格模型、感知价值模型、技术接收模型等传统理论基础，结合大数据相关分析结果的指引，改进假设条件实现模型更新，以检验未知的因果关系。

（五）基于语义集成及情境驱动的影响因素及路径获取

①利用语义集成和知识图谱构建方法，对数字普惠金融与县域经济高质量发展的相关关系与因果关系进行整合构建，形成语义关系完整的影响因素指标体系。

②基于情境驱动事件流程分析法，语义计算与事件中关键指标有亲疏远近关系的相关指标，在专家指导下进一步归纳为相关因素指标和因果因素指标，并形成事件驱动的影响路径。

（六）影响机制构建及相应对策提出

①针对不同情境（事件）驱动所获取的影响因素及影响路径，利用层次聚类分析法、支持向量机分类方法，对情境中的宏观因素、微观因素等实现归纳演绎，构建影响因素及影响路径形成的生态机制。

②针对影响机制中情境（事件）关联的影响因素及路径，提高分析质量，提升制定对策与建议的精准度。

二、研究创新

本书立足于国家各项文件对数字经济、数字普惠金融、县域经济高质量发展的明确要求与指导，重视大数据的发展环境与研究环境的改变，从研究思路、研究方法及研究内容上实现创新。

（一）研究思路的创新

以往通常采用"理论基础—研究假设—模型构建—统计检验"的固定范式对人文社科问题进行实证分析，分析的思路起始于归纳逻辑，即假设过去的行动可以作为未来行动的可靠指导，但这种先验的知识在人与环境不断改变的情况下并非可靠。本研究加入以演绎为主导思路的数据驱动方法，利用大数据挖掘更新与扩展传统理论基础的研究边界，形成符合当前的理论研究假设，并通过大小数据的融合，完成相关与因果关系的多维多层分析。

（二）研究方法的创新

以知识驱动的实证分析，要求与自然科学研究一样保持客观中立，量表的设计来源于特定情境下对理论基础的认知和完善，要求量表是一套逻辑严格的数据公式，但真实情况下量表设计中掺杂了设计者的主观思想，会对实证分析的真实性产生影响。本研究加入大数据思维，大数据在涵盖范围、客观中立、多结构化数据等方面弥补小数据分析的缺陷，利用算法挖掘实证分析预测不到的规则模式，两者融合使大数据分析扩展理论基础的研究边界，使小数据分析探寻未知相关知识逻辑的深层因果关联。

（三）研究内容的创新

结合有关数字经济、数字普惠金融、县域经济高质量发展现有的评估指标和评估方法，从在县域经济高质量发展中数字普惠金融供给与需求匹配的角度出发，从宏观政策、产业结构、企业发展、民众幸福四个层次，融合大小数据分析，探讨数字普惠金融与县域经济高质量发展相关关系与因果关系，获取现有指标的关联因素，形成由相关因素与因果因素语义集成的完整知识图谱，并以情境（事件）驱动获取语义完整的影响因素和路径。本研究改变了传统单一使用计量统计等模型研究的思路和指标内容。

第二章 文献回顾及述评

第一节 数字普惠金融的"数字"价值

数字普惠金融的"数字"价值体现在金融科技的应用中，金融稳定委员会（Financial Stability Board，FSB）将金融科技定义为：金融科技是指技术进步带来的金融服务创新，它可以创造出新的业务模式、新的应用、新的流程和新的产品，从而对金融市场、金融机构、金融服务的提供方式产生重要影响。

一、推动金融理论体系创新

探讨金融体系对经济增长的影响和作用的理论基础，起源于20世纪60年代发展中国家的经济与金融关系的研究，其中以约翰·G.格利（John G. Gurley）和爱德华·肖（Edward Shaw）的研究成果为代表，后续研究形成较为完整的金融发展理论体系，形成金融结构理论、金融深化理论、金融约束理论和金融排斥理论等。

（一）金融结构理论创新

金融结构理论于1969年由雷蒙德·W.戈德史密斯（Raymond W. Goldsmith）在其著作《金融结构与金融发展》中首次提出，金融发展的实质是金融结构的变化，金融结构又取决于金融工具和金融机构，金融机构的增加加大行业竞争以降低融资成本，金融工具的多样性提高储蓄率和投资率以降低非系统性风险。后续围绕金融机构和金融工具进行维度的深化研究，2000年富兰克林·艾伦（Franklin Allen）和道格拉斯·盖尔（Pouglas Gale）首次将金融机构划分为"银行主导型"和"市场主导型"。罗斯·列文（Ross Levin，2002）和托尔斯腾·贝克等（Thorsten Beck，2010）提出，银行主导型金融结构与技术较低的市场较为匹配，市场主导型金融结构与高技术水平匹配。研究成果证明：金融结构与产业结构升级、企业技术创新等紧密相关，数字技术应用对不同金融结构将会产生不同的影响。张杰和郑文平等（2017）、王淑娟和叶蜀君等（2018）、徐飞（2019）认为，银行主导型金融结构由于过分关注本息收益，导致信贷资源周期短和风险偏好度低，从而抑制企业创新。罗斯·列文（1997）、克里斯蒂安·科什尼格（Christian Keuschnigg，2002）、所罗门·塔德斯（Solomon Tadesse，2002）认为，市场主导型金融结构通过公开市场平台将分散的个体交易集成，为企业融资提供多元化的路径且降低投资者风险，适合规模大周期长的项目，有利于企业创新。侯世英和宋良荣（2020）研究发现，金融科技发展明显提升了不同金融结构的创新激励效应，应根据外部金融环境的变化进行动态调整，不能盲目追求市场化。巴蜀松和白海峰等（2020）指出，随着产业机构的不断升级，金融结构也在产业结构的升级进行创新变化，金融科技创新在高技术密集型产业优化资本配置中发挥良好优势。可见，数字化的应用无论对银行主导型金融结构还是市场主导型金融结构均产生导入式影响，通过信息整合、数据分析、知识推导调整及优化金融结构创新，助力产业及企业升级创新。

（二）金融深化理论创新

金融深化理论也称为金融抑制理论，1973 年由罗纳德·I. 麦金农（Ronald I. Mckinnon）和爱德华·肖提出，该理论从新自由主义视角研究金融机构和金融市场作用于发展中国家经济增长的机制，由于政府对金融活动的过多干预，特别是对利率和汇率的压制，使得市场金融资源配置能力降低，损害经济增长与发展。金融深化的根本是实现金融自由化，打造一个由市场内部决定的自由金融环境，在完善金融市场机制的前提下，实现金融市场闲散资金的有效聚集和匹配，真正实现金融市场供给侧的发展目标。大数据、云计算、人工智能、区块链等先进技术在金融领域的深入应用，不断推进金融产品和服务创新、金融运作模式创新、金融业态重构，可有效解决传统金融市场效率低、金融资源配置不合理等问题。孙志红和张娟（2021）指出，金融科技可以帮助传统金融机构将信贷服务下沉到长尾人群，满足其信贷需求。朱拉帕·贾格蒂亚尼和凯瑟琳·勒米厄（Julapa Jagtiani & Catharine Lemienx，2017）、玛丽亚·德莫兹和西尔维娅·梅勒等（Maria Demertzis & Silvia Merler et al.，2018）指出，通过大数据分析可有效解决信息不对称问题，从而提升金融资源配置效率。辛齐亚娜·布尼亚和本杰明·科根等（Sinziana Bunea & Benjamin Kogan et al.，2016）指出，金融科技改变了传统间接金融资源配置模式。唐松和赖晓冰等（2019）指出，金融科技创新借助技术优势缓解信息不对称，且能在空间知识溢出传导下有效提高周边地区全要素生产率。数字化的优势可有效解决金融需求与金融供给不匹配的问题，提升金融市场资源配置效率，有效达到普惠金融目标。

（三）金融约束理论创新

金融约束理论于 1997 年由托马斯·赫尔曼和凯文·默多克等（Thomas Hellman & Kevin Murdock et al）在其著作《金融约束：一个新的分析框架》中提出，发展中国家在经济发展初期，在市场信息沟通不畅及宏观经济环境较为稳定的条件下，由政府选择市场化进程，通过限制银行业准入和直接融资给银行创造租金，促使银行加大金融服务力度。金融约束理论属于宏观金融制度层面对资金融通形式、途径、速度、方向等方面的顶层设计，是介于金融抑制和金融全面自由化之间相对温和的金融发展理论。M. 沙赫·埃姆兰和约瑟夫·E. 斯蒂格利茨（M. Shahe Emran & Joseph E. Stiglitz，2009）研究发现，金融约束政策通过"租金效应"能够激励银行改进服务质量，提高服务效率，为新兴企业创造更加丰富的融资形式和途径。杜巨澜和陆一等（2009）研究表明，中国大部分银行以超低成本将金融资源配置给国有企业，而非国有企业仅获得不到 20% 的贷款支持，极大损伤了资金利用效率。传统金融发展所面临的困境在新时代下需要创新性的金融模式加以解决。刘蕾和鄢章华（2017）认为，金融科技的发展有效弥补了传统金融的天然缺陷，提高了金融资源的配置效率。唐松和赖晓冰等（2019）指出，中国数字金融发展迅速，依赖于中国政府长期改革开放经验，监管部门往往会通过"试点容错"适度提高容忍度、放松监管约束，从而为新型金融模式变革提供有利的发展环境。拉埃文·吕克和莱文·罗斯等（Laeven Luc & Levine Ross et al.，2015）指出，在数字金融发展中金融监管会直接影响金融行业的发展方向。唐松和伍旭川等（2020）指出，随着数字金融的不断发展，对其合理的监管和约束是促进其高质量发展的必然选择。在实施数字化的同时，不能忽视数字化带来的金融市场高风险与高复杂性，政府在促进数字化金融应用的同时要发挥积极的金融约束职能，保持数字时代下的金融体系稳健发展。

（四）金融排斥理论

金融排斥理论于 1993 年由 A. 莱申和 N. J. 思里福特（A. Leyshon & N. J. Thrift）研究提出，金融排斥是以追求利润最大化为目标的传统金融机构将低收入者、小微企业等高风险金融需求群体排除在金融体系之外，而产生的金融排斥现象。后续研究发现，地理位置因素，价格、条件、机会、市场等金融供给因素与金融个体需求者自身因素、人文社会心理因素、信息不对称因素等均会对金融排斥的产生造成一定影响。星焱（2016）认为，金融排斥不仅是金融学的研究范畴，并且已经成为社会福利研究的重要理论基础。金融排斥形成的一个重要原因是社会排斥，社会排斥也是金融排斥的一种结果，两者互为因果。普惠金融理念是为解决金融排斥现象而产生的，曼迪萨·萨尔马和杰西卡·佩斯（Mandira Sarma & SarmaJesim Pais，2011）认为，普惠金融旨在建立具有包容性的金融体系，能为社会各阶层提供有效的金融服务。阿斯利·德米尔古茨－昆特和莱奥拉·克拉佩尔等（Asli DemirgÜÇ-Kunt & Leora Klapper et al.，2017）认为普惠金融发展对包容性增长和经济发展有着重要贡献，包容性增长不仅强调经济在量上的发展，更要求经济、社会、资源、环境之间协同发展，强调经济在质上发展的重要性。彼得·贡伯和罗伯特·J.考夫曼等（Peter Gomber & Robert J. Kauffman et al.，2018）指出，通过大数据创新金融产品和服务，可有效降低银行获取客户的成本。盛天翔和范从来（2020）研究表明，金融科技发展水平将影响银行业最优市场结构，对小微企业信贷供给竞争产生促进作用。马俊和孟海波等（2021）提出，通过绿色金融产品、在线供应链金融和金融科技等创新模式和载体，推动中国绿色金融体系和普惠金融体系协同发展，在改善环境、降低碳排放的同时，提高"三农"领域的金融可及性。可见，金融排斥与金融包容息息相关，都是普惠金融发展的理论基础，在通过数字化技术提高金融覆盖面及触达率的同时，更要关注社会伦理、需求心理、生态建设等深层次及高质量发展的问题。

二、赋予数字经济时代新特征

数字普惠金融作为数字经济重要的组成部分，同理也应具有"数字"化赋予的新特征。根据 2016 年发布的《G20 数字经济发展与合作倡议》中的定义：数字经济是指使用数字化的知识和信息作为关键生产要素、以现代信息网络作为重要载体，以信息通信技术的有效使用作为效率提升和经济结构优化的重要推动力的一系列经济活动。"数字"为普惠金融赋予了数字经济时代新特征。

（一）平台生态化

平台的概念最初由计算机术语引入，既包括软硬件系统，如以操作系统或技术标准为形式的创新平台，又包括以支持双边/多边市场交易为核心的互联网平台。由于互联网思维中包含的外部性、边际效益递增、规模经济和范围经济等特性，互联网平台成为研究热点。平台经历了四个发展阶段：强调平台模块功能组件的"产品平台";强调平台连接特性的"交易平台";通过"赋能""利他"机制提升产业链高效发展的"产业平台";强调平衡供给侧与需求侧资源匹配、有效实现供需侧规模经济的"平台生态系统"。袁菲（2021）指出，平台式经济改变了传统经济中社会再生产的一般过程，数字的高渗透性、非竞争性和非排他性、数据节点间的强连接线等使互联网平台改变生产端运作方式，形成一体化的产业生态圈。在消费端，通过数字技术的应用扩大应用场景，进而扩大交换空间；在分配端，改变生产资源私人占用的生产关系，实现共享经济的组织形式。阳镇和陈劲（2021）提出，以平台网络效应形成资源聚合、资源配置和资源迭代，最终形成平台型企业为主要生态位成员的新型商业生态系统，并代表着一种新兴商业模式的兴起。平台生态系统在普惠金融应用中的价值，一是打破了金融市场信息不对称，模糊了金融中介的边界。在科技的驱动下金融产业链分工与合作更加精细，传统金融机构、大型互联网企业和众多金融科技公司等不同机构间的"信息中介"与"信用中介"等金融与科技属性的边界越发模糊，弱化了金融中介的职能。二是多元主体参与，价值共创成为核心逻辑。在数字化技术驱动下充分挖掘需求侧和供给侧双边用户的偏好与需求，为双边用户提供使用价值、体验价值、互动价值、情感价值和场景价值等多种价值内容，有效实现平台生态系统的规模经济和个性化服务的范围经济效应。

（二）应用情境化

罗伯特·斯考伯和谢尔·伊斯雷尔（Robert Scoble & Shel Israel，2013）提出"场景五力"的概念，即场景时代的到来依托移动设备、社交媒体、大数据、传感器和定位系统五大技术的支撑。场景的概念更强调移动互联网等信息基础设施对个性化信息的适配，突出"场"的重要性和基础性，首先是基于位置的服务，同时和"平台"（媒介）息息相关。喻国明、梁爽（2017）指出，场景强调媒介更好地与当下环境特征相结合，最大限度地提升受众的媒介需求，通过媒介接触满足受众的心理预期。梁旭艳（2018）指出，情境是比场景更为宽泛的概念，情境的外延大于场景，情境包含场景，情境更关注宏大的文化语境，研究的是更为宏观的媒介、情境与人的行为关系。苏敬勤和张琳琳（2016）指出，情境概念是从单一的"客观环境"逐步过渡到"意识的主客观条件"，由原来的单纯强调客观物质环境向认知、意识、动机等主观理念因素转变，情境受众多受外部和内部要素的复杂交叉作用的影响。拉姆·尼杜默鲁和 C. K. 普拉哈拉德等（Ram Nidumol & C. K. Prahalad et al.，2009）指出，平台情境下的企业应将平台用户转变为更加动态化与复杂多元的"消费者用户—平台型企业—生产者用户"的价值创造范式，调动消费者用户的参与度，使其成为主动的价值构建和价值创造者，并形成用户网络效应，累积并挖掘用户数据资源以满足各类用户的交易价值、体验价值、场景价值与时间价值。金融科技的发展促使商业银行向开放银行转型。高德纳咨询公司（Gartner）将开放银行定义为：一种与商业生态系统共享数据、算法、交易、流程和其他业务功能的平台化商业模式。2020 年中国人民大学金融科技研究所发布的《开放银行全球发展报告——开放银行：让银行无处不在》中指出，开放银行的核心是数据，数字开放平台将场景和用户开放给银行，以客户为中心输出整体金融服务能力，加强与第三方机构合作，将企业纳入数字开放平台中，将金融服务植入客户场景里，实现合作赋能和开放生态建设。陈筱然和邱峰（2019）指出，开放银行是场景化发展的一种自然延续，改变银行商业模式，在合作中形成资源共享、场景融合和优势互补，构建无边界场景服务。虽然在开放银行概念中使用的是"场景"，但表述的更多是"情境"的内涵，情境更适合对平台生态系统中复杂的物理环境、产业环境、人文价值环境、用户需求行为及心理环境等关系的分析与价值体系构建。

（三）数据赋能产业升级

数据作为数字经济发展的核心要素，对产业链资源配置、企业创新、个人创业及用户个性化需求匹配等诸多方面产生根本性影响，由数据驱动引导的平台生态系统商业模式创新、大数据知识"共生产"生态系统、需求侧与供给侧精准匹配等创新应用，正逐步改变传统经济活动的运作模式、生产关系和分析逻辑。随着数字技术的发展，数据驱动经历 3 个发展阶段：以互联网和 IT 技术为驱动力的数据资源发展阶段、以移动互联网和大数据等数字基础设施为驱动力的数据驱动发展阶段、以人工智能等智能技术普及与应用为驱动力的数据赋能发展阶段，在该阶段利用算法分析供需规律，实现数据要素在价值链全流程的无缝集成，达到产销一体化的转型升级。刘刚（2018）指出，商业模式是供给和需求的匹配，是基于企业和顾客或者上下游合作者之间多方参与下提出的企业价值主张、价值创造、价值传递与价值捕获。阳锐和李俊珠等（2021）进一步指出，平台型商业模式构建在数据驱动之上，连接了生产者和消费者两端，完成了价值创造、转移和抽取的过程，实现了数字经济交易。张培和杨惠晓（2022）指出，数据对平台型商业模式创新的影响更为突出，数据驱动平台型商业模式创新的要素由数据资源、参与主体和业务资源构成，数据作为新的资源应使传统要素资源之间形成更紧密的交互关系以促进企业创新。从供给侧及生产者端的角度分析，乔治·杰拉德和奥辛加·恩斯特·C. 等（George Gerard & Osinga Ernst C. et al.，2016）、孙新波和钱雨等（2019）认为，大数据的实时性提升了制造业服务化的协调能力、动态适应环境改变的能力、敏捷性生产供给能力。戈特弗里德·沃森（Gottfried Vossen，2014）指出，数据协同线上线下销售、优化供应链、推动经营管理全流程衔接，提升供应链柔性能力。弗拉德·克罗托夫（Vlad Krotov，2017）提出，企业利用数字技术创造出新颖的产品配置，通过对数字化生态系统的整合和协助提供更先进的服务，从而创造价值。从需求侧及消费者的角度分析，张明超和孙新波等（2021）提出，大数据的交互、渗透与融合消除了 C 端（客户）与 M 端（制造）的价值不对称，推动 C2M 反向定制模式创新。蒋军锋和尚晏莹（2022）从需求侧出发，基于"供给—需求"匹配视角，提出数据赋能通过战略导向、数据特征利用、多主体实时交互来影响制造企业服务路径。

数据赋能的核心是"能"，即知识规则与能力，大数据环境下知识的生产分布在社会、产业、企业及个人生产生活每个环节，所有参与者都将影响知识的产生，知识的"共生产"性表现明显。这种知识"共生产"性构成了知识生态系统，即以知识主体间互动对话为主要活动，通过集成、共享和使用等知识流动手段，最终实现知识创新目标的开放动态系统。储节旺和林浩炜（2022）探讨大数据环境对组织知识创新生态发展的影响，提出大数据知识生态系统的概念，即在大数据环境下、特定时空范围内，由参与知识创造互动活动的各要素（如知识族群、知识资源、大数据基础设备、多重特征数据等）以及它们之间的交流互动所组成的动态开放知识系统。大数据知识生态系统是由需求侧引导，与供给侧共同参与构建的知识价值系统。陈剑和黄朔等（2020）认为在数字化情境下，以企业为主导的生产过程，转变为企业和消费者共同提供服务或共同创造价值的过程。

三、革新传统经济学研究范式

李赞梅和周鹏等（2012）指出，每一个科学发展阶段都有特殊的内在结构，范式即是这种结构模型的体现，任何科学活动都是由范式所决定和支配的。洪永森和汪寿阳（2021）认为，研究范式是一个学科的学术共同体进行科学研究时所遵循的模式和框架，是学科知识生产与积累的基本研究方法总和，是影响经济学研究质量的关键因素。现代经济学的研究范式是以计量经济学方法论为主导的定量实证研究范式，通过模仿自然科学研究范式中对经验进行实验数据的反复验证，使经验具有独立性和普适性进而提升为理论。但经济学研究的对象是人文与社会，不同于自然科学研究对象的"自然物"，"人"具有意识心理或思维高复杂性等特征，使面向人文社会科学领域的定量实证研究范式更具有反身性与非实验性的特征，造成在识别经济因果关系时存在内生性问题。彭玉生（2011）指出，社会科学的统计模型对经验世界的解释充其量是其中一部分，如对个人行为解释的线性模型中，R^2 一般不超过 50%，剩下的则被作为不可解释的部分纳入随机残差项。在定量实证研究中，即便是最完美的理论也不能排除偶然因素造成的误差，并且人类的认知能力有限，理论本身还有谬误。

米加宁和章昌平等（2018）指出，社会科学研究正在从定性、定量、仿真到大数据研究的第四研究范式转型，由于"万物皆智能""万物皆联网"引发了"万物皆数据"，出现了"计算一切"的趋势。罗小燕和黄欣荣（2017）提出，大数据方法是实证主义方法在大数据时代的新发展，必将成为社会科学研究的新工具。一方面大数据研究范式是基于多源异构和跨域关联的海量数据分析产生的数据价值挖掘思维，例如：大数据特别是文本数据中包含了经济主体的心理信息，可辅助定量实证研究社会心理对经济的影响；基于节点互联的社会网络产生的大数据，可精确刻画与研究社会结构、社会关系、社会行为方式和社会心理等深刻的变化与影响。另一方面大数据研究范式是建立在数据本体之上，以算法为基础、程序为手段，不假设具体的模型或函数形式，而是从数据中获取"未知"的关联知识规则。哈尔·R.瓦里安（Hal R. Varian，2014）认为，大数据的归纳思维可辅助定量实证研究，实现样本数据之外的预测，以提高实证研究中"不可解释部分"的科学性及可解释性。

数字普惠金融既有数字信息技术的成分，又有金融经济的成分，是数据技术与普惠金融的深度融合，也是金融经济学、数据挖掘、人工智能、计算机科学、统计学、认知心理学等多学科交叉研究的融合，由此而产生出一系列由数学或算法研究思维主导的新学科，如金融情报学。苏新宁（2020）指出，从大情报观出发，情报应当渗透到社会的经济、金融、文化、科技、医疗卫生、社会发展、生态、资源、军事、国防、外交、安全及政府决策等各方面。金融是情报工作和情报学研究所要渗透和赋能的一个重要领域，数字金融的发展便是典型代表。丁晓蔚（2021）指出，金融情报的基础是金融信息，遵循的是由数据和信息经知识、智慧加工而形成情报的大数据研究范式，并不是情报学和金融学的简单相加，而是在金融学和情报学有机融合的基础上，以情报学为主导形成的情报学分支学科。数字普惠金融的本质便是信息系统和金融系统相互重构的联合创新，符合金融情报学研究范式导向。本书将以情报学为研究视角、以大数据思维为研究范式，进一步丰富金融情报学的研究内容，对传统金融经济学定量实证研究范式进行融合与创新。

第二节　数字普惠金融与县域经济高质量发展

国内外关于数字普惠金融主要围绕以下三个方面进行研究：一是围绕数字普惠金融产生的背景及意义、理论价值体系、发展评测指标系等理论的基础研究；二是围绕数字普惠金融与区域经济增长、政府干预、全要素生产率、技术创新、城乡收入差距与产业结构升级等宏观层面应用问题的关系研究；三是围绕数字普惠金融与家庭消费和收入分配、企业创新与个人创业、信息技术设施建设、传统金融机构改革、金融科技素养等微观层面应用问题的关系研究。这些研究多采用标准且规范的定量实证分析逻辑，从计量经济学基础理论出发，提出研究假设、构建分析模型、数据回归与模型验证、获取结论及建议。按照上述研究的三个不同层次，从数字普惠金融供给与需求、数字普惠金融对区域经济发展的影响角度，对省市区域的研究成果较为丰富，而对县域及农村区域的研究成果明显不足。

在国家对县域经济发展、乡村振兴高度重视的前提下，加强数字普惠金融对县域经济高质量发展影响研究是该领域理论及应用发展的必然趋势和战略选择。利用"八股文"式定量实证分析逻辑，在区域研究范围、统计方法、分析视角等方面稍有创新，但在理论基础、研究假设、影响指标及策略建议等方面创新不足。将传统实证分析研究与大数据挖掘研究相融合，结合知识驱动因果关系分析和数据驱动相关关系分析等优势，创新数字普惠金融对县域经济高质量发展影响的研究范式，将丰富数字普惠金融研究思路、方法及内容等理论知识体系。本研究将从上述宏观及微观两个应用层面，对相关重要研究成果进行梳理。

一、宏观视角下数字普惠金融与相关问题的关系探讨

（一）数字普惠金融与县域经济增长

数字普惠金融对减少贫困人口、降低信息不对称、缓解金融排斥、增加金融服务可得性、推动经济包容性增长具有积极正向作用。乡村振兴背景下，我国反贫困的重点也由消除绝对贫困转向解决相对贫困，经济发展由高

速增长转向高质量发展阶段。吴本健和石雪等（2022）提出，2020 年后扶贫工作的重心是缓解相对贫困，旨在提高低收入群体信贷可得性，基于北京大学数字普惠金融指数构建多维相对贫困指数，并通过实证分析指出数字普惠金融发展能有效降低收入不平等和主观相对剥夺感，有助于减缓相对贫困，但会增加返贫风险。王凤羽和冉陆荣（2022）通过对我国 31 个省（区、市）2011—2020 年面板数据，采用面板固定效应模型和随机效应模型实证分析指出数字普惠金融发展能够有效缓解农村相对贫困，覆盖广度对缓解农村相对贫困具有显著正向影响。庞凌霄（2022）采用我国 30 个省（区、市）2011—2019 年面板数据，利用空间杜宾模型和空间自相关模型实证分析指出数字普惠金融对乡村振兴具有促进作用且有空间溢出效应，距离越近溢出效应越大，数字普惠金融是推动农村减贫、促进乡村振兴的重要途径。李林汉和李建国（2022）通过我国 31 个省（区、市）2011—2019 年面板数据，基于面板平滑转移回归模型实证分析指出数字普惠金融与经济高质量发展的非线性关系，经济开放具有调节作用，数字普惠金融的规模、结构和效率均对经济高质量发展起到稳健的正向提升作用。焦云霞（2022）综合采用Theil 指数和 QAP 方法分析我国数字普惠金融存在区域异质性和空间不平衡性的因素，指出经济发展水平地区差距是长江经济带、长三角和京津冀地区数字普惠金融空间不平衡的决定因素，城镇化水平地区差距是黄河流域数字普惠金融发展空间不平衡的决定因素。

以上研究均以省（区、市）面板数据为统计样本，对县域级样本数据研究较少，但县域经济在整个国民经济发展中占据重要地位，同时也是我国解决相对贫困问题的主战场。汪雯羽和贝多广（2022）运用 2014—2018 年县级面板数据，通过门限面板回归模型研究了政府干预在数字普惠金融影响县域经济增长时的调节作用，得出数字普惠金融提高了县域经济体的信贷可得性，有助于县域经济增长，而其发展过程离不开政府的支持和引导。张龙耀和邢朝辉（2021）基于 2014—2018 年县域层面数据，运用核密度估计、达古姆（Dagum）基尼系数探讨农村数字普惠金融发展的分布动态与地区差异，农村整体和东、中、西部地区数字普惠金融水平趋于明显上升，绝对差异大幅缩小，但后期存在微弱离散态势。郭妍和张立光等（2020）通过对山东省试点县农村居民和金融机构的问卷调查，实证检验了农村数字普惠金融发展的经济效应和影响因素，认为数字普惠金融发展具有较好的经济效应。葛延青（2020）通过分析农村数字普惠金融生态框架和运行逻辑，提出碍于农村地区政策环境、金融服务供给、基础设施建设、数字经济发展的制约，数字普惠金融体系的发展比城市地区更加艰巨，并提出了可行性发展路径。

（二）数字普惠金融与农业产业升级

产业结构升级是实现经济由量变到质变的核心驱动力，通过技术创新实现生产要素全新配置，改变城乡二元结构、缩小城乡收入差距、促进创新创业、实现共同富裕。数字普惠金融因其搭载互联网的便捷性和"普"而"惠"的本质特征，在基础领域为产业结构升级奠定了良好的根基，但数字普惠金融与产业结构升级是否存在正相关关系？唐文进和李爽等（2019）、杨虹和王乔冉（2021）、谭蓉娟和卢祺源（2021）等学者首先肯定了数字普惠金融对产业结构升级有着重要意义，通过对省市级面板数据的门槛模型实证分析发现，数字普惠金融及其各维度与产业结构优化升级之间存在非线性关系，数字普惠金融覆盖广度对产业结构升级具有长期显著的促进作用，数字普惠金融使用深度和数字化程度对产业结构升级存在门槛效应。同时，经济发展水平不同地区，数字普惠金融对产业结构升级的促进作用具有异质性。

数字普惠金融通过何种路径影响产业结构升级？杜金岷和韦施威等（2020）从理论和实证两个层面，分析探讨数字普惠金融对我国产业结构优化的影响关系和作用机理，发现收入差距缩小、资本积累、消费需求扩张以及技术创新，是数字普惠金融促进产业结构优化升级的重要中介渠道。徐铭和沈洋等（2021）提出，数字普惠金融通过优化要素资源配置和缓解资本错配方式促进产业结构升级。产业结构优化分为产业结构高级化和产业结构合理化，其中产业结构高级化直接反映出现代科技水平的进步。杨虹和王乔冉（2021）指出，数字普惠金融通过科技创新效应、创业效应和人力资本效应推动地区产业结构升级。谭蓉娟和卢祺源（2021）进一步强调技术创新在数字普惠金融与产业结构优化升级之间的中介效应。谢汝宗和杨明婉等（2022）通过对2011—2018年广东省21个地级市面板数据的PVAR模型进行实证分析，认为数字普惠金融、居民消费与产业结构升级之间的动态关系，短期内居民消费对数字普惠金融和产业结构升级具有推动作用，长期内数字普惠金融和产业结构升级对居民消费提升具有正向促进作用。

《中共中央 国务院关于做好2022年全面推进乡村振兴重点工作的意见》提出聚焦产业促进乡村发展，持续推进农村一二三产业融合发展，鼓励各地拓展农业多种功能、挖掘乡村多元价值，重点发展农产品加工、乡村休闲旅游、农村电商等产业；大力发展县域富民产业、加强县域商业体系建设、促进农民就地就近就业创业、推进农业农村绿色发展。农村新产业新业态急需金融创新，乡村产业振兴离不开金融数字化背景下数字普惠金融的赋能。周林洁和韩淋等（2022）通过研究发现，数字普惠金融有助于推动农村居民收入水平提升，实现包容性增长；缓解融资约束、降低融资成本和改善金融服务，提升中小企业和乡村创新活力；推进各地充分平衡发展，缩小城乡和区域差距。数字普惠金融对乡村产业振兴存在区域异质性、产业结构发展水平异质性的影响。金婧（2022）通过对2013—2020年我国省域面板数据实证分析发现，数字普惠金融发展会对我国乡村产业振兴的影响效应存在且显著，且区域经济越发达，数字普惠金融发展对乡村产业振兴的正向赋能作用越强。孙倩和徐璋勇（2021）利用面板固定效应模型、调节效应模型和门槛模型实证分析发现，数字普惠金融发展能够促进非贫困县产业结构升级，而对相对贫困县作用不显著。田娟娟和马小林（2020）通过省级面板数据回归分析发现，数字普惠金融的发展会对现代农业经济发展和农业产业结构调整产生正向的积极影响，但数字普惠金融在农业领域的覆盖面，尤其是农业生产领域的渗透率有待提升。罗政骐和宋山梅（2022）利用柯布道格拉斯生产函数构造农业现代化视角下的农业产业升级指标，并利用省级面板数据的固定效应模型实证分析发现，数字普惠金融有效支持农业产业升级，但产业结构合理化水平的异质性使数字普惠金融对农业产业升级的促进效果不同。孙学涛和于婷等（2022）基于1869个县域数据，运用空间序列的自回归模型（SARAR）分析发现，数字普惠金融是促进农业机械化的重要路径，数字普惠金融对农业机械化的影响会受到农业经济发展水平的影响，农业落后县、平原县和农业县更容易在数字普惠金融发展中受益。上述研究也验证了数字普惠金融通过对外开放水平、地区经济与金融发展水平、农村居民收入、自然与制度环境、技术创新与金融基础设施建设、农村居民金融教育等因素直接或间接影响乡村产业振兴。张林（2021）对我国326个贫困县和812个非贫困县两个子样本2014—2018年面板数据，采用系统广义矩估计方法（SYS-GMM）实证检验了数字普惠金融、县域产业升级与农民收入增长三者之间的作用关系，发现数字普惠金融对县域产业升级与农民收入增长均有促进作用，其非贫困县大于贫困县。

（三）数字普惠金融与技术创新、绿色全要素生产率

经济的高质量发展离不开绿色发展，要牢固树立绿水青山就是金山银山的理念，绝不能以牺牲生态环境为代价换取经济的一时发展。党的十九大明确给出了推进生态文明建设和绿色发展的方向路线，即推进技术创新，引导企业转型升级走向绿色生产，壮大节能环保、清洁生产、清洁能源等绿色产业，推动经济高质量发展。技术创新作为经济绿色发展的第一驱动力，能够实现经济系统和环境系统的良性互动，是数字金融影响两者协调发展的重要途径。邹新月和王旺（2021）认为，数字金融与技术创新之间形成有效的衔接和互动，数字金融的发展促进科技创新水平的提高，科技创新进一步促进数字普惠金融的发展，两者形成良性互动最终达成双赢局面。万勇（2011）指出，技术创新提高了劳动者素质和生产要素使用效率，推动经济增长方式由粗放型向集约型转变，进而提高经济增长质量。数字金融作为一种技术创新，不仅推动了金融业向前发展，而且提高了其他行业的技术创新水平，在为经济发展提供原动力的同时，也为环境质量改善开拓新途径，推动经济系统和环境系统协调发展。

张恒和李璐等（2022）认为，绿色全要素生产率是以全要素生产率为基础，将环境因素纳入核算体系，更加科学地度量绿色低碳方式的经济增长能力。田杰和谭秋云等（2021）指出，在资源和环境双重约束下，提高绿色全要素生产率将促进资源的合理配置和高效利用，是实现绿色发展的必然选择。刘潭和徐璋勇等（2022）认为，数字普惠金融产品和服务更具便捷性、普惠性和高效性，本身具备极强的绿色属性，能够为实现经济与环境协调发展提供新引擎。程秋旺和许安心等（2022）指出，数字普惠金融发展体现出绿水青山就是金山银山的生态文明理念，具有绿色生态效应，集中表现在数字普惠金融对绿色全要素生产率的提升上。唐松和伍旭川等（2020）研究发现，由于传统金融业务中存在的"属性错配""领域错配"和"阶段错配"问题，导致金融资源浪费不利于企业技术创新。谢贤君（2019）认为以人工智能、大数据为基础的数字普惠金融，能够有效降低信息不对称和不完全契约带来的金融摩擦，从而改善要素错配，对绿色全要素生产率的增长产生影响。张帆（2017）研究发现，绿色技术升级影响绿色全要素生产率的提升，绿色创新作为一种兼具环境保护和经济发展双重优势的新型创新，是实现高质量发展的关键。田杰和谭秋云等（2021）指出，相对于一般性技术创新项目，绿色技术创新项目面临更高风险和收益不确定性，而数字普惠金融可利用大数据、人工智能等信息技术，提高对金融风险的识别能力，增强金融供给的效率和质量，有效降低对清洁能源、节能环保、碳减排技术等"专精特新"绿色技术创新项目的融资约束，优化绿色全要素配置效率。

农业实现高质量发展需要各方面生产要素的高效配置。谢艳乐和祁春节（2020）指出，实现农业高质量发展应补齐农业产业融合、绿色发展、农业结构、农业文化及社会功能发挥等方面的短板。张合林和王颜颜（2021）从农业质效提升、农产品结构优化、农业绿色发展、可持续发展动力、农民生活水平提高五个方面衡量农业高质量发展水平，指出农业绿色发展对实现"碳达峰"和"碳中和"的"双碳"目标，全面推进乡村振兴建设，实现农业高质量发展具有重大意义。王留鑫和姚慧琴等（2019）指出，农业生产排放的碳是农业生产活动不可或缺的要素，也是造成气候变化、资源消耗和环境损害的"元凶"之一。解春艳和黄传峰等（2021）提出，低效的资源利用和农业生产方式是资源滥用和农业碳排放的直接诱因，而因"二元"结构的传统融资模式使各区域二氧化碳排放量增加。以金融科技底层技术为基础的数字普惠金融在实现农业"双碳"目标上具有优势。程秋旺和许安心等（2022）利用 2011－2019 年中国 30 个省（区、市）面板数据，验证数字普惠金融能否担起农业碳减排的"重任"，实证证明数字普惠金融发展拓宽了农民资金来源的渠道，有效缓解农村金融市场"长尾"窘境，农业绿色发展有了资金保障，高效、低碳、绿色的农业经营模式被大量选择，减少了农业碳排放，促进了农业绿色发展。张翰祥和邓荣荣（2022）指出，保证农村经济持续稳定增长，注重农村生态环境的保护，提高资源环境约束下的全要素生产率，成为农业绿色发展的主要目标。刘亦文和欧阳莹等（2021）认为，农业绿色全要素生产率是将农业面源污染、碳排放等环境要素加入后计算得到的农业绿色全要素生产率，衡量了地区农业绿色发展的综合效率。张林和张雯卿（2021）指出，数字普惠金融为生态农业、循环农业、智慧农业、创意农业等新兴农业业态及产业提供融资途径。张翰祥和邓荣荣（2022）认为，数字普惠金融与绿色金融理念相结合，更加精准地向种植业、养殖业、三产融合、农机装备、污染防治和新型主体培育等关键领域的绿色农业活动配置充足的金融资源，从而提高农业绿色全要素生产率。

将数字金融、普惠金融与绿色金融相结合。姚星垣和汪卫芳（2021）提出，数字绿色普惠金融指运用大数据、云计算、无线支付等技术实现绿色普惠金融功能和目标的金融产品和服务，消费者参与行为对数字绿色普惠金融产生影响。刘潭和徐璋勇等（2022）、惠献波（2021）、杨怡和陶文清（2022）通过研究发现，绿色投资、农民技能提升、劳动与资本要素配置城乡居民收入差距等因素，会对数字绿色普惠金融产生影响。

二、微观视角下数字普惠金融与相关问题的关系探讨

(一) 数字普惠金融与县域传统金融机构

县域数字普惠金融的供给机构主要有：传统金融机构、新型金融机构、金融科技平台公司。研究内容主要有：数字普惠金融对传统金融机构及村镇银行发展的冲击、数字普惠金融对金融业全要素生产率的影响、数字普惠金融对县域金融供给生态构建的影响。董帅和冯兴元（2022）从县域数字普惠金融的发展和供求的现实问题调研出发，分析了典型县市数字普惠金融的发展现状，从传统金融机构县域数字普惠金融、金融科技平台公司提供的数字普惠金融服务两大供给机构，详细分析其不同的发展阶段、主要业务模式、业务发展情况等内容，指出中国很多农村金融机构在提供数字普惠金融服务方面还处于起步或初始发展阶段，县市的信息基础发展水平、经济发展水平、居民金融科技素养等均会影响传统金融机构与金融科技平台公司的竞争关系和金融产品与服务的供给能力。数字普惠金融服务供给与县域多样化金融服务需求不匹配，建议改善数字金融基础设施以缩小城乡"数字鸿沟"，健全县域数字普惠金融体系及提升县域消费者数字普惠金融素养。宋科和刘家琳等（2022）指出，尽管政策性银行、大型商业银行、股份商业银行以及城市商业银行等传统金融机构是金融服务的主力军，但在县域经济层面，村镇银行、小额贷款公司、农村资金互助社等新型金融机构逐渐成为服务县域经济高质量发展、提升金融可得性的重要驱动力量，数字普惠金融依靠互联网平台产生的网络效应等方式，可降低金融服务成本，提升金融服务效率，缓解新型金融机构在达成社会性和营利性目标之间的冲突，与县域传统金融形成有效补充。廖凯诚和张玉臣等（2021）从数字普惠金融对金融业全要素生产率影响机制分析的角度，进一步证实了数字普惠金融的发展对传统金融机构发展的影响路径，提出数字普惠金融通过利率改革效应、资源竞争效应、风险挤出效应、人员虹吸效应等对金融业效率产生负向影响，通过金融创新效应、技术溢出效应、市场竞争效应等金融业效率产生正向影响。随着数字技术的逐步提升并渗透到传统金融领域，不仅改变了传统金融领域的竞争格局，在产品、服务和商业模式转型方面也为传统金融机构开辟了新的发展路径，进而有益于金融业全要素生产率的提升。以上研究虽从不同角度对数字普惠金融发展对传统金融机构的影响进行了探讨，但持有的观点基本相同，即数字普惠金融的发展有益于传统金融机构的数字化革新，同时也指出了县域数字普惠金融发展的不足。

　　一些学者研究了哪些因素影响县域数字普惠金融的发展问题，在发展过程中不同机构开展的数字普惠金融如何在县域层面形成有效的生态体系，共同促进县域金融供给健康发展。粟芳和方雷（2016）认为，信息基础设施不完善造成的物理排斥是制约农村地区小微企业和农户使用数字普惠金融产品与服务不足的原因。何婧和田雅群等（2017）认为，农户的金融素养、金融意识及金融知识匮乏和相对落后的受教育水平等造成的自我排斥是阻碍农村数字普惠金融发展的主要诱因。许月丽和孙昭君等（2022）认为，虽然数字普惠金融拓展了农村金融市场的范围，但由于数字普惠金融的信用评估依赖于网上农户或农业生产经营者的经济信息，这些信息通常并不全面且有相当部分用户的网上销售和购买经历很少，因此数字普惠金融对解决农村融资难问题的作用是有限的。此外，中国农村信贷市场具有显著的场景导向关系型融资特征，使得农户信贷市场的信贷决策更多地依赖于意会式信息而非数码式信息，因此中国农村信贷市场的借款人有着相当强的个性化特征，而大数据技术对于解决这种分布类型复杂的信息不对称问题的作用效果是有限的。数字普惠金融与基于熟人社会的传统农村金融关系型融资相比，可能处于劣势地位。鉴于农村数字普惠金融发展中的障碍，如何充分发挥传统金融机构与金融科技公司双向的优势，两者如何互补并协同促进县域金融供给体系，朱太辉和张彧通（2022）从"双链联动"模式创新的角度，探讨了农村金融服务供应链如何与乡村产业供应链协同的问题，指出在生态方面农村中小银行要与互联网科技公司协同，提升生态、场景、科技赋能，促进金融服务供应链和乡村产业供应链协同利用共性基础设施、共享数字技术能力和数据处理能力，在两条供应链的各个环节推动客户、渠道、场景的联动。

（二）数字普惠金融与县域居民消费升级

　　作为拉动经济增长的"三驾马车"之一的消费，在数字经济时代及高质量经济发展背景下，同样被赋予新的要求。党的十九届五中全会通过的《中共中央关于制定国民经济和社会发展第十四个五年规划和2035年远景目标的建议》提出，要加快构建以国内大循环为主体、国内国际双循环相互促进的新发展格局。胡浩（2020）研究提出，"双循环"新发展格局的核心内涵是以国内大循环为主体和基础，国际循环发挥带动和优化作用，以扩大内需为战略基点，全面促进消费和拓展投资空间。提出金融助力"双循环"新发展格局建议，即坚持金融供给侧改革战略方向，提升金融科技水平，为"双循环"新发展格局提供高质量金融支持。李建伟和崔传浩等（2022）指出，在"双循环"新发展格局中，消费市场活跃与新型消费蓬勃发展应作为内循环发展的必要条件，由消费端"需求"引导生产端"产业升级"，再由产业升级带动消费升级，从而改变消费结构和消费业态，促进国内经济大循环。数字普惠金融立足新发展理念和新发展格局的循环路径和战略基点，对释放消费潜力、加快构建与"双循环"相适应的现代金融体系有着重要价值。颜建军和冯君怡（2021）指出，消费升级即居民消费中满足差异化需求的升级消费比重上升，满足基本生存需求的消费比重下降。颜建军和冯君怡（2021）、江红莉和蒋鹏程（2020）、樊继达（2019）研究发现，建立在金融科技基础上的数字普惠金融可提高居民收入、缩小城乡收入差距、促进产业结构升级、提升居民消费水平、改善居民消费结构，从而使居民消费由基础性消费向发展享受型消费转变。

随着消费金融的兴起，学者们关注到数字普惠金融对居民消费升级的影响，以往从金融视角研究消费的成果主要集中在消费水平上，对消费结构关注度不够，关于数字普惠金融对居民消费升级影响的研究成果较少，尤其是对城镇居民消费升级的研究不足。数字普惠金融与居民消费升级关系的研究主要从微观视角出发，并着重通过实证验证以下三个方面：从影响效果上分析数字普惠金融与居民消费升级的关系；从影响机制上分析数字普惠金融对居民消费升级的影响路径；从异质性角度分析数字普惠金融与居民消费升级的关系。李建伟和崔传浩等（2022）基于2013—2019年省级面板数据构建固定效应模型，通过实证分析指出数字普惠金融通过构建客户画像，降低居民流动性金融风险，优化金融产品结构，提供精准化金融服务，从而可促进居民消费水平提升和消费结构优化。数字普惠金融对居民消费升级的影响具有城乡和区域异质性，数字普惠金融的不同维度和不同业务类型对居民消费升级的影响也不同。江红莉和蒋鹏程（2020）基于2011—2017年省级面板数据构建动态面板模型，实证研究了数字普惠金融对居民消费水平和结构的影响及作用机制，证明数字普惠金融提升了居民消费水平，优化了居民消费结构，实现了居民消费结构升级。数字普惠金融主要通过缩小城乡收入差距和优化产业结构两种机制，提升居民消费水平和优化消费结构。龙海明和李瑶等（2022）基于北京大学数字普惠金融指数，利用面板门限回归模型实证分析了由教育程度和收入水平所造成的"数字鸿沟"，对数字普惠金融与居民消费异质性影响作用。

数字普惠金融对农村居民消费升级的影响可以是直接的，也可以是间接的，直接作用是数字普惠金融可缓解农村地区金融排斥和农村居民面临的流动性约束，促进农村居民消费升级；间接作用是数字普惠金融可带动农户创业，增加农户收入，改变农村居民消费环境，拉动农村居民消费升级。黎翠梅和周莹（2021）认为，数字普惠金融对农村消费的作用机制分为渠道作用机制和空间作用机制，其中渠道作用机制也分为直接和间接两种，并通过2011—2018年省级面板数据构建空间计量模型，实证分析获取数字普惠金融可以促进农村消费增长，且空间溢出效应显著，数字普惠金融借助数字化支付、信贷、保险等途径直接刺激农村消费增长，通过提高居民收入间接促进农村消费增长。董云飞和李倩等（2019）以2005—2016年农村居民和城镇居民的家庭收支调查数据为基础，运用动态面板模型实证分析数字普惠金融发展对农村居民消费的影响，分析发现数字普惠金融的发展可以显著提高农村居民服务性消费支出在总消费中的比例，进而促进农村居民消费升级。

（三）数字普惠金融与农户创业

数字普惠金融对农户创业的影响研究，一般围绕以下三个方面进行：数字普惠金融是否会对农户创业产生积极影响；数字普惠金融对农户创业的影响路径及机制；数字普惠金融对农户创业是否具有空间及其他方面的异质性。研究普遍认为，数字普惠金融通过缓解融资约束，对农户创业产生积极影响，且数字普惠金融不同的数字属性对农户创业的影响略有不同。谢绚丽和沈艳等（2018）将北京大学数字普惠金融指数省一级数据，与用来度量地区创业活跃度的新增企业注册信息相匹配，发现数字普惠金融的发展对创业有显著的促进作用，数字普惠金融的覆盖广度、使用深度和数字支持服务程度均对创业有显著的促进作用。罗新雨和张林（2021）通过对地级市面板数据实证分析发现，数字普惠金融对居民创业具有显著的促进作用，这种正向促进作用是覆盖广度、使用深度和数字化程度发展共同作用的结果，且覆盖广度的发展对居民创业的带动作用要明显大于其他两方面。谢文武和汪涛等（2020）基于数字普惠金融发展数据库和中国家庭追踪调查数据库的研究发现，数字普惠金融使用深度的发展对农村创业有显著的促进作用，数字普惠金融的覆盖广度并不是缓解农村创业融资约束的关键因素，支付指数与货币基金指数对农村居民创业产生显著的正向影响。宋伟和张保珍等（2022）利用北京大学数字普惠金融指数和中国家庭跟踪调查数据，利用面板普罗比特（Probit）模型针对数字普惠金融对农户创业的影响进行研究，发现数字普惠金融总指数，数字普惠金融覆盖广度、使用深度及移动支付指数对农户创业有显著的促进作用。

数字普惠金融与农户创业可通过一些因素产生直接或间接的影响关系。胡国辉和赵婷婷（2022）指出，由于"新基建"的快速发展增加了光纤电缆电桩等基础设施的供需，由此产生的投资乘数效应扩大了内需，增加了创业就业岗位。创业农户在产业和项目选择上依旧存在很大盲目性，创业项目同质化使得市场竞争极为激烈，由其造成的产业单一阻碍了经济发展。马小龙（2020）指出，数字普惠金融通过大数据挖掘机制有效引导农户创业项目精准化、个性化，使创业农户与地方产业紧密结合，有效促进经济发展。数字普惠金融对不同的创业者和创业需求的影响也不同，张呈磊和郭忠金等（2021）认为，数字普惠金融对生存型创业者的影响主要是扶贫价值，生存型创业是被动型创业，创业者为收入较低的群体且多为自我雇用型，通过缓解贷款限制来提高该群体的创业机会，从而缓解贫困及减小收入不平等。数字普惠金融的发展对机会型创业的影响更多是通过改善营商环境和促成新的商业模式，对主动型创业者起到的是"锦上添花"作用，但这种作用对缓解收入不平等也产生了不确定的影响。张正平和黄帆帆（2021）专门研究了数字普惠金融对农村劳动力自我雇用的影响，通过面板数据实证分析发现数字普惠金融发展水平及其各个维度对农村劳动力自我雇用均有显著的正向作用。程秋旺和许安心等（2022）指出，数字普惠金融的农业碳减贫效应可通过农业创业效应和农业技术进步效应实现。李晓园和刘雨濛（2021）指出，人力资本水平、地区产业结构和基础设施水平是数字普惠金融影响农村创业活跃度的有效传达途径。宋伟和杨海芬（2022）研究发现，数字普惠金融通过经济增长效应、技术创新效应、机会平等效应在宏观层面影响创业环境，通过信息传递效应、社会网络效应、信贷资源获取效应在微观层面影响创业能力。

在区域、经济发展水平、创业类型、受教育程度等因素上，数字普惠金融对农户创业产生异质性影响。谢文武和汪涛等（2020）指出，数字普惠金融对农村居民创业的影响呈现区域的异质性特征。李晓园和刘雨濛（2021）指出，数字普惠金融的发展对东部地区的农村创业活跃度影响较中西部地区更显著。宋伟和张保珍等（2022）指出，数字普惠金融在经济水平和城镇化率较低的欠发达地区对农户创业具有更强的促进效应，数字金融的发展对于城镇化率较低的省份、注册资本较少的微型企业有更强的鼓励创业作用。从创业类型上看，李晓园和刘雨濛（2021）指出数字普惠金融对私营企业创业活跃度的推动作用较个体创业活跃度更显著。从全国样本上来看，王倩和张晋嵘（2022）指出数字普惠金融促进了高学历农民创业，对低学历农民创业无显著影响。

第三节　数字普惠金融中"大"与"小"数据的融合分析

一、"大"与"小"数据分析的争辩

大数据分析与小数据分析的思维争辩，主要围绕以下几个方面：一是大数据是否能够真正代表社会本源，大数据的出现似乎弥补了传统抽样调查数据不能代表"总人口"的误差缺陷，但大数据并不是在所有时候都是"全数据"，网民用户并不能代表"总人口"、重要机密数据的获取较难、研究主体思维心理获取有限。唐文方（2015）指出，大数据无法取代以抽样调查和实验研究为代表的传统"小数据"研究，两者的关系是相辅相成的。二是大数据分析是否能够真正代表继经验范式、理论范式、计算范式之后的数据密集型科学范式，图灵奖获得者格雷基于数据形式分析方法的发展，认为大数据分析是基于归纳逻辑而非演绎逻辑，从而区别于实证或实验科学。大数据前期代表人物安德森（Anderson，2008）认为，数据洪流会让科学方法过时，"过时"指的是科学预测不再受到理论预设限制。普林斯基（Prensky，2009）、基钦（Kitchin，2014）认为，大数据研究作为第四研究范式已出现，并对现有的科学演绎方法提出挑战，这种范式根植于数据密集型探索中，通过机器算法而非理论模型指引，发现额外有价值的知识模式。贺光烨（2018）指出，机器学习能发掘真正的社会现象的关键不仅在于计算机编程和运行过程，更在于研究人员对所研究问题的深入理解，任何算法都有一定的局限性和风险，大数据分析仍然存在认知论层面上的模糊、误差及缺陷。方环非（2015）在对大数据的历史、范式与认知论充分分析的基础上，提出创建大数据与机制"双环"协同驱动的普遍知识挖掘范式，大数据挖掘对科学范式的转变重点在于其从以往局域的、临时的、琐碎的粗糙知识上升到全局的、长久的、精细的普遍知识，是整合多学科方法和思维所形成的结果。三是大数据分析是否能够抛弃小数据分析的理论假设。黄欣荣（2016）、齐磊磊（2018）、彭理强（2019）等学者在充分剖析实证分析理论的历史来源及国内外专家理论观点的基础上，指出大数据分析是为了让理论在内涵及外延上得以更好地拓展，理论仍保持核心地位。四是大数据分析强调"相关关系"是否可以替代小数据分析的"因果关系"。黄欣荣（2016）在其文章《大数据主义者如何看待理论、因果与规律——兼与齐磊磊博士商榷》中详细阐明了大数据主义代表学者的真实意图，即肯定大数据分析在发现相关关系的优势，又不否定小数据获取因果关系的重要性。对于相关性和因果性问题取决于具体问题的研究，社会科学理论研究仍需要因果性，相关性可拓展认知因果性的视角，是认识因果性的有效途径。彭玉生（2011）在分析休谟、康德、密尔及费舍等经典实证分析理论来源的基础上，指出因果概念与科学理论密不可分，摒弃因果概念有摒弃理论之嫌疑。乔什·科尔斯和拉尔夫·施罗德（Josh Cowls & Ralph Schroeder）、彭知辉通过广泛的文献及访谈研究，指出相关关系是一种比因果关系更为广泛的概念，它是因果关系的派生关系，因果起着根本性的解释作用。

二、"大"与"小"数据分析的融合

面板数据、调查数据是实证分析的主要数据来源，变量多为数值型数据，分析方法多采用简单线性回归方程，仅对理论假设引导的部分因素之间进行影响效应分析，属于对某情境"间断性"的因果推理。海量多源异构化的大数据出现，对传统实证分析方法提出了挑战，能否处理非结构化数据，能否针对某一情境实现多因素联合因果效应分析？舒晓灵和陈晶晶（2017）研究认为，与以往数据驱动方法擅长相关关系分析的理念有所不同，数据挖掘应该被更准确地称为演绎和归纳两种方法论的综合，并可以作为传统实证定量分析的有力补充，演绎和归纳的推理可在同一情境分成不同阶段完成，利用非结构化数据进行归纳分析，挖掘数据中显著的规律（理论），再利用结构化数据围绕新规律进行演绎分析，进而实现理论的创新与扩展。对比传统定量实证分析，数据挖掘为非数值型数据，例如文本类数据，提供了多种分析模型和方法；神经网络方法更有利于提高对多重非线性变量间联合因果效应的预测。因此，如何在数据挖掘过程中实现围绕某一特定情境中的多重因素间的相关及因果分析，将是社会科学研究的新方向，为数字普惠金融的相关研究提供新的理论与实践分析视角。

大数据思维促使数据驱动的发展，通过算法而非先验模型或知识实现自主学习，例如深度神经网络可实现复杂的推理和计算，但在情感、认知等识别上仍有较大缺陷。社会科学最主要的研究对象是人，它是关于人类如何思考（心理学）、如何处理财富（经济学）、如何互相联系（社会学）以及如何治理人类自己（政治学）以及如何创造文化（人类学）的科学。洪永森和汪寿阳（2021）指出，大数据的可获得性，特别是文本类数据使得测度大量互相关联的异质性微观经济主体行为、心理变量（包括情感、情绪、价值判断）和文化变量成为可能，可弥补面板数据的刻板和过度理性，辅助传统计量经济分析由完全理性迈向非完全理性，为研究经济主体的心理如何影响经济的定量实证分析提供新的思路。在社会科学研究中，人的主观态度和价值观，例如人际信任、社会公平观等概念都是重要的理论问题（因变量），也是社会现象和个人行为的重要解释变量（自变量）。虽然文本类数据中包含了网络表达意见，但这些情绪及价值观的表达是有限的，常常是就事论事，无法涵盖社会科学关心的其他理论问题，而量表式问卷数据在深入调查观测对象的心理、情绪及价值观等问题时表现得更为优异。因此，对数字普惠金融的社会科学研究，应针对具体研究情境，融合不同类型及特质的大小数据，优劣互补，深度挖掘经济行为背后隐藏的心理及意识等因素间复杂的逻辑关系。

大、小数据融合的必要性，数据驱动和知识驱动方法相结合"双向"提高数据挖掘及实证分析的质量，已得到普遍认同。但如何实现不同数据以及不同数据分析范式的有效融合，并给出具体框架、模型及方法路径的研究成果并不多。刘涛雄和尹德才（2017）提出"数据驱动"与"理论假设驱动"相结合的新范式，对大、小数据融合分析的观点基本与舒晓灵、陈晶晶（2017）一致，即先基于大数据分析发现一些基本的模式，从中提出重要的研究问题及理论假设，并结合已有理论知识凝练理论假设，再基于理论假设对小样本数据进行假设验证，以保证研究的科学性。利用非结构化数据为数值型等结构化数据提供新的内容，利用数据挖掘等数据驱动方法为实证分析提供更有价值的理论假设。上述思路属于大、小数据分析松耦合的状态，且缺少实验检验。陈国青和张瑾等（2021）基于语义相似度的视角给出大、小数据融合的三种主要情境及分析策略：小数据通过部分具体的数据实例反映大数据的数据实力，即代表性语义反映；小数据在特定属性下反映的概括性语义与大数据集合尽可能一致，即一致性语义反映；小数据在特定属性下反映的结构性语义与大数据集合尽可能一致，即多样性语义反映。朱群雄和耿志强等（2018）指出，深度神经网络通过多层神经节点构建，可实现复杂变量间多层多维的相关分析，利用深度神经网络框架这个工具箱，添加对某几个关键变量间的因果关系推导，从而传导及构建整个网络节点及其因果关系，是数据驱动与知识驱动深度融合的发展方向，实现了大、小数据基于语义的深度融合。另外，本体、知识图谱等基于图的知识组织方法也被经常用于大、小数据深度融合的知识表示中[192]。上述研究成果对如何构建数字普惠金融中大、小数据分析融合的框架及研究思路和内容，起到很好的启发和借鉴作用。

第四节　研究述评

一、理论基础有待创新

数字普惠金融对县域经济高质量发展的影响研究所依据的理论基础，应添加"数字"价值，在金融科技环境下，金融运作的模式、流程及应用架构都有所改变，在实证分析中不应只考虑基础设施建设这一个科技要素，还应考虑到数字技术带来的普遍应用价值，如信息沟通的效率、知识共享的能力、平台建设的价值、信息生态的改变等对理论基础创新带来的影响。这些因素不仅涉及传统理论基础中研究主体的改变，也涉及研究主体之间关系的改变，直接或间接影响到理论基础的核心逻辑及高层价值观的构建。因此，数字普惠金融对县域经济高质量发展的研究应充分考虑到"数字"价值，这对研究依据的理论基础创新具有重要意义。

二、研究内容有待创新

从现有文献可见，数字普惠金融对县域经济高质量发展研究的内容大致可分为两个层面，即宏观层面和微观层面。研究视角一般从金融供给与金融需求匹配出发，宏观层面的研究主要围绕数字普惠金融对县域经济增长、产业结构升级、技术创新与绿色生态构建等方面展开；微观层面的研究主要围绕数字普惠金融对县域传统金融机构改革、居民消费升级和农户创业等方面展开。在实证研究模型构建中，主要解释变量与被解释变量为两到三个因素，其他因素常作为控制变量、中介变量、扰动项等存在，会产生变量遗漏和变量内生性等问题，降低模型构建质量。另外，几乎所有的结果都是多种必要且充分的因素共同作用形成的，在宏观与微观层面的研究中共同掺杂着彼此的核心变量，实证分析中采用概率统计的方法判断因果，由于数据和方法的限制导致变量类别获取不足、变量之间联合效应分析不充分，限制了对问题理解的全面性及深度。因此，在数字普惠金融对县域经济高质量发展影响的研究中，应针对具体情境构建多重影响因素变量间的多维多层相关及因果关联模型，对全面认知问题有重要价值，以提升决策质量。

三、研究方法有待创新

数字普惠金融对县域经济高质量发展的影响研究多采用定量实证研究，

按照严格标准的步骤实现样本数据分析，即分为"文献回顾—理论假设—模型构建—数据收集—回归分析—假设检验—结论—建议"八段式。其中，理论假设的依据来源于以往研究的经验及成果，被反复应用于不同情境中，创新性滞后或仅添加因果关系已知的上层概念因素做出稍许改变；模型的构建是依据理论假设中涉及的变量及变量间的关系构建回归方程，这些变量通常作为模型中核心的解释或被解释变量，主要用回归系数大小及显著性程度来评测核心变量间的因果关联，通常忽视模型的拟合优度。大量未解释的方差是由未知的因素变量、测量误差或数据缺失导致，特别是对微观个体行为解释的线性模型中，R^2 一般不超过 50%，而剩下的则作为不可解释部分纳入随机残差项。定量实证分析所收集的主要是面板数据或问卷数据，均属于抽样数据，涵盖研究对象属性特征等内容的范围有限，进而导致模型预测能力有限。大数据及大数据分析方法的出现，可实现从范围更广、维度更多的数据中发现未知的模式，特别是概念粒度较细的下层概念因素变量间的关联关系，并通过实验检测形成普适的理论，更新理论假设体系，可作为提升定量实证分析质量的有力辅助手段。通过数据驱动方法和知识驱动方法的"双向"驱动融合，形成多重因素变量的多层多维关联概念图，既包含关联关系又包含因果关系，且由具体情境触发，自主选择核心变量节点及赋予相应权值，以提升数字普惠金融对县域经济发展影响中具体问题的预测及决策质量。

第三章 基于科学知识图谱分析数字普惠金融与县域经济高质量发展的相关路径

本章以 2002—2022 年为数据分析时间轴，以数字普惠金融、县域经济发展、数字普惠金融对县域经济发展的影响，大小数据融合分析等相关主题的科技文献数据为分析对象，以图论为理论研究基础，采用共现图谱分析、聚类图谱分析、复杂网络分析等方法，不断搜索、优化、精确数字普惠金融与县域经济高质量发展共现网络中的节点及节点间关系，实现在宏观与微观两个层面的关键节点及核心相关路径研究。

第一节 科学知识图谱相关概念、分析方法及工具

一、科学知识图谱相关概念

（一）图论

图是图论的研究对象，图由节点和边构成，其中节点是图最基本、最重要的组成元素，图也是网络的一种基本表示方法，均可用一个三元组 $G=(V，E，\Psi)$ 来表示，其中 V 指的是图或网络中节点的集合，节点集合 $V=\{v_1，v_2，\cdots，v_N\}$，元素 v_i 为图或网络中的一个节点或顶点；E 指的是每两个节点之间关系（边）的集合，边集合 $E=\{e_1，e_2，\cdots，e_M\}$，元素 e_i 为图或网络中的一条边、弧或连线；Ψ 是边集 E 到节点集 V 的一个映射，E 中的每条边 e_i 都有 V 中的一对节点 $(v_i，v_j)$ 与之对应，称为关联函数。节点对的集合 E 中一般已经包含了连接关系 Ψ，因此三元组 G 可以简单地表示为二元组 $G=(V，E)$。

图 G 中的路径可由节点和边交替出现构成的有限序列来表示，如第 K 条路径可表示为 $W_k=(v_0 e_1 v_1 e_2 v_2 \cdots v_{n-1} e_n v_n)$，$W_k$ 称为从 v_0 到 v_n 的路径，或者为连接 v_0 和 v_n 的路径，v_0 为路径 W_k 的起点，v_n 为路径 W_k 的终点。其

余节点 V_i（$1 \leqslant i \leqslant n-1$）称为路径的内点，其中与 e_j 相连的节点 V_{j-1} 和 V_j 是 e_j 的两个端点，由于简单图中不存在重边，因此 W_k 可以简化为 $W_k = (v_0 v_1 v_2 \cdots v_{n-1} v_n)$。若图 G 中任意每对节点（v_i，v_j）之间都有至少一条路径存在，则图 G 称为连通图，否则为非连通图。在有向图中，可分为强连通、单连通和弱连通三种类型，其中强连通指的是图 G 中任意两个节点之间存在可互达的路径，单连通指的是图 G 中任意两个节点之间只存在单向到达的路径，弱连通指的是图 G 中方向去除后任意两个节点至少存在一条路径。可见，图中任意节点路径的连通性代表了节点之间相关关系的强弱。

图也可以进行运算，为后文不同类型的图之间进行相似度计算及语义集成提供理论支撑。图之间可以进行交、差、环和、直和以及子图对母图的补等运算，对于图 $G = (V_G，E_G)$ 和图 $H = (V_H，E_H)$，若 V_H 是 V_G 的子集，E_H 是 E_G 的子集，则图 H 是图 G 的子图，图 G 是图 H 的母图；若 $V_H = V_G$，则称图 H 为图 G 的生成子图。假设 H_1 和 H_2 都是图 G 的子图，若 H_1 和 H_2 没有公共节点，则称 H_1 和 H_2 "点不相交"；若 H_1 和 H_2 无公共边，称 "无重边"。H_1 和 H_2 中所有边构成的图称为它们的 "并"，记为 $H_1 \bigcup H_2$；若 H_1 和 H_2 没有公共边，则称它们的并为 "直和"，记为 $H_1 + H_2$；若 H_1 和 H_2 有公共边，公共边构成的图称为它们的 "交"，记为 $H_1 \bigcap H_2$。若 H_1 和 H_2 有公共边，但从 H_1 中去掉 H_2 所具有的边得到的子图称为它们的 "差"，记为 $H_1 - H_2$；从图 H_1 和 H_2 的并中去掉它们的交得到的子图称为它们的 "环和"，记为 $H_1 \bigoplus H_2$；从图 G 中去掉 H_1 的边得到的子图称为图 H_1 的 "补"。

（二）知识图谱

知识图谱是有关知识组织的形式化知识库，随着语义网的提出和发展，逐渐由早期知识库演变为面向海量数据处理的知识工程技术。本质上，知识图谱是真实世界中存在的各种实体、属性及其关系构成的语义网络图，用于形式化描述真实世界中各类事物及其关联关系。从狭义的角度看，知识图谱是一种有向图数据结构，节点代表客观世界的实体，边代表实体之间的关系，并通过实体属性之间复杂的事件关系构成复杂网络结构。因此，知识图谱也可以采用图论中的三元组进行形式化表示，即 $G = \{E，R，F\}$，E 代表知识图谱中的节点（实体）集合，形式化表示为 $E = \{e_1，e_2，\cdots，e_n\}$，其中 e_i 是知识图谱中的任意一个节点，也是最基本的组成元素，代表客观存在并且能够相互区分的实体，该实体可以是具体的人、事、物，也可以是抽象的概念；R 代表知识图谱中节点对（关系）集合，形式化表示为 $R = \{r_1,$ $r_2, \cdots, r_m\}$，其中 r_i 是知识图谱中的任意一条边，表示实体间存在的某种关系；F 代表知识图谱中节点的属性集合，节点一般被属性（如实体特征）来标注，形式化表示为 $F = \{f_1, f_2, \cdots, f_k\}$，其中 f_i 是知识图谱中任意一节点的属性集合，该属性集合仍可采用图论中的三元组进行形式化表示为 $f_i = \{h, r, t\}$，根据属性概念粒度大小的不同，三元组的意义也不同，既可代表（实体，关系，实体），又可代表（实体，属性，属性值）的不同含义。

知识图谱的构建过程主要分为：知识抽取、知识表示、知识融合、知识推理与加工、知识更新、知识存储等内容。其中，知识抽取是知识图谱构建的核心与基础，实现从海量、多源、多结构化数据中抽取实体、关系和属性的过程；知识表示的有效性直接影响知识图谱构建的质量和效率，主要有基于数理逻辑的知识表示和基于向量空间学习的分布式知识表示两种形式，基于数理逻辑的知识表示以符号逻辑表达显性、离散的知识，对计算效率和数据稀疏性处理上表现不好，基于向量空间学习的分布式知识表示可在向量空间中直接完成实体及关系等的语义计算，可以挖掘到隐含的知识并有效解决数据稀疏性带来的问题；知识融合通过知识评估和知识扩充的手段，具体采用实体对齐、实体链接和关系对齐等方法，对从不同来源抽取到的知识、知识图谱、外部知识等不同层面涉及的实体、属性及关系，进行冲突检测和一致性检查以实现对现有知识图谱的更新；知识推理与加工是针对知识图谱中已有实体、关系和属性的不完备性，在知识抽取和知识融合的基础上，不断挖掘或推断出全新的、未知或隐含的实体、关系和属性，并形成比现有知识图谱更完整的知识体系；知识更新在知识融合、知识推理与加工的过程中都会存在，根据更新的范围不同分类全面更新和增量更新，一般情况下均属于增量更新；知识存储可分为基于 RDF 的存储和基于图的存储，其中基于图的存储以图为基本的表示形式，实现不同业务场景在图数据库中的高效查询和搜索。

根据面向应用目的和领域的不同，知识图谱可分为通用知识图谱和领域知识图谱，其中领域知识图谱是构建及研究的热点。通用知识图谱中以静态常识性知识为主，知识覆盖面广但深度较浅，概念粒度粗且关系面向开放域，导致知识推理路径较短、应用范围有限；领域知识图谱一般面向具体行业，更注重知识涉及的深度，概念粒度细且关系复杂，知识推理路径相对密集且较长，因此领域数据应用范围更广。

(三) 复杂网络

"网络"是由节点和连线构成的图，是从同类问题中抽象出来的用图论来表达并研究的一种模型。"复杂"指的是在客观事物的联系、运动和变化中表现出来的一种状态，是一种不可还原的特性，而不是孤立、静止和显而易见的特性。复杂网络就是呈现出高度复杂性的网络，由具有独立特征个体、不同拓扑结构的个体间联系以及不同状态和功能错综交叉的系统构成，目的是分析现实网络的结构特征。钱学森指出，具有自组织、自相似、吸引子、小世界、无标度中部分或全部性质的网络称为复杂网络。

复杂网络的"复杂性"具有以下几种特征：

①网络规模庞大。具有海量的网络节点及多样化的节点连接，但网络结构具有统计特征。

②连接结构的复杂性。网络连接结构既非完全规则也非完全随机，可随时间、权重等发生连接结构改变，但却有自组织规律。

③节点的复杂性。各个节点本身可以是各非线性系统，具有动力学复杂性，例如，可以由代表任何事物的不同类型的节点构成，且节点状态会随时间发生复杂变化。

④网络时空演化过程复杂。复杂网络具有空间和时间的演化复杂性，展示出丰富的复杂行为，特别是网络节点之间的不同类型的同步化运动。

复杂网络的"网络"基本特征体现在以下几个方面：

①小世界特征。尽管复杂网络是一个大规模性的网络，但任意两个节点间却有一条相当短的路径，即与单个节点相互连接的节点数目可以很小，但却可以连通世界。

②无标度特征。幂指数函数在双对数坐标中是一条直线，这个分布与系统特征长度无关，这一分布表现被称为无标度性质。复杂网络节点的度分布具有幂指数函数的规律，无标度特性反映了网络中度分布的不均匀性，只有很少数的节点与其他节点有很多连接，成为"中心节点"，而大多数节点度很小。

③超家族特征。不同网络之间存在与某个家族"血缘"相近的联系，它们拥有相同或相似的网络"基因"，只要组成网络的基本单元（最小子图）相同，它们的拓扑性质的重大轮廓外形就可能具有相似性，这种现象称为超家族特性。

复杂网络研究的首要且最基本的问题是对现实网络结构特征的测量，具体指标有：度分布、平均距离、集聚系数、相关系数和介数等。此外，还需要对网络建模，以更好地了解网络的进化机制、动态和功能行为，如确定性的小世界网络、具有社团结构的网络模型、依据实际网络增长机制而提出的各种权重网络模型，以发现现实网络与传统图论经典模型的差距。还要研究网络上的动力学行为和网络本身的动力学行为，可以了解网络结构如何影响其动态属性，进而预测和控制网络系统。

（四）科学知识图谱

科学知识图谱是科学计量学与知识图谱共同发展与融合的结果，是有关科学知识的专业领域知识图谱。科学计量学是运用多种数学统计学方法对科学自身进行定量研究的一门交叉学科。科学计量学研究方法与文献计量学、信息计量学有一定交叉但并不完全相同，文献计量学侧重于分析论文、引文等文献外部特征，科学计量学则从科学投入、产出、影响及其相互关系，以及科学活动的角度研究有关科学相关的活动，而信息概念的更为广泛性使信息计量学包含的研究内容更为复杂。文献计量学的引文分析、内容分析为科学计量学研究奠定了基础，并随着知识图谱可视化技术的出现与发展，逐渐形成科学知识图谱这一新的学科。

科学知识图谱是面向科学技术领域，以科技项目、学术论文、专利、科技动态、研究报告、网页或社会网络等为主要数据来源，以科技成果、科研人员、机构、科技项目、主题词等为主要研究对象，构建面向科学领域的学科分析、影响力评价、关联挖掘为目标的领域知识图谱。领域知识图谱与通用知识图谱相比，由于领域数据具有不同的特征，在领域应用上对精准度、专业性和时效性等方面具有不同的要求，因此不同领域知识图谱具有自身典型的特征。科学知识图谱与其他领域知识图谱相比，在数据源的可获得性、数据结构、数据更新频率以及数据质量等方面各不相同，导致科学知识图谱在构建中涉及的实体识别、实体对齐与消歧、实体关系抽取与知识推理等过程，也需要采用不同的分析方法与技术。

在网络结构特征上，科学知识图谱是面向科学领域构建的知识网络。知识网络是由知识元素构成的知识节点与节点间的关联关系组成的一种网络拓扑结构，属于复杂网络的一种表现形式，可用复杂网络理论来研究和描述知识网络的基本特征。通过对共现网络平均路径长度、网络聚类系数、幂律指数分布、度分布指数、网络密度等指标的测量，判断知识网络结构是否具有小世界网络、无标度网络等特征，并通过网络连通性、网络匹配性等指标进一步测量知识网络的拓扑结构、演化模型及更深层次的网络结构形成机理，来判断知识网络结构特征形成的关键因素及因素之间的相互关系，知识网络结构演化过程中内在的作用模式。

二、科学知识图谱相关分析方法

（一）生成树

在图论中，不含圈的连通图称为"树"，即任意两个节点之间有且只有一条路径的图，是图中最基本的结构。对于一个连通图 G，常用破圈法来构造其生成树，在图 G 中任取一个圈，去掉该圈中的一条边，若剩余图仍为连通图，就继续寻找下一个圈并同样去掉其中一条边，直至得到图 G 的一个无圈连通生成子图，即得到图 G 的一棵生成树。一个连通图的生成树一般不是唯一的，只有当连通图 G 本身也是树时，其生成树才唯一。若图 G 是一个加权连通图，H 是 G 的一棵生成树，H 的每条边所赋权值之和称为生成树 H 的权，记为 W_H。加权连通图 G 的具有最小权值的生成树称为 G 的最小生成树，一个图的最小生成树是唯一的。

生成树方法主要用于图谱修剪中，当图谱过于庞大和混乱时应用图谱修剪来简化网络并突出其重要的结构特征，具体有寻径网络算法和最小生成树算法两种。寻径网络算法是美国心理学家史凡德维特（Schvaneveldt）等人在 1989 年提出的用于分析数据相似性的一个模型，该算法对一个复杂网络中衡量数据相似性的关系进行简化，检查所有数据之间的关系，在所有可能的两点路径中只保留最强的连接，从而建立数据间最有效连接的路径。寻径网络算法具体的规则是：

①任意点到其自身的距离为零；

②对于边不具有方向性的网络，距离矩阵是对称的；

③边的权值代表联系的差异程度，根据权值剔除不必要的节点联系，保留节点间最密切的联系。

最小生成树算法是通过构造网络图谱的最小生成树简化网络，在网络图谱中构造一个能够包含所有顶点、无圈且权值最小的子网络。

（二）共词分析

词频统计一般是文本内容分析常用的方法。从词的共现模式中提取更高层次的研究可以追溯到 20 世纪 80 年代的共词分析法，惠特克（Whittaker）最早提出共词分析的假设前提，其中最核心的一点是：如果不同术语在同一文章中出现，则它们之间有一定关系，且如果这种关系出现在足够多的文章中，则这种关系具有一定意义。共词分析的基本原理就是通过词频统计的方式，计算不同术语在同一文章中共同出现的频次，来判定术语之间的亲疏关系，生成"术语－文档"矩阵，通过矩阵运算将"术语－文档"非对称矩阵转换为"术语－术语"的对称矩阵，即"共现矩阵"，最后通过聚类等统计分析及可视化形成共现网络。共词分析方法基本分为6个环节：确定分析问题、术语词源选择、高频词选定、术语相关计算、多元统计分析及统计结果分析。共词分析可揭示中层级知识结构，在纵向上反映一段时间内专业领域的动态发展演化历程，在横向上反映某个时间节点静态知识单元分布结构，起到发现学科研究热点、探究学科发展进程的作用。

共词分析方法也有一定的缺陷，仅根据词频大小来判断术语之间的语义相关性，判断维度及方法过于单一，没有充分考虑术语的多维属性及情境因素；大量的强共现关系是由中频词、高频词等两两构成，截取这些中高频词进行共词分析对重要关系的保留情况不能令人满意，对低频关键词进行分析更能探查隐含主题及学科全貌。因此，将共词分析与复杂网络分析相结合，并关注低频术语共现网络的重要性，对提高共词分析的全面性及深入度有重要价值。

（三）共现网络分析

共现网络是由共词分析和复杂网络可视化共同形成的，共词分析获取术语间是否存在关联关系的可能性，复杂网络获取关联关系更多的属性来验证这种可能性。从本质上讲，共现网络是一个知识网络，节点是由多元多维、静态动态的知识元素构成，节点之间的连接是由知识元素之间复杂关系构成，由不同知识元素的共同特征聚集形成的知识集合。通常利用以下几个基本测量指标来度量共现网络的复杂拓扑结构，以发现有关术语关联关系的更多属性特征。

①网络的平均距离 L：也称为网络的特征路径长度，描述网络中节点间的平均分离程度，体现了整体网络的聚集程度。计算如式（3－1）所示：

$$L = \frac{1}{\frac{1}{2}N(N+1)} \sum_{i>j} d_{ij} \qquad (3-1)$$

其中，N 为网络节点数，d_{ij} 代表节点 i 到节点 j 的最短距离。假设网络平均节点度不变，若网络中 L 随 N 以对数速度或更慢的速度增长，则该网络具有"小世界效应"。

②网络的平均集聚系数 C：大多数真实网络都有一个共同的结构性质，即集聚性，可通过平均集聚系数加以定量描述。平均集聚系数是指在网络中与同一个节点连接的两节点之间也相互连接的平均概率，通常用来刻画网络

的局域结构性质。计算如式（3-2）所示：

$$C = \frac{1}{N} \sum_{I=1}^{N} C_i \qquad (3-2)$$

其中，N 为网络节点数，$C_i = \frac{2M_i}{[k_i(k_i-1)]}$，节点 i 与 k_i 个节点直接连接，对无向网络来讲，这 k_i 个节点间可能存在最大边数为 $k_i(k_i-1)/2$，而实际存在的边数为 M_i，则 C_i 为节点 i 的集聚系数；对有向网络来讲，这 k_i 个节点间可能存在最大弧数为 $k_i(k_i-1)$，则节点 i 的集聚系数 $C_i = \frac{M_i}{[k_i(k_i-1)]}$，将两者做平均得到 C。

平均集聚系数 C 和平均距离 L 同样是衡量网络是否具有小世界特征的重要指标，同时具备平均距离 L 越短、平均集聚系数 C 越高的网络，具有典型小世界网络特征。

③网络的平均度 $\langle k \rangle$：度是描述单个节点属性的重要概念。网络中，节点 i 的邻边数目 k_i 称为节点 i 的度，一个节点的度越大，该节点越重要。计算如式（3-3）所示：

$$\langle k \rangle = \frac{1}{N} \sum_{i=1}^{N} k_i \qquad (3-3)$$

其中，N 为网络节点数，k_i 为节点 i 的度，$k_i = \sum_{l \in E} a_i^l$，$a_i^l$ 为节点 i 在邻接矩阵对应的矩阵元，当边 L 包含节点 i 时取值为 1，否则为 0。

在有向网络中，与某个节点相关联的弧有指向节点也有背向节点，分别称为节点的入度和出度。将节点 i 的入度记为 k_i^{in}，将出度记为 k_i^{out}，总度 k_i 为入度和出度之和。计算如式（3-4）与式（3-5）所示：

$$k_i^{in} = \sum_j a_{ij} \qquad (3-4)$$

$$k_i^{out} = \sum_j a_{ij} \qquad (3-5)$$

在社交网络中，通常将入度视为声望，将出度视为合群性。

④度分布 $P(k)$：网络中并不是所有节点都具有相同的度，大多数节点的度满足一定的概率分布，用 $P(k)$ 定义网络节点数 N 中度为 k 的节点在整个网络中所占的比率。计算如式（3-6）所示：

$$P(k) = \frac{1}{N} \sum_{i=1}^{N} \delta(k - k_i) \qquad (3-6)$$

对于完全随机网络来说，$P(k)$ 概率服从泊松分布，即每一条边出现概率相等，但现实网络并不是均匀网络，$P(k) \propto k^{-r}$，大多数节点的度值较低，只有少数核心节点度值较高，通常是无标度网络。

⑤介数 B：介数分为节点介数和边介数两种，是一个全局特征量，反映了节点或边在整个网络中的作用和影响力。网络中不相邻的节点 i 和 j 之间的最短路径会途经某些节点，如果某个节点 i 被其他许多最短路径经过，则表示该节点在网络中很重要，其重要性或影响力可用节点的介数 B_i 来表示。计算如式（3−7）所示：

$$B_i = \sum_{j \neq l \neq i} [N_{jl}(i) / N_{jl}]$$ （3−7）

其中，N_{jl} 代表节点 j 和 l 之间的最短路径条数，$N_{jl}(i)$ 代表节点 j 和 l 之间的最短路径路过节点 i 的条数，则节点 i 的介数就是网络中所有最短路径中经过该节点的数量比例。计算如式（3−8）所示：

$$B_{ij} = \sum_{(l,m) \neq (i,j)} [N_{lm}(e_{ij}) / N_{lm})]$$ （3−8）

边介数 B_{ij} 为网络中所有最短路径中经过边 e_{ij} 的数量比例。其中，N_{lm} 代表节点 l 和 m 之间的最短路径条数，$N_{lm}(e_{ij})$ 代表节点 l 和 m 之间的最短路径经过边 e_{ij} 的条数。

⑥中心性 C：中心性用来衡量网络中各节点的相对重要性。其中，节点的度中心性（DC）是衡量节点在整个网络的中心程度，代表单个节点或一组节点在网络中的位置及其重要程度和影响，计算为：节点的度除以其最大可能度 $N-1$。计算如式（3−9）所示：

$$DC_i = \frac{k_i}{N-1}$$ （3−9）

介数中心性（BC）为节点 i 的归一化介数，计算为：节点的介数除以最多可能的节点对数 $(N-1)(N-2)/2$。计算如式（3−10）所示：

$$BC_i = \frac{2 B_i}{[(N-1)(N-2)]}$$ （3−10）

接近度中心性（CC），节点的接近度代表节点在网络中居于中心的程度，接近度计算为：节点 i 到其他所有节点最短路径之和的倒数乘以其他节点个数，节点的接近度越大，代表其在网络中越重要。计算如式（3−11）所示：

$$CC_i = \frac{N-1}{\sum_{j=1, j \neq i}^{N} d_{ij}}$$ （3−11）

三、科学知识图谱相关分析工具

（一）引文可视化分析软件 Citespace

Citespace 是由美国德雷克塞尔大学信息科学与技术学院陈超美博士，基于引文分析理论和应用 Java 计算机编程语言，开发的信息可视化软件。引文分析就是利用数据和计算机等方法与手段，分析文献之间引证和被引证的知识联系和知识网络，揭示文献之间知识流动规律的一种计量方法。Citespace 是绘制科学知识图谱应用最为广泛的信息可视化工具之一，把大量文献数据转换成可视化图谱，发现隐藏在大量数据中的规律和让人不易察觉的事物。所谓"图"和"谱"，是既要可视化的知识图形，又要知识元之间序列化的知识谱系，充分显示出知识单元或知识群之间网络、结构、互动、交叉、演化或衍生等诸多隐含的复杂关系，这些复杂的知识关系又会演变新的知识单元或知识群。本章利用 Citespace 对研究领域实现热词分析、突变词分析、共词分析，并融合复杂网络分析方法对共现网络实现知识单元之间关联路径进行分析。

（二）复杂网络分析软件 Gephi

Gephi 用于处理任何能够表示为节点和边的网络数据，是一款开源免费跨平台基于 Java 虚拟机（Java Virtual Machine，JVM）的复杂网络分析软件，2010 年由巴黎政治学院的教师及工程师马蒂厄·雅各米（Mathieu Jacomy）开发了第一版 Gephi 原型。Gephi 不仅可以建立三维结构的网络，还可以建立节点与边具有生命期的四维动态网络。Gephi 提供两种分析方式：一是通过不同的布局算法，按照一定的方式排列节点在图中的位置，并从节点的位置对网络做出解读；二是根据节点与边的不同连接关系，用不同的统计算法对网络的总体特征、网络的模块化、节点的中心度、节点的路径特征、节点的动态度等进行计算，得出的值存储到节点或边的数据中，并进行图形解读。

第二节 数据来源、处理及基础分析

一、数据来源

数字普惠金融对县域经济高质量发展的影响研究，立足于中国县域经济发展历程，研究在中国县域经济发展体制内数字普惠金融建设与发展这一主题或数字经济发展分支产生的具体影响，具有典型的中国特色。本研究收集以中国精准扶贫、乡村振兴为研究背景的相关科技文献，文献主要来源于中国知网，具体的数据采集规则及方法如下：

为保障科技文献数据质量，中文文献以农业科学、哲学与人文科学、社会科学、信息科技、经济与管理科学为文献分类标准，在中国知网数据库中利用 SCI（科学引文索引）来源期刊、EI（工程索引）来源期刊、核心期刊、CSSCI（中国社会科学索引）、CSCD（中国科学索引）复选框，采用单选及交叉复选的方式选取相关期刊文献数据，优秀硕博学位论文、会议论文也纳入数据来源中。

为体现出国家政策对研究主题发展演变的影响，以 2002 年党的十六大第一次明确提出"壮大县域经济"为研究时间起点，将国家政策鼓励、支持及引导县域经济发展的二十年历程（2002—2022 年）为研究时间轴。在这段时间轴上，中国数字普惠金融的发展经历了起步期（2004—2012 年）、壮大期（2013—2015 年）和稳固期（2016—2022 年）三个阶段，县域经济发展也从党的十八大（2012 年）以来进入第四个发展阶段，即由高速增长阶段转向高质量发展阶段。这段时间轴涵盖了数字普惠金融、县域经济发展两个研究领域所关注的相关理论与实践应用的焦点问题及发展演化规则，以及数字普惠金融对县域经济高质量发展影响的核心问题及相关路径。

为保障科技文献数据收集的全面性、完整性，以使科技文献数据分析体现出层次性和规范化，本研究采用从宏观及微观两大层面，数字普惠金融、县域经济发展以及数字普惠金融对县域经济发展的影响三大主题结构的方式采集相关数据，并且在这两大层面、三大主题结构中贯穿数字经济及金融科技发展、大数据研究范式进化、大小数据融合进程等科技主题的发展脉络，形成四大主题结构以体现出在技术层面对研究主题的影响。

按照以上数据采集规则和方法，收集 2002—2022 年国内外相关研究成果，并分别构建文献数据子库。

（一）数字普惠金融文献数据子库

以数字普惠金融（Digital Inclusive Finance）为词条分别设置为全文、主题、篇名和摘要，在中国知网数据库中同时勾选"SCI 来源期刊""EI 来源期刊""核心期刊""CSSCI""CSCD"选项框，对应词条设置类别分别收集 2051 篇、610 篇、428 篇、560 篇期刊论文，1926 篇、329 篇、593 篇、371 篇优秀硕博学位论文，53 篇、29 篇、14 篇、22 篇会议论文。

（二）县域经济发展文献数据子库

以县域经济发展（County Economic Development）为词条分别设置为全文、主题、篇名和摘要，在中国知网数据库中同时勾选"SCI来源期刊""EI来源期刊""核心期刊""CSSCI""CSCD"选项框，对应词条设置类别分别收集11951篇、5103篇、1136篇、2002篇期刊论文，20093篇、6295篇、671篇、2589篇优秀硕博学位论文，2514篇、927篇、235篇、391篇会议论文。

（三）数字普惠金融对县域经济发展影响文献数据子库

以数字普惠金融＋县域（Digital Inclusive Finance＋County Economic）为词条分别设置为全文、主题、篇名和摘要，在中国知网数据库中同时勾选"SCI来源期刊""EI来源期刊""核心期刊""CSSCI""CSCD"选项框，对应词条设置类别分别收集458篇、28篇、14篇、23篇期刊论文，860篇、17篇、3篇、18篇优秀硕博学位论文，会议论文0篇。以县域经济发展＋普惠（County Economic Development＋Inclusive）为词条分别设置为全文、主题、篇名和摘要，在中国知网数据库中同时勾选"SCI来源期刊""EI来源期刊""核心期刊""CSSCI""CSCD"选项框，对应词条设置类别分别收集508篇、38篇、1篇、5篇期刊论文，2620篇、175篇、2篇、34篇优秀硕博学位论文，会议论文检索中以"全文"字段检索结果为52篇，其他检索字段对应篇数为0。

（四）大小数据融合分析文献数据子库

以数字经济＋农业（Digital Economy＋Agriculture）为词条分别设置为全文、主题、篇名和摘要，在中国知网数据库中同时勾选"SCI来源期刊""EI来源期刊""核心期刊""CSSCI""CSCD"选项框，对应词条设置类别分别收集6561篇、177篇、16篇、140篇期刊论文，10760篇、47篇、3篇、75篇优秀硕博学位论文，425篇、28篇、2篇、44篇会议论文。以金融科技（Fintech）为词条分别设置为全文、主题、篇名和摘要，在中国知网数据库中同时勾选"SCI来源期刊""EI来源期刊""核心期刊""CSSCI""CSCD"选项框，对应词条设置类别分别收集11108篇、2832篇、653篇、1429篇期刊论文，26685篇、3349篇、474篇、2789篇优秀硕博学位论文，1450篇、513篇、207篇、398篇会议论文。以大数据范式（Big Data Paradigm）为词条分别设置为全文、主题、篇名和摘要，在中国知网数据库中同时勾选"SCI来源期刊""EI来源期刊""核心期刊""CSSCI""CSCD"选项框，对应词条设置类别分别收集123篇、210篇、3篇、10篇期刊论文，58 篇、15 篇、0 篇、3 篇优秀硕博学位论文，4 篇、21 篇、1 篇、11 篇会议论文。以大数据＋小数据（Big Data＋Small Data）为词条分别设置为全文、主题、篇名和摘要，在中国知网数据库中同时勾选"SCI来源期刊""EI来源期刊""核心期刊""CSSCI""CSCD"选项框，对应词条设置类别分别收集 6561 篇、192 篇、20 篇、220 篇期刊论文，33877 篇、158 篇、0 篇、536 篇优秀硕博学位论文，501 篇、36 篇、6 篇、48 篇会议论文。

二、数据处理

数据处理的目标是为不同主题领域的科技文献数据做好共现分析的准备。在数据导入 CiteSpace 软件之前，需要对来源于不同类型文献数据库的数据进行格式转换、数据去重；在数据导入 CiteSpace 软件之后，需要对不同主题文献数据子库中的数据进行关键词共现分析、关键词聚类图谱分析等，并对不同主题文献数据子库的数据分析结果进行相关分析。

（一）科技文献数据格式转换

由于 CiteSpace 分析的数据格式是以 WOS 数据为基础的，通过其他文献数据库采集的数据要先转换为 WOS 数据格式才能进行分析。由于 CNKI 数据库中原始数据格式的完整性小，因此从 CNKI 数据库中下载的文献常用"Refworks"和"Endnote"两种格式导出，并复制到 TXT 文档中，另存为UTF－8 格式，才能获得完整数据。按照 CiteSpace 对分析数据文本命名的要求，将采集到的 4 类不同主题的文献数据子库文件夹分别命名为：download_DIF（数字普惠金融文献数据子库）、download_CED（县域经济发展文献数据子库）、download_DC（数字普惠金融与县域经济发展文献数据子库）、download_BS（大数据与小数据融合文献数据子库），每类主题数据子库中的每个文件以"文件夹—序号"的格式命名，如数字普惠金融文献数据子库中第一个文件命名为 download_DIF－1.txt。

（二）数据去重

本书使用全文、主题、篇名、摘要分别作为科技文献数据检索字段，"全文检索"是指只要所检索词汇在整个论文中出现就会被检索；"主题检索"是指只要所检索词汇出现在标题、摘要或关键词中，就会被检索；"篇名检索"是指只要所检索词汇出现在论文题目中就会被检索；"摘要检索"是指只要所检索词汇出现在摘要中就会被检索。不同检索条件搭配的策略主要是为保障检索结果的查全率与查准率平衡，但不可避免会出现重复文献数据，通过逐一及两两交叉方式将不同主题数据子库数据导入 Endnote 文献管理软件中，通过 references—find duplicates 选项删除全部科技文献数据中的重复文章。经过数据去重，download_DIF 数据子库保留 2709 篇期刊论文、2216 篇优秀硕博学位论文、104 篇会议论文；download_CED 数据子库保留 13916 篇期刊论文、16833 篇优秀硕博学位论文、1887 篇会议论文；download_DC 数据子库保留 979 篇期刊论文、1936 篇优秀硕博学位论文、52 篇会议论文；download_BS 数据子库保留 8803 篇期刊论文、11659 篇优秀硕博学位论文、450 篇会议论文。

三、关键词共现网络分析

词频分析是共现网络分析的基础。词频分析就是通过对科技文献信息中的关键词或主题词计算词频－逆向文件频率（Term Frequency-Inverse Document Frequency，TF-IDF）特征值大小，来研究学科领域发展方向及热点。利用 CiteSpace 软件分别对上述 4 类不同主题数据子库建立项目，设置时间切片为 1 年，Node Type 选择 Keyword，阈值算法为 Top10%，勾选寻径算法、修剪合并后图形（Pruning sliced networks、Show merged network），生成对应主题数据子库可视化知识图谱，进一步实现关键词共现分析，以发现数字普惠金融、县域经济发展中核心问题的内在逻辑关系。为显示关键词之间的真实距离，本研究对初始生成的关键词共现知识图谱未作"美化"调整。

（一）download_DIF 数据子库共现网络分析

通过对数字普惠金融文献数据库的中国知网分析，获得关键词共现图谱如图 3-1 所示。表 3-1 按照关键词词频大小顺序进行排列，中心度是用来判断枢纽作用的大小，也表明与其他关键词节点关联的程度。设置中心度（centrality）阈值>0.1 的节点之间，以及与其他节点的黏度（关联程度）较高，这些节点有：共同富裕、数字金融、普惠金融、乡村振兴、门槛效应、技术创新、融资约束、收入差距等。另外，县域经济词频为 1，中心度为 0.05，而且高频关键词发生的年度均在 2012 年后，代表数字普惠金融与县域经济高质量发展有某种关联。可见，数字普惠金融通过金融创新，应用大数据、云计算、区块链等金融科技手段，有效改善融资约束、数字鸿沟、数字排斥、包容性差等传统金融问题，从而对县域经济高质量发展产生影响，具体表现在：多维贫困减贫效应、乡村产业升级、农户创新创业激励、城乡居民消费与收入差距、金融素养提升等多方面，影响的路径表现在：门槛效应、异质性等方面，最终达到推动县域经济增长、乡村振兴和发展绿色金融的目标。

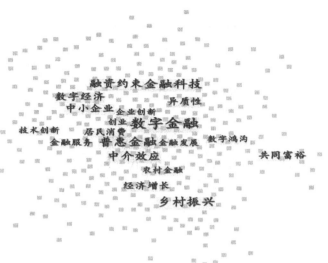

图 3-1 数字普惠金融文献数据子库关键词共现图谱

表 3-1 数字普惠金融文献数据子库高频关键词 TOP20

位次	关键词	频次	中心度	年份
1	数字金融	101	0.68	2022
2	乡村振兴	87	0.63	2022
3	中介效应	81	0.52	2022
4	普惠金融	73	0.57	2019
5	共同富裕	71	0.55	2020
6	融资约束	58	0.43	2019
7	技术创新	53	0.41	2021
8	收入差距	42	0.37	2022
9	数字经济	37	0.58	2019
10	金融科技	32	0.53	2019
11	居民消费	27	0.19	2018
12	异质性	19	0.25	2020
13	数字鸿沟	17	0.13	2015
14	数字技术	12	0.33	2019
15	经济增长	11	0.15	2018
16	消费升级	11	0.13	2021
17	减贫效应	10	0.12	2018

续表

位次	关键词	频次	中心度	年份
18	产业升级	10	0.21	2021
19	金融素养	9	0.11	2020
20	区域差异	8	0.22	2018

（二）download _ CED 数据子库共现网络分析

通过对县域经济发展文献数据子库的中国知网分析，获得关键词共现图谱及对应的高频关键词，如图 3－2 和表 3－2 所示，高频关键词多数发生在2012 年后，但有城镇化（2003 年）、城乡融合（2006 年）、财政分权（2008）、协同效应（2005）、农民增收（2007）发生在 2012 年前，说明这些主题因素在整个县域经济发展历程中均扮演着重要角色。仍然选择中心度（centrality）阈值＞0.1 且词频大小排靠前 20 的节点，这些节点对应的关键词有：乡村振兴、县域经济、城镇化、共同富裕、城乡融合、经济增长、数字金融、财政分权、碳排放、数字经济等。可见，数字经济、数字金融在县域经济高质量发展中起到关键作用，且与城乡融合、财政分权、碳排放、返乡创业、产业结构、产业升级、农民增收、特色产业、特色经济、绿色发展等关键词紧密相关。

图 3－2　县域经济发展文献数据子库关键词共现图谱

表 3 - 2　县域经济发展文献数据子库高频关键词 TOP20

位次	关键词	频次	中心度	年份
1	乡村振兴	113	0.57	2021
2	县域经济	112	0.51	2021
3	城镇化	109	0.26	2003
4	共同富裕	107	0.49	2021
5	城乡融合	106	0.13	2006
6	经济增长	98	0.22	2020
7	数字金融	67	0.53	2019
8	财政分权	63	0.11	2008
9	碳排放	58	0.27	2021
10	数字经济	32	0.14	2020
11	返乡创业	31	0.13	2019
12	协同效应	27	0.11	2005
13	产业结构	27	0.17	2021
14	区域差异	26	0.23	2018
15	农民增收	26	0.11	2007
16	产业升级	21	0.37	2021
17	县域教育	17	0.13	2022
18	特色经济	17	0.15	2020
19	特色产业	17	0.14	2020
20	绿色发展	13	0.17	2021

（三）download _ DC 数据子库共现网络分析

通过数字普惠金融对县域经济发展影响的文献数据子库中国知网分析，获得关键词共现图谱及对应的高频关键词，如图 3 - 3 和表 3 - 3 所示，这些高频关键词均发生在 2012 年后，代表数字普惠金融与县域经济高质量发展关联的重要特征。仍然选择中心度（centrality）阈值＞0.1 且词频大小排靠前 20 的节点，这些节点对应的关键词有：数字金融、县域经济、贫困减缓、逻辑机制、普惠金融、县域金融、乡村振兴、经济增长、家庭创业、碳排放等。可见，数字普惠金融与县域经济高质量发展息息相关，且通过县域金融、家庭创业、碳排放等实现经济增长与乡村振兴。

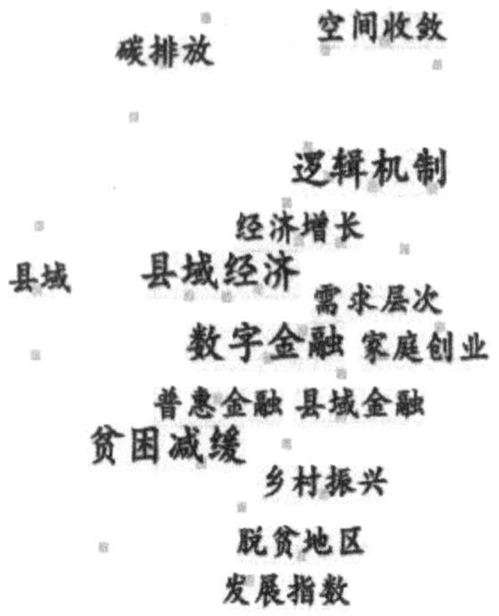

图 3 - 3　数字普惠金融对县域经济发展影响文献数据子库关键词共现图谱

表 3 - 3　数字普惠金融对县域经济发展影响文献数据子库高频关键词 TOP20

位次	关键词	频次	中心度	年份
1	数字金融	54	0.51	2017
2	县域经济	54	0.21	2019
3	贫困减缓	54	0.38	2019
4	逻辑机制	54	0.11	2017
5	普惠金融	43	0.52	2017
6	县域金融	41	0.13	2021
7	乡村振兴	41	0.57	2021
8	经济增长	37	0.53	2022
9	家庭创业	35	0.15	2020
10	碳排放	23	0.48	2021
11	脱贫地区	22	0.14	2019
12	绿色创新	9	0.27	2022
13	金融创新	7	0.22	2019
14	小微企业	7	0.24	2020
15	农村电商	4	0.11	2022
16	数字技术	4	0.32	2019
17	技术创新	4	0.29	2020
18	移动支付	2	0.10	2017
19	乡村产业	2	0.15	2022
20	数字生态	1	0.11	2022

（四）download＿BS 数据子库共现网络分析

通过大小数据融合分析文献数据子库的中国知网分析，获得关键词共现图谱及对应的高频关键词，如图 3-4 和表 3-4 所示，这些高频关键词均发生在 2012 年后，代表这些主题因素在数字普惠金融、县域经济高质量发展中发挥着重要的作用。选择中心度（centrality）阈值＞0.05 且词频大小排靠前 20 的节点，这些节点对应的关键词有：普惠金融、大数据、金融科技、小数据、乡村振兴、数字金融、数字技术、数字经济、小微企业、人工智能。可见，大数据、小数据、人工智能等数字技术与数字普惠金融、数字经济、金融科技等高度相关，通过数据融合、技术创新等发展数字乡村、数字农业，带动数字经济，实现乡村振兴。

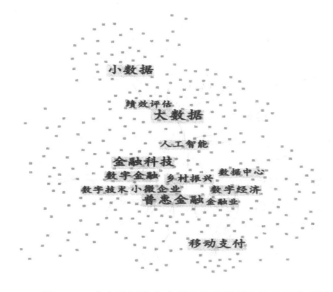

图 3-4　大小数据融合分析文献数据子库关键词共现图谱

表 3-4　大小数据融合分析文献数据子库高频关键词 TOP20

位次	关键词	频次	中心度	年份
1	普惠金融	60	0.57	2018
2	大数据	53	0.66	2018
3	金融科技	33	0.28	2018
4	小数据	28	0.26	2018
5	乡村振兴	26	0.11	2021
6	数字金融	22	0.15	2018
7	数字技术	14	0.18	2018
8	数字经济	13	0.20	2019

续表

位次	关键词	频次	中心度	年份
9	小微企业	12	0.15	2019
10	人工智能	9	0.18	2018
11	数字乡村	9	0.10	2019
12	移动支付	7	0.18	2019
13	范式转换	5	0.11	2018
14	数据融合	5	0.12	2020
15	数字农业	4	0.11	2022
16	区块链	3	0.08	2018
17	云计算	3	0.10	2018
18	机器学习	2	0.08	2020
19	数字生态	2	0.09	2021
20	数据资源	1	0.11	2021

四、关键词聚类网络分析

通过关键词共现网络分析了解研究领域中核心关键词是什么，初步判定关键词间存在相关关系。在关键词共现网络分析的基础上进一步聚类分析发现：关键词的具体联系，即联系紧密的关键词会相对形成一个小的团体，以进一步确定共现网络分析中关键词之间的关联关系。利用 CiteSpace 软件的关键词聚类工具，对上述四大主题数据子库进行关键词聚类网络分析，以获取相关聚类主题及相关关系。

（一）download＿DIF 数据子库聚类网络分析

数字普惠金融文献数据子库关键词聚类图谱如图 3－5 所示，抽取前 10 个聚类关键词集进行分析，出现的平均年份分布在 2020－2021 年，聚类主题关键词分别是：空间计量、数字金融、产业结构、数字经济、中介效应、融资成本、金融科技、金融服务、技术创新、共同富裕，代表进入稳固期阶段后数字普惠金融发展的方向。表 3－5 具体罗列了每个聚类主题所包含的主要关键词，可见每个主题之间以及每个主题所包含的关键词之间均存在直接或间接的关联关系，例如：乡村振兴→扩大内需→创新创业→农村电商→产业结构升级；数字经济→产业升级→消费升级→碳中和；数字金融→金融创新→普惠贷款→技术创新→绿色金融→碳排放→产业升级→消费升级等。其中，"区域差异、地区差异、空间效应、门槛效应"等有关影响模式和效果的关键词及关联关系值得关注。

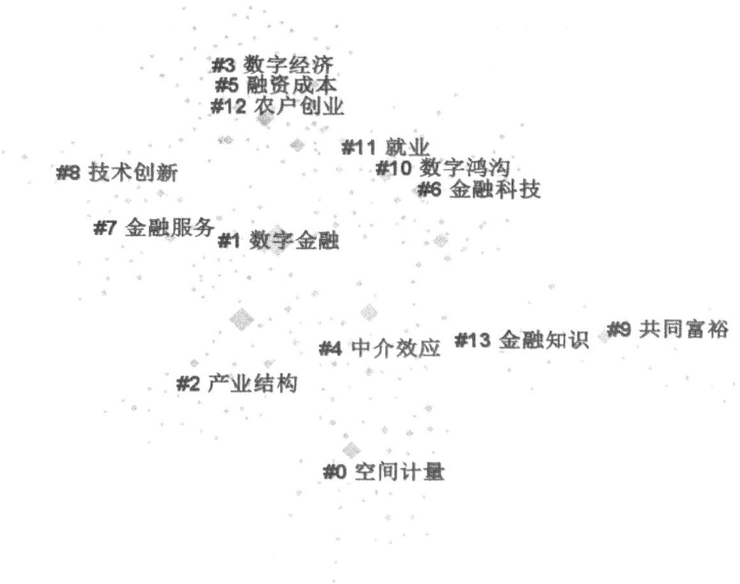

图 3-5 数字普惠金融文献数据子库关键词聚类图谱

表 3-5 数字普惠金融文献数据子库关键词聚类集 TOP10

编号	聚类名称	平均年	主要关键词
#0	空间计量	2020	数字普惠金融；减贫效应；区域差异；金融减贫；县域金融；乡村振兴；发展指数；农村普惠金融；脱贫攻坚
#1	数字金融	2020	数字金融；风险承担；农村商业银行；金融创新；金融伦理；门槛回归；运营效率；地方税收；扩大内需
#2	产业结构	2020	数字普惠金融；经济增长；县域经济；产业结构；农村电商；创新创业；第三产业占比；产业升级；数字金融；融资约束
#3	数字经济	2020	数字经济；产业升级；共享发展；消费升级；环境质量；农地流转；农业高质量发展；机制创新；门槛效应；中介机制
#4	中介效应	2020	数字普惠金融；空间异质性；流动性约束；便利支付；金融扶贫；碳中和
#5	融资成本	2021	融资成本；企业创新；小微企业；金融错配缓解；企业全要素生产率；资源配置效率；实体企业；行业性质
#6	金融科技	2020	数字普惠金融；门槛特征；生态环境；普惠贷款；协调发展；银行风险；经济发展；空间溢出；城市创新
#7	金融服务	2020	数字普惠金融；金融服务；地区差异；空间收敛；空间聚集；居民消费；数字经济；居民收入；支付便利性；创新激励

续表

编号	聚类名称	平均年	主要关键词
#8	技术创新	2021	技术创新；信贷约束；绿色金融；碳排放；创新能力；创新效率；全要素生产率；消费需求
#9	共同富裕	2021	共同富裕；互联网；增收；消费模仿；消费增长；家庭财富；共享富裕

（二）download_CED 数据子库聚类网络分析

县域经济发展文献数据子库关键词聚类图谱如图 3-6 所示，抽取前 10 个聚类关键词集进行分析，出现的平均年份分布在 2006－2020 年，聚类主题关键词分别是：县域、县域经济、乡村振兴、经济增长、县域治理、影响因素、城镇化、县域政府、碳排放、经济发展，其中城镇化（2006）、经济增长（2006）、县域（2008）在县域经济发展的整个历史进程中都发挥着重要作用。表 3-6 具体罗列了每个聚类主题所包含的主要关键词，同样每个主题及不同主题中关键词之间均存在关联关系。例如：县域经济→乡村振兴→共同富裕→数字普惠金融→产业链→双循环；产业升级→产业结构→碳排放→信贷支持→金融服务；县域农村→供求矛盾→土地利用→收支结构→县域保险→生态系统→技术创新等。其中，"双循环、碳排放、生态经济、绿色发展、粮食产量"等有关县域绿色发展的关键词在每个聚类词集中均有分布。可见，绿色发展是县域经济高质量发展的核心。

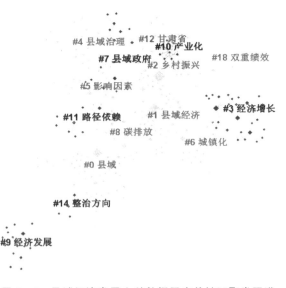

图 3-6 县域经济发展文献数据子库关键词聚类图谱

表 3 - 6 县域经济发展文献数据子库关键词聚类集 TOP10

编号	聚类名称	平均年	主要关键词
#0	县域	2008	县域；时空格局；产业结构；驱动因素；乡村振兴；利用效率；空间聚集
#1	县域经济	2013	县域经济；共同富裕；协同效应；数字经济；农村电商；产业链；数字普惠金融；城乡差距；双循环
#2	乡村振兴	2009	乡村振兴；城乡融合；脱贫地区；城乡关系；乡镇教育；要素集聚；区域政策
#3	经济增长	2006	经济增长；县域发展；财政分权；产业升级；资源聚集；增长质量
#4	县域治理	2012	土地利用；碳排放；信贷支持；县域农村；金融服务；县域中小企业；制度设计；农信社
#5	影响因素	2012	时空分异；土地利用；碳排放；人口聚集流动；生态经济；农村贫困
#6	城镇化	2006	供求矛盾；弱势经济；收支结构；经济补偿；农村信用社；县域保险；金融服务；信贷支持
#7	县域政府	2014	互联网＋；时空分异；普惠金融、绿色发展、财政分权、碳汇造林
#8	碳排放	2020	时空变化；生态系统；技术创新；产业结构调整；数字普惠金融；土地出让
#9	经济发展	2013	经济发展；因子分析；聚集水平；中国县域；粮食产量

（三）download _ DC 数据子库聚类网络分析

数字普惠金融对县域经济发展影响的文献数据子库关键词聚类图谱如图 3 - 7 所示，抽取前 10 个聚类关键词集进行分析，出现的平均年份分布在 2020－2022 年，聚类主题关键词分别是：数字金融、乡村振兴、普惠金融、小微企业、收入分配、金融生态建设、银行业金融机构、产业链、县域层面、影响因素，代表数字普惠金融对县域经济高质量发展影响的重要方向。表 3-7 具体罗列了每个聚类主题所包含的主要关键词，同样每个主题及不同主题中关键词之间均存在关联关系。例如：数字金融→金融创新→金融发展→金融生态建设→银行业金融机构→人工智能→数字生态；数字金融→金融创新→农户创业→农村电商→新基建→场景驱动；数字普惠金融→数字经济→经济增长→数字技术→技术创新→产业升级→碳排放→高质高效等。其中，"绿色创新、农户创业、优质旅游、场景驱动、新基建、数字生态"等高频出现且紧密相关，在数字普惠金融与县域经济高质量发展影响关系中扮演着重要角色，值得关注。

图 3-7 数字普惠金融对县域经济发展影响文献数据子库关键词聚类图谱

表 3-7 数字普惠金融对县域经济发展影响文献数据子库关键词聚类集 TOP10

编号	聚类名称	平均年	主要关键词
#0	数字金融	2021	数字金融；金融创新；家庭创业；绿色创新；金融发展；农户创业；金融伦理；传统金融；中介机制
#1	乡村振兴	2021	乡村振兴；县域金融；数字普惠金融；农村普惠金融；县域经济；经济增长；涉农企业；优质旅游；农村电商
#2	普惠金融	2020	普惠金融；数字技术；金融扶贫；县域经济高质量发展；精准扶贫
#3	小微企业	2021	小微企业；数字经济；创业；新基建；场景驱动；商业可持续；数字普惠金融
#4	收入分配	2021	收入分配；共同富裕；碳排放；土地出让；乡村产业；收入增长；中介效应
#5	金融生态建设	2020	金融生态建设；央行数字货币；中小微企业；双循环；数字普惠金融；监管能力；中小银行
#6	银行业金融机构	2020	银行业金融机构；供需缺口；传统金融机构；人工智能；股权融资；小微企业；云计算；供给侧结构性改革
#7	产业链	2022	产业链；城乡联动；高质高效；价值链；提升服务；数字生态；金融支持；宜居宜业；农村电商；新业态
#8	县域层面	2021	县域层面；产业升级；农业发展；数字红利；家庭消费；数字鸿沟；动态影响
#9	影响因素	2020	影响因素；收敛性；经济效应；地区差异；逻辑机制；数字普惠

（四）download _ BS 数据子库聚类网络分析

大小数据融合分析文献数据子库关键词聚类图谱如图 3－8 所示，抽取前 10 个聚类关键词集进行分析，出现的平均年份分布在 2016－2020 年，聚类主题关键词分别是：大数据、小数据、普惠金融、绩效评估、移动支付、经济学、金融科技、对策、农村金融、数据价值，代表大数据与人工智能等数字化技术对数字普惠金融、县域经济高质量发展相关影响的主题因素。表 3－8 具体罗列了每个聚类主题所包含的主要关键词，同样每个主题及不同主题中关键词之间均存在关联关系。例如：大数据→小数据→范式转换→因果关系→深度认知→金融科技；大数据→小数据→金融科技→数字普惠金融→数字技术→人工智能；金融科技→数字经济→新兴技术→人工智能→智慧民生→智慧旅游→应用场景等。其中，大数据与小数据、研究范式转换、云计算和人工智能等新兴技术，与数字经济、金融科技、数字普惠金融、数字农业、智慧民生等关联关系值得关注。

图 3－8　大小数据融合分析文献数据子库关键词聚类图谱

表 3-8　大小数据融合分析文献数据子库关键词聚类集 TOP10

编号	聚类名称	平均年	主要关键词
#0	大数据	2019	大数据；范式转换；实证社会科学；金融科技；数字经济；产业重构
#1	小数据	2019	小数据；因果关系；精准服务；深度认知；学习分析；实验研究；金融科技
#2	普惠金融	2020	普惠金融；银行业金融机构；数字货币；互联网；金融业；涉农贷款；金融监管
#3	绩效评估	2017	绩效评估；绩效管理；人工智能；信用信息；政府治理
#4	移动支付	2016	移动支付；支付服务；云计算；智慧民生；智慧旅游；应用场景
#5	经济学	2019	经济学；数字经济；新兴技术；普惠金融；电商平台；网络效应
#6	金融科技	2019	金融科技；数字普惠金融；消费信贷；大数据；风控体系
#7	对策	2018	对策；小额信贷；数字技术；大数据资源；数字科技；数字普惠金融
#8	农村金融	2016	农村金融；数字乡村；供应链金融；电子商务；金融生态环境
#9	数据价值	2020	数据价值；基础平台；数据中心；大数据平台；数据孪生；数据描述

第三节　数字普惠金融与宏观经济发展的相关路径分析

在对数字普惠金融、县域经济发展、数字普惠金融对县域经济发展影响、大小数据融合分析四大主题文献数据库进行基础性的共现及聚类网络分析后，可获知这四大主题概念下粒度较细的高频主题词及未知主题词之间的关联关系，并进一步分类为数字普惠金融与宏观经济发展、数字普惠金融与微观经济发展两个层面的主题关联分析，以获取数字普惠金融对县域经济高质量发展的具体影响路径。具体分析策略如下：

设置数字普惠金融、县域经济发展、数字普惠金融对县域经济发展影响、大小数据融合分析为 0 级主题概念及相关关系，0 级为最粗粒度概念级别；

设置提取 1 级或更细粒度级别的主题概念及相关关系的规则：在紧邻上级概念粒度词表的共现及聚类图谱中出现频率较高或未知的概念及相关关系；

构建数字普惠金融与宏观经济发展的不同级别主题词表，通过共现及聚类分析循环完善不同级别概念粒度的主题词表，直到未发现新的未知概念及相关关系；

将不同概念粒度级别的主题词表叠加生成的共现图谱导入可视化分析软件，实现复杂网络结构与特征分析，以获取数字普惠金融对县域宏观经济发展的具体影响路径。

一、数字普惠金融与宏观经济发展的主题词表构建

在数字普惠金融、县域经济发展、数字普惠金融对县域经济发展影响、大小数据融合分析四大 0 级主题概念文献数据检索中，为了兼顾查全率与查准率，合并采用全文、主题、篇名、摘要检索条件，构建了一个包含各种概念粒度级别的主题词数据库。更细概念粒度级别的主题词表构建，就是在 0 级主题词表数据库中进一步搜寻、定位、分叉或概括相关粒度主题词集。因此，在更细概念粒度级别的主题词表构建中仅采用"主题"检索方式，确保在 0 级主题词表数据库中的查准率。其他检索条件与四大 0 级主题检索条件相同。

依据主题词表构建策略，参考由四大 0 级主题概念粒度生成的共现及聚类分析结果，构建 1 级概念主题词表。考虑到数字普惠金融中的"数字"价值，将"大小数据融合分析"0 级主题的共现及聚类析结果纳入"数字普惠金融"主题的 1 级概念粒度词表中，构建结果如表 3 - 9 所示。

表 3 - 9　数字普惠金融与宏观经济发展 1 级概念粒度主题词表

概念级别	主题词集 A	主题词集 B
0 级	数字普惠金融	宏观经济发展
1 级	金融创新	乡村振兴
	农村金融	产业升级
	绿色金融	精准扶贫
	金融生态	城乡收入差距
	金融服务	绿色全要素生产率
	金融供给	碳中和
	数据融合	城乡融合
	数字鸿沟	数字农业
	数字红利	产业数字化
	第四范式	数字产业化
	数字生态	新基建

通过对 1 级概念粒度中主题词集 A 与 B 的交叉文献数据搜集，合并到同一数据库中进行共现与聚类图谱分析，分析发现，排列靠前的高频关键词均在 1 级主题词表中出现，在高频关键词及聚类簇分析结果中由后向前结合语义关联进行整理，以发现未知的主题词及关联关系，并构建 2 级主题词

表，如表 3 - 10 所示。

表 3 - 10　数字普惠金融与宏观经济发展 2 级主题词表

概念级别	主题词集 A	主题词集 B
0 级	数字普惠金融	宏观经济发展
2 级	涉农贷款	区位优势
	农村支付	三产融合
	信用供给	四元结构
	碳金融	碳达峰
	云融资	智慧农业

对 2 级主题词表集 A 与 B 继续进行交叉文献数据搜集，发现存在 A∩B 逻辑关系的仅有"碳金融"与"碳达峰"，其余主题词间并不存在"并含"关系，即文献中主题词 A 与 B 并非共同包含，这与共现及聚类图谱分析目的不相符，因此数字普惠金融与宏观经济政策发展主题词表构建在此循环结束。将"碳金融"与"碳达峰"相关文献数据合并到 1 级主题词表数据库中，以生成最终的共现图谱，如图 3 - 9 所示。

图 3 - 9　数字普惠金融与宏观经济发展各级概念粒度主题词共现图谱

二、基于复杂网络理论的数字普惠金融与宏观经济发展的相关路径分析

将数字普惠金融与宏观经济发展各级概念粒度主题词共现图谱导入复杂网络分析软件 Gephi 中，通过外观、布局、滤波及统计四大工具对该无向图中节点、边及整个网络进行属性及特征分析，在共现及聚类网络分析的基础上进一步获取数字普惠金融对宏观经济发展影响的关键节点及路径。通过打开"各级概念粒度合并后的主题词表数据库"——"Project 文件夹"，寻找". graphml"文件并在 Gephi 界面打开，利用 FR 布局对图中节点和边进行排布。FR 布局算法基于两个基本原则：有连接的节点互相靠近和无连接的节点互相排斥，在布局时对"区""重力"及"速度"采用默认值。

在 FR 布局结果的基础上对"数据资料"进行修改，将节点列表中的 ID 列复制到 Label 列，对应生成"ID-Label"词表，将文本标签用数字标签代替，简化并美观可视化结果。由于节点数为 524，边数为 613，本研究仅显示部分"ID-Label"词表，如表 3-11 所示，可按照词表中的数字索引到对应的文本标签，以更有利于展示数字普惠金融对宏观经济发展影响路径的具体属性及特征。

表 3-11 数字普惠金融与宏观经济发展的"ID-Label"词表

ID	Label
0	宁波制造
1	精准脱贫
2	城乡统筹
3	制度
4	大数据
5	城乡居民
6	信贷投入
7	金融集聚
8	信用循环
9	智慧农业
10	金融支农
...	...
514	并购融资
515	制度融合

续表

ID	Label
516	金融监管
517	收入差距
518	扶贫模式
519	金融创新
520	低碳经济
521	上市公司
522	金融产品
523	互联网＋

利用过滤和统计工具对上述 FR 布局网络进一步分析，以获取数字普惠金融对宏观经济发展影响的关键路径。首先利用统计工具中的平均度、平均加权度、网络直径和平均路径长度、平均聚集系数的计算，获取网络相关特征值并进一步判定网络的社会化特征，从而了解数字普惠金融与宏观经济发展关联节点之间连接的强度及重要性。在统计分析结果的基础上，利用过滤工具中的拓扑操作，找出网络中数字普惠金融对县域经济高质量发展影响的核心路径。

（一）网络平均度及平均加权度

度是节点的属性，与边有直接关系，一个节点的边的数量就是这个节点的度。网络平均度和平均加权度的不同在于，平均度把所有边的权重都当作 1 来计算，而平均加权度是根据边实际权重计算节点的度。通过计算获取网络平均度＝2.340，平均加权度＝1.545，图 3-10 和图 3-11 分别展示了该网络中节点平均度和平均加权度的散点图，可见大多数节点的度都在均值附近，且网络中最大度值和最小度值都是确定和有限的，网络中度分布符合泊松分布。

（二）网络直径及平均路径长度

网络直径是所有节点对之间的最大距离，计算网络直径的同时也可直接获得介数中心度（Betweenness Centrality）、亲密中心度（Closenness Centrality）、离心度（Eccentricity）、调和贴近中心性（Harmonic Closenness Centrality）参数值。计算得出网络直径＝22，平均路径长度＝8.606，打开"数据表格"，部分节点的介数中心度、亲密中心度、离心度及调和贴近中心性参数值如表 3-12 所示。中心度各参数值代表网络中绝大部分节点较为重要且部分节点之间存在较强连通度。

Results:

Average Degree: 2.340

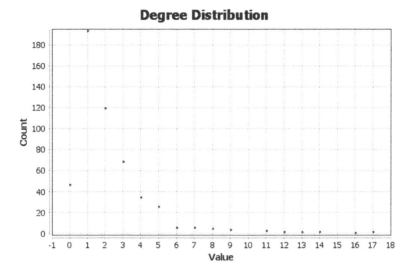

图 3 - 10   数字普惠金融与宏观经济发展共现网络的平均度分布

Results:

Average Weighted Degree: 1.545

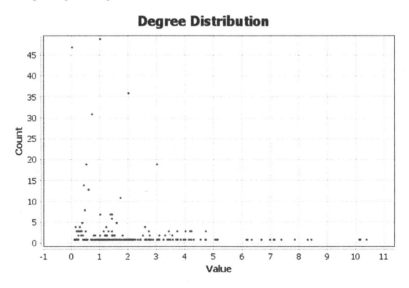

图 3 - 11   数字普惠金融与宏观经济发展共现网络的平均加权度分布

表 3 - 12　宏观视角部分节点网络中心性参数值

介数中心度	亲密中心度	离心度	调和贴近中心性
0.0	1.0	1.0	1.0
415.0	0.129474	13.0	0.145192
0.0	0.129514	15.0	0.15141
0.0	0.118823	18.0	0.14681
828.0	0.106667	17.0	0.122813
2715.174962	0.126099	17.0	0.164395
0.0	1.0	1.0	1.0
415.0	0.129635	16.0	0.16278
0.0	0.100971	18.0	0.127124
1648.0	0.08952	19.0	0.109659
3601.96661	0.128793	13.0	0.154365
2878.0	0.135065	15.0	0.165182
0.0	0.100971	18.0	0.127124
0.0	0.116007	15.0	0.133331
0.0	0.123369	17.0	0.154147
15704.933857	0.146221	16.0	0.203732
0.0	0.0	0.0	0.0
0.0	0.101414	17.0	0.122142
0.0	0.0	0.0	0.0
0.0	0.106014	16.0	0.125066
0.0	0.0	0.0	0.0
1346.594085	0.119061	18.0	0.148335
0.0	0.119129	17.0	0.135653

（三）平均聚类系数及特征向量中心度

平均聚类系数是图中所有节点聚类系数的平均值，经过计算该网络平均聚类系数＝0.476。采用随机化重连的方式判定平均路径长度与平均聚类系数的变化关系，从而判定该网络是否具有小世界网络特征。随机化重连就是以概率 P 随机地重新连接网络中原有的每条边，即把每条边的一个端点保持不变，另一个端点改取为网络中随机选择的一个节点，不能有重边或自环。$P＝0$ 对应完全规则网络，$P＝1$ 对应完全随机网络。因此，网络的平均聚类系数 C 和平均路径长度 L 均可视为 P 的函数，由上述计算可知网络节点 $N＝524$，取近值 500，网络平均度 $K＝2.340$，取近值 2，并对 $C(p)$、$L(p)$ 做归一化处理，C 和 L 随 P 的变化关系如图 3 - 12 所示。可见，当 P 较小时，网络具有较短的平均路径长度和较高的平均聚类系数，符合小世界网络特征，网络中各节点及关系关联程度紧密。

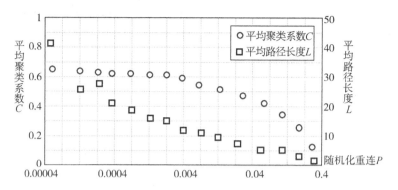

图 3-12 宏观网络平均聚类系数与平均路径长度随 P 的变化关系

（四）模块化

模块化可根据图的连接关系对节点做归类，在社会学中可以用于社区发现。通过外观界面的"Modularity Class"渲染方式的操作，红、绿、蓝、黑、橙、红、青 7 种颜色分别代表占比网络排名前 7 的相似性部分，占比值及渲染结果分别如图 3-13 和图 3-14 所示。对照"ID-Label"词表，黄色部分占比为 6.87%，从边的权重及节点关联结构上看其余相似节点明显围绕两个中心节点展开，ID＝15 和 ID＝31，分别是"产业升级"与"金融发展"；绿色部分占比 5.53%，核心节点围成一个不规则的环，ID 分别为 191、181、227、502、117，分别是"金惠工程""绿色复苏""精准扶贫""扶贫贷款""建档立卡"，可见，"金惠工程"与"绿色发展""精准扶贫"高度相关；蓝色部分占比 5.15%，从节点间最短路径及关联度上可分为几个关联环，ID 为 69、217、294，分别是"金融资源""城乡差距""农村金融"，ID 为 154、188、264，分别是"城乡分割""城乡关系""土地流转"，ID 为 435、295、262，分别是"城乡金融""二元结构""居民收入"，可见，农村金融对城乡差距及居民收入的影响中，要考虑土地流转及二元结构等因素；黑色部分占比 4.96%，按照节点关联路径的多少，选择中心节点 ID 为 400、469、456、367、512，分别是"农信社""涉农贷款""三农""供给体系""信贷资源"，可见，信贷及信贷资源供给体系的合理性对"三农"发展的重要性；橙色部分占比 4.96%，ID 为 4、182、257、111、385、503、101，分别是"大数据""人工智能""区块链""产业链""经济增长""金融结构""农户融资"，可见，大数据等金融科技对产业链、金融结构和农户融资等方面均产生让经济增长的正面影响；红色部分占比 4.77%，节点间关系围绕两个核心节点展开，ID＝239 和 ID＝519，分别是

"产业集群"和"金融创新";按照节点关联路径的多少,选择中心节点 ID 为
424、237、42、52、458、328,分别是"绿色债券""绿色金融""碳中和""碳金
融""绿色信贷""绿色发展",可见,发展绿色金融是绿色发展的重要举措。

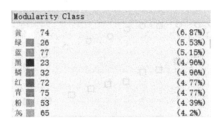

图 3 – 13   不同颜色网络占比情况(宏观)

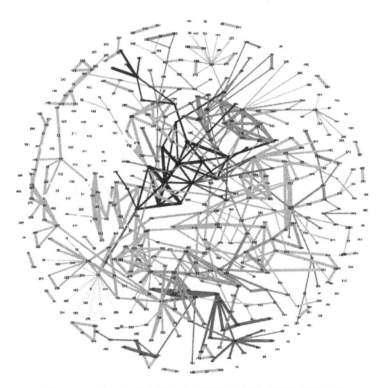

图 3 – 14   数字普惠金融与宏观经济发展社会网络渲染结果

(五)拓扑过滤

通过统计计算网络的相关属性判断,数字普惠金融与宏观经济发展共现
图谱具有小世界网络特征,并通过渲染获取语义关联度接近的部分网络,从
而获取数字普惠金融对宏观经济发展影响的相关路径。在此基础上,通过拓
扑过滤更精确地探索和分析网络,进一步获取数字普惠金融对宏观经济政策

发展影响的核心路径。利用 K 一核心过滤操作，K 指这个节点群中每个节点的度都不小于 K 值，由统计可知网络平均度 $K=2.34$，将过滤 K 值取 3，过滤结果如图 3-15 所示。黄色部分节点 ID 为 187、15、416、496，分别是"产业资源""产业升级""一带一路""区位优势"，结合模块化分析结果，"金融发展—产业升级—产业资源——一带一路—区位优势"为该部分小世界网络的核心路径；按照节点频率及边权重对黑色部分进行简化，获取核心节点 ID 为 512、193、47、400、469、367，核心节点路径是"信贷资源—农信社—信用工程—涉农贷款—供给体系—扶贫攻坚"；绿色部分的核心节点 ID 为 407、502、511、117、191、227，形成核心路径为"扶贫开发—扶贫贷款—风险防控—建档立卡—金惠工程—精准扶贫"；蓝色部分的核心节点 ID 为 499、217、55、262、269，结合模块化分析结果获取该部分网络核心路径"农村金融—城乡差距—居民收入—农业发展"；红色部分的节点 ID 为 463、148、161、239，结合模块化分析结果，获取核心路径"金融服务—金融创新—国际投资—法律环境—产业集群"。

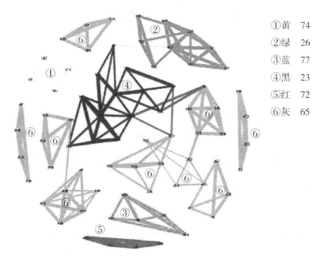

①黄　74
②绿　26
③蓝　77
④黑　23
⑤红　72
⑥灰　65

图 3-15　基于 K 一核心过滤的数字普惠金融对宏观经济发展影响的核心路径

　　总之，基于图论不断精简及细化节点之间的相关路径，通过共现及聚类网络分析获取高频关键词并分析哪些高频关键词存在相关关系，在此基础上进一步删选及细化有关数字普惠金融与宏观经济发展的共现及聚类网络，基于复杂网络理论进一步计算与分析数字普惠金融与宏观经济发展共现网络的属性与小世界网络特征，精确地删选出数字普惠金融对宏观经济发展影响的核心路径。其中，"金融发展与创新""农村金融与涉农贷款""金融科技与金融创新""绿色金融与碳金融""城乡金融与金惠工程"等模式，与"产业集群与升级""精准扶贫""绿色发展""城乡差距"等方面有密切关联，且产生"经济增长"的正面影响。

第四节 数字普惠金融与微观经济发展的相关路径分析

采用与上述对宏观经济发展路径分析相同的策略，研究数字普惠金融与微观经济发展的相关路径。首先，构建数字普惠金融与微观经济发展的不同概念粒度级别的主题词表，在由数字普惠金融、县域经济发展、数字普惠金融对县域经济发展影响、大小数据融合分析四大 0 级概念粒度形成的高频关键词表、共现图谱和聚类图谱中，搜索、概括、定位和总结有关数字普惠金融与微观经济发展的各级概念粒度主题词表，并按照主题词表构建规则，反复循环递进直到新词表中未包含原词表中出现的高频关键词为止。

一、数字普惠金融与微观经济发展的主题词表构建

根据数字普惠金融的基础理论与概念，确定数字普惠金融对微观经济发展影响的主体是占据 80％国民经济体量的长尾客户，包括普通社会大众、个体户、中小微企业、"三农"和贫困人群。在乡村振兴背景下，数字普惠金融更应立足于农村金融发展，更好地服务于农民、新型经营主体、小微企业主等群体对金融的需求，使支付、信贷、授信、理财、保险等数字普惠金融产品能够更好地推动县域经济高质量发展。按照主题词表构建规则，以及数字普惠金融对县域微观经济主体的服务对象，从数字普惠金融产品与服务供给、县域微观经济主体需求两个角度来构建主题词表。其中，1 级主题词表如表 3-13 所示。

表 3-13 数字普惠金融与微观经济发展 1 级概念粒度主题词表

概念级别	主题词集 A	主题词集 B
0 级	数字普惠金融	微观经济发展
1 级	小额贷款	农户
	信用评级	小微企业
	移动支付	新型经营主体
	保险扶贫	农业
	绿色债券	消费升级
	小微金融	创新创业
	农信社	收入增长
	数字平台	供应链

通过对 1 级概念粒度中主题词集 A 与 B 的交叉文献数据搜集，合并到同一数据库中进行共现与聚类图谱分析，分析发现排列靠前的高频关键词均在 1 级主题词表中出现，对高频关键词及聚类簇分析结果由后向前并结合语义关联进行整理，以发现未知的主题词及关联关系，并构建 2 级主题词表，如表 3－14 所示。

表 3－14　数字普惠金融与微观经济发展 2 级主题词表

概念级别	主题词集 A	主题词集 B
0 级	数字普惠金融	微观经济发展
2 级	众筹	农村企业
	区块链	农村家庭

对 2 级主题词表集 A 与 B 继续进行交叉文献数据搜集，对数据进行高频关键词、共现及聚类图谱分析发现，高频关键词基本包含在由数字普惠金融、县域经济发展、数字普惠金融对县域经济发展影响、大小数据融合分析四大 0 级概念主题所生成的高频关键词数据库中。数字普惠金融对微观经济发展主题词表构建在 2 级循环点结束，将 2 级相关数据合并到 1 级主题词表数据库中，以生成最终的共现图谱，如图 3－16 所示。

图 3－16　微观视角各级概念粒度主题词共现图谱

二、基于复杂网络理论的数字普惠金融与微观经济发展的相关路径分析

将数字普惠金融与微观经济发展各级概念粒度主题词共现图谱导入复杂网络分析软件 Gephi 中，进一步对该网络进行属性与特征分析，获取数字普惠金融对微观经济发展影响的具体路径。与宏观经济发展路径分析操作步骤一致，即先利用统计工具获取该网络的平均度和平均加权度、网络的直径和平均最短路径、网络的平均聚类系数等基本属性，从而判断网络是否具有小世界网络特征，以了解数字普惠金融与微观经济发展各路径中节点及节点间关联关系的紧密程度。在统计数值的基础上利用过滤工具，进一步删选和精确数字普惠金融对微观经济发展影响的核心路径。

打开"各级概念粒度合并后的主题词表数据库"—"Project 文件夹"，寻找".graphml"文件并在 Gephi 界面打开，利用 FR 布局对图中节点和边进行排布。FR 布局算法基于两个基本原则：有连接的节点互相靠近和无连接的节点互相排斥，在布局时对"区""重力""速度"采用默认值，布局结果共有 660 个节点和 695 条边。

在 FR 布局结果上对"数据表格"进行修改，将 ID 列复制到 Label 列，生成"ID-Label"词表，图中标签用数字替代文本来达到简化目的。部分"ID-Label"词表如表 3-15 所示，可按照词表中的数字索引到对应的文本标签，以更有利于展示数字普惠金融对微观经济发展影响路径的具体属性及特征。

表 3-15 数字普惠金融与微观经济发展的"ID-Label"词表

ID	Label
0	精准脱贫
1	大数据
2	保险中介
3	信贷投入
4	金融支农
5	智能手机
6	二维码
7	再贷款
8	农村担保
9	农村家庭
10	信贷扶贫
...	...

续表

ID	Label
650	金融监管
651	电子支付
652	收入差距
653	扶贫模式
654	金融创新
655	利率机制
656	农村信贷
657	金融产品
658	产品供给
659	互联网＋

(一) 网络属性统计

首先利用统计工具中的平均度、平均加权度、网络直径、平均路径长度、平均聚类系数对该网络进行相关属性计算，分别得出：网络平均度＝2.106，网络平均加权度＝1.279，该值略低于数字普惠金融与宏观经济发展共现网络的对应值，说明数字普惠金融与微观经济发展相关路径中节点间关系亲密度略低，网络密度值也低于对宏观经济发展共现网络的密度值；网络直径＝20，网络平均路径长度＝7.924，比数字普惠金融与宏观经济发展共现网络的对应值略低，但微观网络规模略大，说明在网络节点较为稀疏的情况下，网络最短路径靠近网络密度核心，网络边缘节点间关系较为疏离；网络平均聚类系数＝0.414，略低于数字普惠金融与宏观经济发展共现网络的对应值，说明微观网络中与同一节点连接的两节点之间相互连接的平均概率较低，网络的小世界特征属性低于宏观网络。

通过统计对数字普惠金融与微观经济发展共现网络的属性计算，虽然相关属性统计值略低于宏观网络，但网络中节点之间的连接是等概率的，大多数节点的度都在均值 K 附近，网络中没有度特别大的节点，符合泊松分布特征，即大多数节点的度分布相似，网络平均度和网络加权平均图分布图如图 3-17、图 3-18 所示。介数中心度 (Betweenness Centrality)、亲密中心度 (Closeness Centrality)、离心度 (Eccentricity)、Harmonic Closenness Centrality 参数值说明网络中节点重要性具有意义，其中部分节点中心度参数值如图 3-16 所示。通过随机化重连，在网络节点数 $N=660$，网络平均度 $K=2.106$ 的情况下，分别取值 $N=600$，$K=2$，网络的平均聚类系数 C 和网络的平均路径长度 L 随重连概率 P 的变化关系是：当重连概率 P 较小时，$C(P) \sim C(0)$、$L(P) \ll L(0)$，属于标准的 *Vinogradov* 记号，广泛用于数论及其相关领域。也就是说网络具有较短的平均路径长度和较高的平均聚类系数，虽然 C 和 L 值略低于宏观网络，但也同样具有小世界网络特性，C 和 L 随 P 的变化关系如图 3-19 所示。

Results:

Average Degree: 2.106

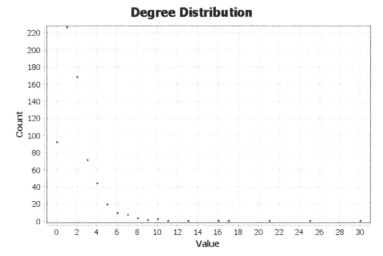

图 3-17 数字普惠金融与微观经济发展共现网络的平均度分布

Results:

Average Weighted Degree: 1.279

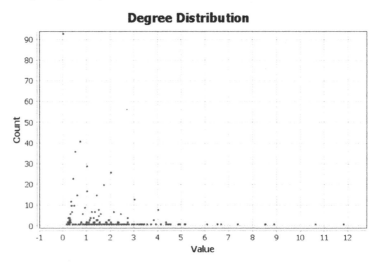

图 3-18 数字普惠金融与微观经济发展共现网络的平均加权度分布

表 3 - 16　微观视角部分节点网络中心性参数值

介数中心度	亲密中心度	离心度	调和贴近中心性
923.233333	0.126639	14.0	0.141729
0.0	0.12874	15.0	0.14085
511.0	0.12887	17.0	0.148126
0.0	0.0	0.0	0.0
12617.215873	0.159204	15.0	0.193354
0.0	1.0	1.0	1.0
0.0	0.0	0.0	0.0
0.0	0.143377	15.0	0.175662
0.0	0.097394	17.0	0.106132
0.0	0.125583	16.0	0.147811
0.0	0.113551	16.0	0.13667
0.0	0.0	0.0	0.0
0.0	0.143417	14.0	0.181854
6540.111905	0.165642	12.0	0.199077
0.0	0.0	0.0	0.0
0.0	0.128032	16.0	0.141339
4535.0	0.141436	15.0	0.160094
1527.0	0.150059	12.0	0.172967
0.0	0.121385	16.0	0.140919
0.0	0.121012	17.0	0.135895
2032.0	0.133647	13.0	0.154683

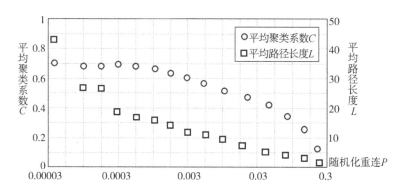

图 3 - 19　微观网络平均聚类系数与平均路径长度随 P 的变化关系

（二）网络模块化

利用模块化工具将网络按照节点相似度划分为不同的小世界网络，即节点间关系越紧密就越可能会被划分为同一网络社区。利用 Modularity Class

渲染方式，不同颜色代表语义相似节点占比不同的小世界网络，其中颜色占比如图 3-20 所示，网络渲染结果如图 3-21 所示。从渲染结果可见，对比宏观网络，微观网络中相似度节点间关联关系较为分散。按照不同颜色的占比网络进行分析，浅紫色网络节点占比 7.58%，分散布局为 6 个子连通图，相关路径节点 ID 分别为 558、5、432、224、213；460、368、610、249、275、289；332、428、448、186、322、226、237、292；354、16、241、267、233；147、687；375、381、352。经删选保留四条路径节点，对应 ID 号查询 Label 标签分别是：以 460 为首的持续优化、担保机构、可得性、风险分担、村镇银行、中小银行；以 332 为首的结构失衡、债务风险、债券市场、风险缓释、绿色金融、股权融资、防范化解、双循环；以 354 为首的物联网、数字经济、人工智能、数字技术、开放银行；以 375 为首的涉农企业、财政补贴、农产品。可见，在农村金融发展中村镇银行等中小银行的风险分担和管理至关重要；债券市场和股权融资在绿色金融和双循环发展中起到关键作用，但存在结构失衡问题，风险防范依然重要；开放银行等数字经济的发展离不开物联网、人工智能等数字技术；财政补贴对涉农企业、农产品依然重要。

绿色网络节点占比 6.36%，分散布局为 6 个子连通图，相关路径节点 ID 分别是为 542、353、565、554；325、253、182、111；337、595；490、350、354、154；313、242、469、149、254；429、509、322，对应的 Label 标签分别为："一带一路"、金融排斥、交易成本、小额信贷；金融素养、永续债、央行票据、债券融资；融资成本、风险防控；智能合约、区块链、物联网、产业链；贫困治理、金融扶贫、制度刚性、保险扶贫、供需分析；绿色发展、科技金融、绿色金融。可见，融资和交易成本、制度柔韧性等因素影响小额信贷、债券融资、保险扶贫等金融创新模式发展，绿色金融与科技金融发展密切相关。

蓝色网络节点占比 5.45%，分散布局为 6 个子连通图，经过删选保留 4 条相关路径，节点 ID 分别是为 103、165、481、162、187、598；162、262、416、481、103；527、430、399；202、571、581、541、418，对应 Label 标签分别为：保障机制、小额农贷、供给体系、建卡立档、乡村振兴、涉农贷款；建卡立档、保险补偿、保费规模、供给体系、保障机制；扶贫开发、保险支持、保险业；保险资金、保险创新、保险科技、再保险、农业保险。可见，在乡村振兴、扶贫开发中，小额农贷和农业保险均发挥了重要作用，保障机制、建卡立档、供给体系、保险资金、保险补偿、保费规模、保险创新、保险科技都是重要的影响因素。

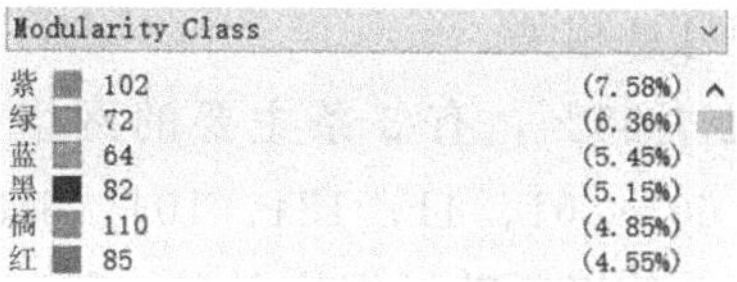

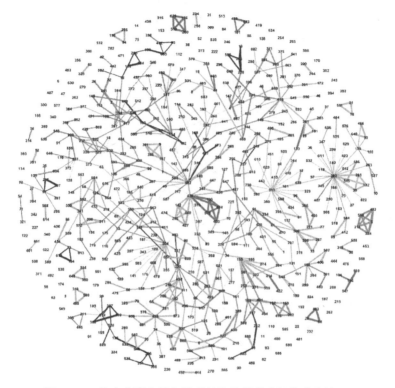

图 3 - 20 不同颜色网络占比情况（微观）

图 3 - 21 数字普惠金融与微观经济发展社会网络渲染结果

黑色网络节点占比 5.15％，有 4 条主要的网络路径，节点 ID 分别为 205、19、585、228；216、608、504、123、16；635、608、482、83；102、180、154，对应的 Label 标签分别为：中介地位、组织架构、银行业、云计算；共同富裕、数据要素、中国范式、三次分配、数字经济；平台企业、数据要素、平台经济、垄断；制造业、银企对接、产业链。可见，数据要素、组织架构在银企对接中对产业链、三次分配等产生重要影响。

橙色网络节点占比 4.85％，有 3 条主要的网络路径，节点 ID 分别为 438、60、457、492；148、113、449；335、180，对应的 Label 标签分别为：第三支柱、碳中和、互联互通、信用评级；风险处置、专项整治、专项行动；金融素养、贫困地区。可见，第三支柱涉及养老金融，这与碳中和、风险管理、金融素养等息息相关。

红色网络节点占比 4.55%，有 3 条主要的网络路径，节点 ID 分别为 479、494、515、578、603；61、41；184、104、618、547，对应的 Label 标签分别为：中小企业、信用互助、贷款利率、利息收入、借贷人；借贷需求、借贷营销；消费信贷、不确定性、农民消费、主动违约。可见，小额信贷与借贷利率、借贷营销、抵押物、借贷风险、信用评级等息息相关。

（三）网络核心路径过滤

在网络模块化的基础上，利用 K—核心操作过滤出上述不同占比小世界网络的重要拓扑结构，即更精确地删选及定位核心网络路径。已知网络平均度 $K = 2.106$，在 K—核心过滤操作中，由于规定节点群中每个节点的度都不小于 K 值，因此取 $K = 3$，过滤结果如图 3 - 22 所示。浅紫色网络被过滤为 3 个主要子连通图，按照节点度的大小及边的权重，判断核心节点的 ID 分别是：332、289、558，结合模块化分析结果，其核心路径是："绿色金融—股权融资—债券市场—结构失衡—债务风险—风险缓解—双循环""中小银行—村镇银行—风险分担—持续优化"；绿色网络节点 ID 分别是：335、253、111、182，结合模块化分析结果，其核心路径是："金融素养—债券融资—央行票据—永续贷"；蓝色网络节点 ID 分别是：103、165、481、162、262、416，结合模块化分析结果，其核心路径是："小额农贷—建档立卡—保险补偿—保费规模—保障机制—供给体系"；红色网络节点 ID 分别是：479、100、494、515、578、603，结合模块化分析结果，其核心路径是："中小企业—信用互助—贷款利率—利息收入—贷款人"。

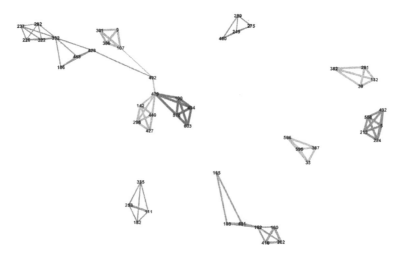

图 3 - 22　基于 K—核心过滤的数字普惠金融对微观经济发展影响的核心路径

  总之，通过对数字普惠金融与微观经济发展共现图谱的网络属性等特征分析，发现其关键节点和相关路径与宏观网络有着直接或间接的关联关系，如"开放银行、金融科技、数字经济""绿色金融、债券市场、风险防范、双循环""区块链、产业链""金融排斥、小额信贷、金融扶贫""数据要素、数字平台、数字乡村、乡村产业""金融扶贫、小额农贷、农业保险""金融创新、保险创新、保险补偿、保险规模、保险营销""消费信贷、农民消费、个人征信"等紧密关联。从分析结果上看，对县域微观经济发展、乡村振兴和农村金融有直接影响的数字普惠金融产品集中在"借贷"、"保险"及"债券"领域。

第四章 基于 LDA 构建数字普惠金融与县域经济高质量发展的相关主题模型

隐含狄利克雷分布主题模型（Latent Dirichlet Allocation，LDA）按照"文本—主题""主题—词汇"的概率分布来描述文本中包含的语义特征。本章主要介绍文本建模、概率分布、主题模型等基础理论和技术，理顺一元模型（Unigram Model）、混合一元模型（Mixed of Unigram Model）、概率潜在语义分析（PLSA）模型到隐含狄利克雷分布主题模型的发展脉络和各自优缺点，明确实现隐含狄利克雷分布主题模型的工作机理、数据处理流程和实现步骤。

在第三章分析结论的基础上，基于高频关键词核心路径构建微博数据采集索引列表以及实体、实体关系等特征提取的四大词表集模板，即〔县域经济高质量发展中对数字普惠金融需求实体集〕、〔县域经济高质量发展中对数字普惠金融供给实体集〕、〔影响数字普惠金融对县域经济高质量发展的环境实体集〕、〔需求，供给，环境关联集〕，调用 Python 相应函数库实现对微博数据的采集、清洗、切分，以及词性标注等数据预处理流程，采用半监督学习方法，利用条件随机场技术（Conditional Random Field，CRF）实现对预处理后的词条数据的实体、实体属性及实体关系的特征抽取过程，初步挖掘词条之间的语义关系，进一步删除无效词条及特征词等，降低特征提取的维度，为后续隐含狄利克雷分布主题模型分析提供良好的特征向量基础。

基于行为和内容对原始隐含狄利克雷分布主题模型实现改进，构建改进后的融合行为与内容的隐含狄利克雷分布主题模型（Behaviour-Content-LDA，BCLDA）运行算法，利用手肘法和困惑度确定最优聚类主题数目，实现在特征提取处理后的词条数据集上的"主题—词汇"概率分布计算，针对不同主题间的语义关联挖掘问题，综合采用一种用于关键词抽取和文档摘要的排序算法，如 TextRank 图结构、义原相似度计算、随机游走算法，实现词汇级的语义挖掘和语义集成，按照〔需求，供给，环境，关联〕语义集成模板，实现数字普惠金融与县域经济高质量发展中不同主题之间、不同主题与不同词汇之间的语义集成及知识图谱构建，全面获悉数字普惠金融对县域经济高质量发展的影响因素。

第一节　隐含狄利克雷分布主题模型基础理论与技术

一、文本建模

文本建模也称为文本表示，是文本挖掘流程中的重要环节。文本建模通过文本的切词、分词、去除停用词、特征提取、降维处理等预处理步骤，将非结构化数据转化为计算机程序可直接识别和处理的结构化数据，即用数值向量来表示文本语义，以进一步实现文本聚类、分类、关联分析等知识获取过程。文本建模方法主要有：词袋模型、词嵌入模型、统计语言模型，这几种模型之间相互关联，且各有优势，隐含狄利克雷分布主题模型融合了词袋模型与统计语言模型相关理论，是一种典型的词袋模型，也是一种无监督的贝叶斯聚类模型。

（一）词袋模型

词袋模型就是把每一篇文章看作一个袋子，忽略袋子中单词的顺序，只关注单词出现的个数。常用的建模技术主要有独热码（One-hot）编码和词频—逆向文档频率（TF—IDF）表示法，在文本建模中常采用的向量空间模型（Vector Space Model，VSM）形式就是利用了词频—逆向文档频率技术。独热码编码技术通过统计待编码文本集中的总词汇数 N，随机将 N 个词汇排列成一个词典，对于每一个单词是否在文本集中出现赋予状态值，如果出现就是 1，没有出现就是 0，从而得到独热码编码词向量。由于文本集中词汇总数 N 一般在十万以上量级，采用 N 位状态寄存器对 N 个词汇状态进行编码，所生成的特征向量维数大、稀疏性高，且随机排列词汇之间的顺序导致文本集中词与词之间是独立的，不利于后续文本聚类、分类、关联分析等相似度计算。

在词频—逆向文档频率表示法成为向量空间模型构建的主要技术之前，流行的是词频编码，词频编码改变了独热码编码词汇状态占位模式，替换为词语在文本集中出现的频次，但频次的大小并不能代表词汇的重要程度，词频—逆向文档频率通过逆文档频率区别词汇在文本集中的重要程度，具体规则为：词汇在某文本中出现的频次越大，权重就越大，但该词汇在整个文本

集中出现的文本总数越多,权重越小,表明该词汇具有很好的文本区分能力。具体表示如下:

词频＝词汇在某文本中出现频次/当前文本总词汇数;

逆文档频率＝log(文本集中文本总数/包含该词汇的文本数＋1);

词频—逆向文档频率＝词频×逆文档频率。词频—逆向文档频率表示法不仅用词汇在文本中出现的频次来突出文本主题,还利用逆文档频率表示词汇对文本的重要程度,进而表示文本的语义。但当文本集过小信息量过少,或文本集大计算量过高时,词频—逆向文档频率的表现一般,无法体现出词汇在文本中的位置信息,而词汇的位置信息对语义分析至关重要。

(二)词嵌入模型

相比不考虑词汇之间语序的词袋模型,词嵌入模型是考虑词语位置关系的一种模型。词嵌入是将词表中的词映射为实数向量的特征学习技术的统称,通过语料库的大量训练,将每个词都映射在一个较短的词向量中。这些词向量是根据每个词出现在另一个词之前或之后的概率分布计算出来的,向量的表示不再是 0 和 1,而是一些浮点数,即改变了独热码词袋模型高维稀疏的缺陷,将高维度的状态词表示转换为低维度的实数词表示,又可以展示出词与词之间的语义关系。

最常用的词嵌入模式是 word2vec,其核心思想是通过使用一个滑动窗口移动文本,每次移动一个单词,每一步均有一个中心词和多个上下文词,通过中心词预测上下文词或通过上下文词预测中心词,并调整参数增加两者的条件概率,其本质是底层采用基于连续词袋模型(Continuous Bag of Words,CBOW)和跳字模型(Skip-gram)算法的神经网络语言模型,通过输入层、隐藏层和输出层进行分布式词向量的训练,基于连续词袋模型和跳字模型算法训练过程互为镜像。基于连续词袋模型的核心思想是通过上下文词汇去预测中心词,输入层是由独热码编码的输入上下文 $\{x_1, x_2, \cdots, x_c\}$ 组成,窗口大小为 C,词汇表大小为 V,隐藏层是 N 维向量,每个上下文的词向量都需要乘以一个 $V \times N$ 维的权重矩阵 W 连接到隐藏层,隐藏层通过一个 $N \times V$ 维的权重矩阵 W' 连接到输出层,将输出层的独热码编码向量通过归一化指数函数(softmax)归一化处理转化为每个词的概率向量,将概率值最大的数对应的词作为预测词。跳字模型模型的核心思想是用中心词预测上下文词,输入层是某个词汇的独热码编码,对应的输出向量是上下文 $\{y_1, y_2, \cdots, y_c\}$,窗口大小为 C,词汇表大小为 V,隐藏层是 N 维向量,隐藏层执行权重向量 W 和输入词汇向量的点积运算,隐藏层不用激活函数，输入层点积运算结果直接传到输出层，输出层执行输入层点积运算结果与矩阵 W 转秩 W' 的点积运算，同样使用归一化指数函数将独热码编码向量转化为概率向量，频率最大的词汇组合就是输出结果。

词嵌入模型属于浅层神经网络，虽然在一定程度上反映了词语之间的语义，但并没有深入词汇的本质语义，强烈依赖分词向量，对未出现的新词、一词多义等预测能力不佳。

（三）统计语言模型

统计语言模型（Statistical Language Model）是从概率统计的角度，根据自然语言上下文相关特征构建的数学模型。最常见的就是 N 元语言模型，也称为 $N-1$ 阶马尔可夫模型，即利用前 $N-1$ 个词来预测当前词。

假设 S 表示一个有意义的句子，由一连串特定顺序排列的词 w_1，w_2，$\cdots$，w_n 组成，n 代表句子的长度。S 在文本中出现的可能性，用概率 $P(S)$ 表示，即 $P(S) = P(w_1, w_2, \cdots, w_n)$，利用条件概率，$S$ 出现的概率等于 S 中每个词出现的条件概率相乘，如式（4-1）所示：

$$P(w_1, w_2, \cdots, w_n) = P(w_1) \cdot P(w_1 \mid w_2) \cdot P(w_3 \mid w_1, w_2) \cdots,$$
$$\cdot P(w_n \mid w_1, w_2, \cdots, w_{n-1}) \qquad (4-1)$$

可见，词 w_n 出现概率取决于它前面所有的词，但随着 n 的增加，$P(w_n \mid w_1, w_2, \cdots, w_{n-1})$ 存在 n 个参数，难以计算。在此基础上马尔可夫假设提出，假设一个词 w_i 出现的概率只与它前面的词 w_{i-1} 相关，简化了条件概率式（4-1），如式（4-2）所示：

$$P(w_1, w_2, \cdots, w_n) = P(w_1) \cdot P(w_1 \mid w_2) \cdot P(w_3 \mid w_2) \cdot$$
$$P(w_i \mid w_{i-1}) \cdot, \cdots, \cdot P(w_n \mid w_{n-1}) \qquad (4-2)$$

假设一个词由前面 $N-1$ 个词决定，对应的模型称为 N 元模型（N-gram Model），当 $N=1$，2，3 时，N 元模型分别称为一元模型（Unigram）、二元模型（Bigram）、三元模型（Trigram）。一般情况下，N 的取值都很小，实际中常用的是 $N=3$ 的三元模型。条件概率 $P(w_i \mid w_{i-1})$，定义如式（4-3）所示：

$$P(w_i \mid w_{i-1}) = \frac{P(w_i, w_{i-1})}{p(w_{i-1})} \qquad (4-3)$$

其中，$P(w_i, w_{i-1})$ 为估计联合概率，$p(w_{i-1})$ 为边缘概率，根据大数定律，只要 w_i，w_{i-1} 词对、w_{i-1} 词在语料库 N 个词对中出现的次数够大，则相对频率等于概率，条件概率 $P(w_i \mid w_{i-1})$ 可用式（4-4）表示：

$$P(w_i \mid w_{i-1}) \approx \frac{N < w_i \cdot w_{i-1} >}{N_{w_{i-1}}} \qquad (4-4)$$

其中，$N<w_i，w_{i-1}>$为$w_i，w_{i-1}$词对在文本 N 中出现次数，$N_{w_{i-1}}$为w_{i-1}在文本 N 中出现的次数。若$w_i，w_{i-1}$词对在文本 N 中出现的次数为 0 或较少的情况下，一般用平滑方法来解决。

二、概率分布

隐含狄利克雷分布主题模型将文档集中每篇文档的主题以概率分布的形式给出。隐含狄利克雷分布主题模型的实现原理是：主题由词汇概率分布表示，文章由主题概率分布表示。基于隐含狄利克雷分布主题模型，生成一篇文章的过程如下：

①从狄利克雷分布α中取样生成文档i的主题分布θ_i；

②从主题的多项式分布θ_i中取样生成文档i第j个词的主题$Z_{i,j}$；

③从狄利克雷分布β中取样生成主题$Z_{i,j}$对应的词语分布$\varnothing_{Z_{i,j}}$；

④从词语的多项式分布$\varnothing_{Z_{i,j}}$中采样最终生成词语$W_{i,j}$。

在统计语言模型中，狄利克雷分布（Dirichlet）是多项分布（Multinomial）的共轭先验概率分布，多项分布是二项分布拓展到 K 维的情况，相应地，二项分布对应的共轭先验概率分布贝塔（Beta）分布拓展到 K 维，便称为狄利克雷分布。

（一）二项分布

二项分布是 LDA 主题模型概率分布的基础。随机变量仅有两类取值，非正即负，或 0 或 1，若正发生的概率为 P，则负发生的概率为（$1-P$），假设随机事件 X 发生了 n 次，其中产生了 k 次为正的概率如式（4-5）所示：

$$P\{X=k\}=C_n^k P^k (1-P)^{n-k} \tag{4-5}$$

（二）贝塔分布

先验概率是指事件尚未发生前，对该事件发生概率的估计，针对估计所依据材料的不同，分为客观先验概率和主观先验概率。后验概率是通过补充材料，利用贝叶斯公式对先验概率进行修正后得到的概率。如在二项分布中，若正向出现的次数为 k，根据先验概率估计反向出现的次数为 $n-k$，若事件发生的总次数与 n 有偏差，则需要对正向、反向出现的次数进行单独计算，即后验概率估计。给定参数 $\alpha>0$、$\beta>0$，随机变量 $X\in[0,1]$ 的贝塔分布概率密度函数如式（4-6）与式（4-7）所示：

$$f(X)=\frac{1}{B(\alpha,\beta)} X^{\alpha-1} (1-X)^{\beta-1} \tag{4-6}$$

其中，$B(\alpha, \beta) = \int_0^1 X^{\alpha-1}(1-X)^{\beta-1}\mathrm{d}x = \dfrac{\Gamma(\alpha)\Gamma(\beta)}{\Gamma(\alpha+\beta)}$ （4-7）

贝塔分布作为先验概率，假设 k 为正例样本个数，$\mu \sim \mathrm{Beta}(\mu \mid \alpha, \beta)$，则 μ 的后验分布如式（4-8）所示：

$$P(\mu \mid X) \propto \mathrm{Beta}(\mu \mid \alpha, \beta) P(X \mid \mu) \propto \frac{\mu^{\alpha-1}(1-\mu)^{\beta-1}}{B(\alpha, \beta)}\mu^k(1-\mu)^{n-k}$$

$$\propto \frac{1}{B(\alpha+k, \beta+n-k)}\mu^{\alpha+k-1}(1-\mu)^{\beta+n-k-1}$$

$$= \mathrm{Beta}(\mu \mid \alpha+k, \beta+n-k) \qquad (4-8)$$

可见，后验分布仍为贝塔分布，因此贝塔分布为二项分布的共轭分布。

（三）多项分布

多项分布是指单次试验中随机变量的取值不再是 0 或 1，而是有多种离散值的可能，设置可能发生事件结果的取值范围是一个随机变量 $X = \{X_1, X_2, \cdots, X_n\}$，其中每个值对应的发生概率分别为 $P = \{P_1, P_2, \cdots, P_n\}$，且 $P_1 + P_2 + \cdots + P_n = 1$。若 X_1 发生了 K_1 次，X_2 发生了 K_2 次，$\cdots$，X_n 发生了 K_n 次，则多项式分布的概率密度函数如式（4-9）所示：

$$P\{X_1 = K_1, X_2 = K_2, \cdots, X_n = K_n\} = \frac{n!}{k_1!k_2!\cdots k_n!}\prod_{i=1}^n P_i^{k_i} \quad (4-9)$$

（四）狄利克雷分布

狄利克雷分布的密度函数形式和贝塔分布的密度函数类似，参数 $\alpha = (\alpha_1, \alpha_2, \cdots, \alpha_n) > 0$ 的 n 阶（$n \geq 2$）狄利克雷分布在欧式空间 $\mathscr{R}^{n-1}$ 中，其概率密度函数如式（4-10）所示：

$$f(X_1, X_2, \cdots, X_{n-1}; \alpha_1, \alpha_2, \cdots, \alpha_n) = \frac{1}{B(\alpha)}\prod_{i=1}^n X_i^{\alpha_i-1} \quad (4-10)$$

其中 $B(\alpha)$ 为多项式的贝塔函数，$B(\alpha) = \dfrac{\prod\limits_{i=1}^n \Gamma(\alpha_i)}{\Gamma(\sum\limits_{i=1}^n \alpha_i)}$，$\sum\limits_{i=1}^n X_i = 1$ 且 $X_i > 0$。

也可将狄利克雷分布定义如式（4-11）所示：

$$P(\vec{P} \mid \vec{\alpha}) = \mathrm{Dir}(\vec{P} \mid \vec{\alpha}) = \frac{1}{\Delta(\vec{\alpha})}\prod_{i=1}^n P_i^{\alpha_i-1} \qquad (4-11)$$

其中，$\Delta(\vec{\alpha})$ 称为狄利克雷分布的归一化系数 $\Delta(\vec{\alpha}) = \mathrm{int}\prod_{i=1}^n P_i^{\alpha_i-1}\mathrm{d}\vec{p}$

其后验分布仍为狄利克雷分布的贝叶斯推理如下：多项分布中随机变量 X 集对应发生的概率集记为 $\vec{P}$，若真实情况对 X 集中事件对应发生次数 $\vec{K}$ 集进行干扰，在对应的 $\vec{P}$ 区间发生对应次数为 $\vec{m}$，其对应的干扰参数集为 $\vec{a}$，则 $\mathrm{Dir}\ (\vec{P}\mid\vec{K})+\mathrm{MultCount}\ (\vec{m})=\mathrm{Dir}\ (\vec{P}\mid\vec{K}+\vec{m})$，将 $\vec{a}$ 从整数集合拓展到实数集合，即令 $\vec{a}=\vec{K}$，则 $\mathrm{Dir}\ (\vec{P}\mid\vec{a})+\mathrm{MultCount}\ (\vec{m})=\mathrm{Dir}\ (\vec{P}\mid\vec{a}+\vec{m})$，可见，后验分布仍为狄利克雷分布，因此狄利克雷分布为二项分布的共轭分布。

（五）共轭分布与伽玛（Gamma）函数

贝叶斯的基本原理是：先验分布 $\Pi(\theta)$＋样本信息 χ＝后验分布 $\Pi(\theta\mid\chi)$，新观察到的样本信息修正之前对事物的认知，在得到新样本信息 χ 之后，对 θ 的认知由先验分布 $\Pi(\theta)$ 转变为后验分布 $\Pi(\theta\mid\chi)$。

依据贝叶斯概率理论，后验分布概率 $P(\theta\mid\chi)$ 和先验分布概率 $P(\theta)$ 具有相同的分布形式，则称两者为共轭分布。后验分布概率计算如式（4-12）所示：

$$P(\theta\mid\chi)=\frac{P(\chi\mid\theta)P(\theta)}{P(\chi)}\propto P(\chi\mid\theta)\cdot P(\theta) \qquad (4-12)$$

其中，$P(\chi\mid\theta)$ 为 $P(\theta)$ 的先验分布概率，归一化结果为后验分布概率 $P(\theta\mid\chi)$ 和 $P(\theta)$ 的形式一致，则两者称为 θ 的共轭先验分布。

伽玛函数（Γ）是阶乘在复数域上的推广，其定义域为除非正整数外的全体复数。对于任何正整数 n，$\Gamma(n)=(n-1)!$；对于正实部的复数，其定义为：$\Gamma(Z)=\int_{0}^{\infty}X^{z-1}e^{-x}\mathrm{d}x$，$\mathscr{R}(z)>0$。

三、主题模型

（一）一元模型

一元模型是统计语言模型 N-gram 中 $N=1$ 的特殊情况，是最简单的文本模型，认为一篇文档的生成过程是从一个词袋（Bag of Words，BoW）中不断取词的过程。在该模型中需要确定的是词袋中每个词发生的概率 $\vec{P}$。确定的方法按照理论的不同，可分为频率学派和贝叶斯学派。

频率学派的假设是：

①只有一枚骰子，每个骰子有 V 面，每一面对应一个词，各面出现概率不一；

②每抛一次骰子，抛出的面就对应产生一个词；如果要生成一篇包含 n 个词的文档，只需要独立抛骰子 n 次。

概率学派认为，骰子每一面（词袋中每个词）发生的概率$\vec{P}$虽是未知但值是确定的，记为$\vec{P}=(P_1，P_2，\cdots，P_v)$，服从多项分布。每次抛骰子是独立的，因此一篇包含 n 个词的文档 $D=(w_1，w_2，\cdots，w_n)$，用 $P(w_i)$ 表示词 w_i 的先验概率，文档 D 的生成概率如式（4-13）所示：

$$P(\vec{D}) = P(w_1，w_2，\cdots，w_n) = \prod_{i=1}^{n} P(w_i) \qquad (4-13)$$

由于词袋中各语料相互独立，包含 M 篇文档的语料集 W 生成概率如式（4-14）所示：

$$P(W) = P(\vec{D_1})P(\vec{D_2})\cdots P(\vec{D_M}) = \prod_{m=1}^{M} \prod_{n=1}^{N} P(D_{mn}) \qquad (4-14)$$

其中，D_{mn} 表示第 m 篇文档 D 中第 n 个词，假设语料集中总词汇数目为 N，V 个面对应的每个词产生次数为 K_i，有 $\vec{K}=(K_1，K_2，\cdots，K_V)$，$K_1+K_2+\cdots+K_V=N$ 满足多项式分布，如式（4-15）所示：

$$P(\vec{K}) = \text{Multi}(\vec{K} \mid \vec{P}, N) = \left(\frac{N}{\vec{K}}\right) \prod_{i=1}^{V} P_i^{K_i} \qquad (4-15)$$

此时，语料相当于 V 个面在 N 次取值实验组合的一种，语料集 W 可用其先验概率分布表示，并采用最大似然估计每个面产生的概率 $\vec{P}$，如式（4-16）所示：

$$P(W) = \prod_{i=1}^{V} P_i^{K_i}，且 \widehat{P_I}=\frac{K_i}{N} \qquad (4-16)$$

贝叶斯学派的假设是：

①有一个装有无数骰子的坛子，里面每个骰子都有 V 面；

②每次从坛子中取出一个骰子并不断地抛这枚骰子，产生语料中所有的词。

参数 $\vec{P}$ 不仅未知且取值未定，即生成文本之前，使用哪个骰子不是确定的，是一个随机变量，即 $\vec{P} \sim P(\vec{P})$，概率分布 $P(\vec{P})$ 称为参数 $\vec{P}$ 的先验分布，使用某骰子时语料产生的概率符合条件概率 $P(W \mid \vec{P})$，语料集 W 产生的概率如式（4-17）所示：

$$P(W) = \int P(W \mid \vec{P})P(\vec{P})\mathrm{d}\vec{P} \qquad (4-17)$$

由式（4-15）可知，$P(\vec{K})$ 为多项分布，则可近似认为 $P(W \mid \vec{P})$ 也符合多项分布，其先验分布为 Dir $(\vec{P} \mid \vec{\alpha})$，因为狄利克雷先验＋多项式分布的数据 → 后验分布为狄利克雷分布，则参数 $\vec{P}$ 的后验分布为 Dir $(\vec{P} \mid \vec{K}+\vec{\alpha})$，语料集 W 产生的概率如式（4-18）所示：

$$P(W \mid \vec{\alpha}) = \int P(W \mid \vec{P}) P(\vec{P}) \mathrm{d}\vec{P} = \int \prod_{i=1}^{V} P_i^{K_i} \mathrm{Dir}(\vec{P} \mid \vec{\alpha}) \mathrm{d}\vec{P}$$

$$= \int \prod_{i=1}^{V} P_i^{K_i} \frac{1}{\Delta(\vec{\alpha})} \prod_{i=1}^{V} P_i^{a_i-1} \mathrm{d}\vec{P} = \frac{1}{\Delta(\vec{\alpha})} \int \prod_{i=1}^{V} P_i^{a_i+K_i-1} \mathrm{d}\vec{P}$$

$$= \frac{\Delta(\vec{K}+\vec{\alpha})}{\Delta(\vec{\alpha})} \qquad (4-18)$$

（二）混合一元模型

一元模型是基于词生成文档的模型，当引入主题的概念即为混合一元模型，给某个文档先选择一个主题 Z，再根据该主题生成文档，该文档中所有词都来自一个主题。假设主题有 Z_1，Z_2，…，Z_n，生成文档集 W 的概率如式（4-19）所示：

$$P(W) = P(Z_1) \prod_{i=1}^{n} P(D_n \mid Z_1) + \cdots + P(Z_n) \prod_{i=1}^{n} P(D_n \mid Z_n)$$

$$= \sum_{Z} P(Z) \prod_{i=1}^{n} P(D_n \mid Z) \qquad (4-19)$$

（三）概率潜在语义分析模型

1990 年，斯科特·迪尔韦斯特（Scott Deerwester）等人在论文《基于潜在语义分析的索引》（Indexing by Latent Semantic Analysis）中提出潜在语义索引/分析模型（Latent Semantic Indexing/Analysis，LSI/LSA）。通过奇异值分解技术（Singular Value Decomposition，SVD）将单词向量空间线性变换为话题向量空间，优化了向量空间模型的语义结构，能够结合上下文解决词汇语义歧义问题，并实现降维价值。但潜在语义索引/分析模型缺乏严谨的数理统计基础，无法从概率的角度理解模型中实数值的意义，在潜在语义索引/分析模型基础上，1999 年托马斯·霍夫曼（Thomas Hofmann）提出概率性潜在语义索引/分析模型（Probabilistic Latent Semantic Indexing/Analysis），将潜在语义索引/分析模型赋予概率意义上的解释，改变了混合一元模型中单一主题假设，认为每一篇文档包含多个潜在主题，每个主题都是词汇上的概率分布，而每个文档又是主题上的概率分布，是一种由两层概率分布构成的概率图模型，如图 4-1 所示。

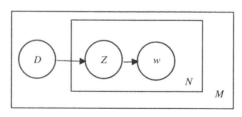

图 4-1　PLSA 概率图模型

给定文档 D，主题 Z 以 $P(Z \mid D)$ 的概率出现在该文档中；给定主题 Z，单词 w 以 $P(w \mid Z)$ 的概率从主题 Z 中被选取，其中，文档 D 和单词 w 是已经观测到的变量，而 Z 代表未知变量，$P(Z \mid D)$ 和 $P(w \mid Z)$ 是 PLSA 模型中需要求解的参数。PLSA 采用的是频率学派的思路，认为每篇文档中每个词的主题仅有唯一 $P(w \mid Z)$，且语料中每个主题对应的 $P(Z \mid D)$ 也是唯一固定的，即把待估计 $P(Z \mid D)$ 和 $P(w \mid Z)$ 两个参数看作固定的未知常数，用样本的最大似然估计计算。PLSA 对 D 和 w 的联合分布进行建模，其表达如式（4-20）所示：

$$P(w,D) = \sum_Z P(Z)P(D \mid Z)P(w \mid Z) = P(D)\sum_Z P(Z \mid D)P(w \mid Z)$$

$$(4-20)$$

（四）隐含狄利克雷分布主题模型

2003 年，布莱（Blei）等人在论文《隐含狄利克雷分布》（Latent Dirichlet Allocation）中提出隐含狄利克雷分布模型，隐含狄利克雷分布主题模型是基于贝叶斯学派的词袋模型，在概率潜在语义分析模型的基础上加入贝叶斯框架，认为待估计参数 $P(Z \mid D)$ 和 $P(w \mid Z)$ 并非是固定的未知常数，而是服从一定分布的随机变量，可对主题分布 $P(Z \mid D)$ 和词分布 $P(w \mid Z)$ 加上两个狄利克雷分布先验，其对应的概率图模型如图 4-2 所示。

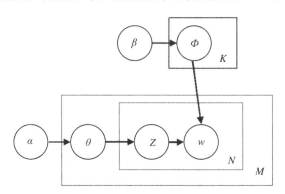

图 4-2　LDA 模型的概率图

其中，单词 w 表示可观测变量，θ 表示一篇文档 D 的主题分布 $P(Z \mid D)$，Φ 表示词在主题上的分布 $P(w \mid Z)$，α 是主题分布的先验分布（即狄利克雷分布）参数，β 是词分布的先验分布（即狄利克雷分布）参数，K 是主题数目，N 是一篇文档中单词数目，M 是文档数目。隐含狄利克雷分布模型的实现过程分为两步：文档按照狄利克雷分布先验 α 随机选取文档 D 的主题分布 $P(Z \mid D)$，生成主题 Z；主题 Z 在产生 w 之前，也要根据狄利

克雷分布先验 β 随机选取词在主题上的分布 $P(w \mid Z)$，生成单词 w。可见，$\alpha \rightarrow \theta$ 对应于狄利克雷分布，$\theta \rightarrow Z$ 对应于多项分布，参数 θ 的后验分布仍为狄利克雷分布；同理，$\beta \rightarrow \Phi$ 对应于 Dirichlet 分布，$\Phi \rightarrow w$ 对应于多项分布，参数 Φ 的后验分布仍为狄利克雷分布。

由文档生成主题的过程如下：

①按照先验概率 $P(D_i)$ 从词袋 M 篇文档集中选择一篇文档 D_i；

②从狄利克雷分布先验 α 中取样生成文档 D_i 的主题分布 θ_i，主题分布 θ_i 由超参数 α 的狄利克雷分布生成；

③从主题 Z 的多项分布 θ_i 中取样生成文档 D_i 的第 j 个主题 $Z_{i,j}$。

所有文档的主题数据概率如式（4-21）所示：

$$P(\vec{Z} \mid \vec{\alpha}) = \prod_{D=1}^{M} P(\vec{Z_D} \mid \vec{\alpha}) = \prod_{D=1}^{M} \frac{\Delta(\vec{N_D} + \vec{\alpha})}{\Delta \vec{\alpha}} \quad (4-21)$$

由主题生成词语的过程如下：

①按照先验概率 $P(Z_i)$ 从 K 个主题集中选择一个主题 Z_i；

②从狄利克雷分布先验 β 中取样生成主题 Z_i 的词语分布 Φ_i，词语分布 Φ_i 由超参数 β 的狄利克雷分布生成；

③从词语 w 的多项分布 Φ_i 中取样生成主题 Z_i 的第 j 个词语 $w_{i,j}$；

所有主题的词语数据概率如式（4-22）所示：

$$P(\vec{w} \mid \vec{Z}, \vec{\beta}) = \prod_{k=1}^{K} P(\vec{w_k} \mid \vec{Z}, \vec{\beta}) = \prod_{k=1}^{K} \frac{\Delta(\vec{N_k} + \vec{\beta})}{\Delta \vec{\beta}} \quad (4-22)$$

词语与主题的联合分布概率如式（4-23）所示：

$$P(\vec{w}, \vec{Z} \mid \vec{\alpha}, \vec{\beta}) = P(\vec{w} \mid \vec{Z}, \vec{\beta}) \cdot P(\vec{Z} \mid \vec{\alpha}) = \prod_{k=1}^{K} \frac{\Delta(\vec{N_k} + \vec{\beta})}{\Delta \vec{\beta}} \cdot \prod_{D=1}^{M} \frac{\Delta(\vec{N_D} + \vec{\alpha})}{\Delta \vec{\alpha}}$$

$$(4-23)$$

通过随机模拟的方法，用频率近似代替概率的方式解决概率求解的问题，最典型的算法是吉布斯抽样（Gibbs Sample）。吉布斯抽样是马尔科夫链蒙特卡罗理论中用来近似求解多维概率分布的算法，其形式化描述如下：对于一个复杂的概率分布 $P(\vec{x})$，若能够求出其在给定其他分量 $x_{\neg i}$ 的情况下 x_i 的概率 $P(x_i \mid x_{\neg i})$，那么可以根据 $P(x_i \mid x_{\neg i})$ 采样每一个分量 x_i 组成的一个样本 $\vec{x}$，重复上述采样过程 T 次，最后统计频率作为概率。其过程如下：

①随机初始化 $\vec{x}^0 = \{x_1^0, x_2^0, \cdots, x_N^0\}$；

②For t=1，2，3，…，T：

$x_1^t \sim p(x_1 \mid x_2^{t-1}, x_3^{t-1}, \cdots, x_N^{t-1})$；

$x_2^t \sim p(x_2 \mid x_1^t, x_3^{t-1}, \cdots, x_N^{t-1})$；

$x_3^t \sim p \ (x_2 \mid x_1^t, \ x_2^t, \ \cdots, \ x_N^{t-1})$；

…

$x_N^t \sim p \ (x_2 \mid x_1^t, \ x_2^t, \ \cdots, \ x_{N-1}^t)$；

得到一个样本 $\vec{x}^t = \{x_1^t, \ x_2^t, \ \cdots, \ x_N^t\}$；

③直至采样过程收敛，得到的样本 $[\vec{x}^{n+1}, \ \vec{x}^{n+2}, \ \cdots, \ \vec{x}^T]$ 就是真实的 $P(\vec{x})$ 样本。

可见，吉布斯抽样是根据条件概率轮换坐标轴采样逐渐收敛的，坐标轴由每篇文档的每个单词 $\vec{w}$ 对应的每个主题 $\vec{Z}$ 构成，维度为 i。假设观测到 $w_i = t$，w_i 对应主题 Z_i，$Z_i = k$，$Z_{\rightarrow i}$ 代表除去当前单词 w_i 对应主题 Z_i 的词袋中所有其他单词的主题，吉布斯抽样需固定其他单词的主题 $\vec{Z}_{\rightarrow i}$ 对当前单词的主题 Z_i 进行采样，计算条件概率 $P(Z_i = k \mid \vec{w}, \vec{Z}_{\rightarrow i})$，根据贝叶斯理论，计算如式（4-24）所示：

$$P \ (Z_i = k \mid \vec{w}, \ \vec{Z}_{\rightarrow i}) = \frac{P \ (Z_i = k, \ w_i = t \mid \vec{Z}_{\rightarrow i}, \ \vec{w}_{\rightarrow i})}{P \ (w_i = t \mid \vec{Z}_{\rightarrow i}, \ \vec{w}_{\rightarrow i})}$$

$$P \ (Z_i = k \mid \vec{w}, \ \vec{Z}_{\rightarrow i}) \propto P \ (Z_i = k, \ w_i = t \mid \vec{Z}_{\rightarrow i}, \ \vec{w}_{\rightarrow i}) \quad (4-24)$$

式（4-24）中涉及两个"狄利克雷分布—多项分布"（Dirichlet-Multinomial）的共轭结构，即 $Z_i = k$，$w_i = t$ 的联合概率分布以及其他词之间的联合概率分布，去掉一个词并不会改变 $M+K$ 个"狄利克雷分布—多项分布"的共轭结构，只会使某些地方的计数减少，其余词汇和主题的后验概率公式如式（4-25）所示：

$$P \ (\vec{\theta}_m \mid \vec{Z}_{\rightarrow i}, \ \vec{w}_{\rightarrow i}) = \mathrm{Dir} \ (\vec{\theta}_m \mid \vec{n}_m, \ \rightarrow i + \vec{\alpha})$$

$$P \ (\vec{\Phi}_m \mid \vec{Z}_{\rightarrow i}, \ \vec{w}_{\rightarrow i}) = \mathrm{Dir} \ (\vec{\Phi}_m \mid \vec{n}_k, \ \rightarrow i + \vec{\beta}) \quad (4-25)$$

对条件概率 $P(Z_i = k \mid \vec{w}, \vec{Z}_{\rightarrow i}) \propto P \ (Z_i = k, \ w_i = t \mid \vec{Z}_{\rightarrow i}, \ \vec{w}_{\rightarrow i})$ 进行推导（过程省略），得出结论如式（4-26）所示：

$$P \ (Z_i = k \mid \vec{w}, \ \vec{Z}_{\rightarrow i}) \propto P \ (Z_i = k, \ w_i = t \mid \vec{Z}_{\rightarrow i}, \ \vec{w}_{\rightarrow i})$$

$$= E \ (\theta_{mk}) \cdot E \ (\Phi_{kt}) = \hat{\theta}_{mk} \cdot \hat{\Phi}_{kt} \quad (4-26)$$

其中，θ_{mk} 代表在第 m 篇文档中，主题分布为 θ_m 的概率下，文档 m 在主题 k 上的概率分布为 P_k，$\hat{\theta}_{mk}$ 表示在狄利克雷分布下 θ_m 的期望值；Φ_{kt} 代表在第 K 个主题下，词语分布为 Φ_k 的概率下，主题 k 在词语 t 上的概率分布为 P_t，$\hat{\Phi}_k$ 表示在狄利克雷分布下 Φ_k 的期望值，分别如式（4-27）与式（4-28）所示：

$$\hat{\theta}_{mk} = \frac{n_{m,\rightarrow i}^{(k)} + \alpha_k}{\sum_{k=1}^{K} n_{m,\rightarrow i}^{(k)} + \alpha_k} \quad (4-27)$$

$$\hat{\Phi}_{kt} = \frac{n_{k,\rightarrow i}^{(t)} + \beta_t}{\sum_{k=1}^{K} n_{k,\rightarrow i}^{(t)} + \beta_t} \qquad (4-28)$$

最终，隐含狄利克雷分布主题模型的吉布斯抽样公式，如式（4-29）所示：

$$P(Z_i = k \mid \vec{w}, \vec{Z}_{\rightarrow i}) \propto \frac{n_{m,\rightarrow i}^{(k)} + \alpha_k}{\sum_{k=1}^{K} n_{m,\rightarrow i}^{(k)} + \alpha_k} \cdot \frac{n_{k,\rightarrow i}^{(t)} + \beta_t}{\sum_{k=1}^{K} n_{k,\rightarrow i}^{(t)} + \beta_t} \qquad (4-29)$$

第二节　数据来源及处理

一、数据来源

第三章从科技文献数据中通过共词分析、复杂网络分析分别获取数字普惠金融影响县域宏观经济发展、微观经济发展的核心路径，初步获取研究领域中高频关键词之间的相关关系。隐含狄利克雷分布主题模型分析的目的是获取文本语料库中每个文本的主题分布，以及每个主题的单词分布。第三章通过科学知识图谱分析获取的核心路径中的高频关键词，可作为隐含狄利克雷分布主题模型分析中文本数据检索的索引，在具有相关主题的基础上，进一步挖掘文本数据中主题的概率分布，以及相关主题下关键词的概率分布，实现主题权重获取、概念粒度细分的目标。根据第三章对共现网络的核心路径分析结果，构建文本数据检索的主题索引表，如表4-1所示：

表4-1　文本数据检索的主题索引表

索引号	具有相关关系的主题词
索引1	金融发展—产业升级—产业资源——带一路—区位优势
索引2	信贷资源—农信社—信用工程—涉农贷款—供给体系—扶贫攻坚
索引3	扶贫开发—扶贫贷款—风险防控—建档立卡—金惠工程—精准扶贫
索引4	农村金融—城乡差距—居民收入—农业发展
索引5	金融服务—金融创新—国际投资—法律环境—产业集群
索引6	绿色金融—股权融资—债券市场—结构失衡—债务风险—风险缓解—双循环
索引7	中小银行—村镇银行—风险分担—持续优化
索引8	金融素养—债券融资—央行票据—永续贷
索引9	小额农贷—建档立卡—保险补偿—保费规模—保障机制—供给体系
索引10	中小企业—信用互助—贷款利率—利息收入—贷款人

以新浪微博作为数据采集来源，微博是新浪旗下的社交媒体平台及软件，用户可以通过 PC、手机等多种移动终端接入平台，以文字、图片、视频等多种多媒体形式，实现信息的即时分享、传播互动。新浪微博平台的数据类型包括用户生成的短文本数据，如用户撰写的博文、用户评论的内容等；用户关注的长文本或视频类数据，如用户博文相关的专题新闻、调查报告、视频等数据；用户的行为数据，如对博文的点赞数、转发数、评论数等。为了使所采集到的文档在相关主题上有较好的概率分布表现，对应索引号构建语料集，用后羿采集器完成不同索引下相关主题对应的社交网络数据采集。采集预留的数据字段有：用户微博名（标题）、标题链接、博文来源、文本内容、点赞数等，共采集 30283 条数据。

二、数据处理

（一）数据清洗

数据采集到的源数据通常都是不完整、不一致的"脏数据"，无法直接用于数据分析，需要对数据进行预处理，以提高数据质量，从而提升数据分析的精准度。数据清洗就是通过手工、算法、概率统计等方式去除源数据集中的噪声和无关数据，处理遗漏数据和清洗"脏数据"，如删除特殊符号、删除中文字符之间多余的空格、删除连续出现的标点符号、删除不出现中文字符的数据行、删除长度较短的无用文本、删除与其余博文内容完全重复的信息、删除博文中的无关广告信息、删除无法进行分析的乱码信息、删除与主题明显无关的博文信息等。对于特殊符号等非常规字符的识别与删除，通常使用正则表达式，由普通字符（字符 a 到 z）以及特殊字符（元字符）组成文字模式，与所搜索的字符串进行匹配，以检查一个字符串是否含有某种子串，将匹配的子串替换或从某个字符串中取出符合某个条件的子串等。例如将特殊符号用空格替换的正则表达式 python 代码示例，如图 4-3 所示：

```
#创建用于匹配特殊字符的正则表达式对象

pattern=re.compile(r'[^\w])

#将特殊符号用空格替换

text=re.split(pattern, text)

print(text)
```

图 4-3 数据清洗（特殊符号—空格替换）Python 代码示例

也可以直接使用 Excel 对文本集中无效的内容进行处理，如利用 Trim 修剪功能把字符前后的空格以及文本字符间多余的空格全部清除，仅保留字符之间分隔的空格；利用 Clean 清理功能删除文本中所有不能打印的字符等。综合利用数据清理方法对不同索引号对应的微博数据集进行相应清洗，共获取 27672 条数据。

（二）文本分词

分词就是将连续的字序列按照一定的规范重新组合成语义独立的词序列过程。与英文文本中单词之间以空格作为自然分界符相比，中文文本中词之间没有形式上的分界符，因此中文文本分词显得更加复杂和必要，为后续文本数据分析准备好规范化的语料集，将非结构化的自然语言处理为计算机程序可识别及操作的结构化信息。现有的分词方法主要有：基于字符串匹配的分词方法、基于理解的分词方法、基于统计的分词方法。基于字符串匹配的分词方法是将待分词的汉字串与机器词典中的词条相匹配，若匹配成功则该词条为分词结果，因此这种方法又称为词典法或机械分词法，优点是算法成熟，易于实现，缺点是对词典的容量及精度要求高，如对未登录词无法识别、对语义精度存在模糊；基于理解的分词方法是让计算机模拟人对句子的理解，达到识别词的效果，该方法的优点是在分词的同时可进行句法及语义分析，利用句法信息和语义信息来有效处理歧义问题，缺点是由于汉语语言知识的笼统性及复杂性，难以将各种语言信息组织成机器可直接读取的形式，因此在实践应用中还不够成熟；基于统计的分词方法是对语料集中字与字组合出现的频率进行统计，即两个汉字相邻共现的概率，这种互现信息体现了汉字之间结合关系的紧密程度，当紧密程度高于某个阈值时认为此字组构成了一个词。这种方法往往需要结合词典法来排除一些无效字组，充分发挥词典法的高效、统计法结合上下文识别生词及自动消歧的优点。另外，随着统计机器学习方法的发展，可充分利用汉语组词的规律进行分词，常用的算法有隐马尔可夫（Hidden Markov Model，HMM）、条件随机场、支持向量机（Support Vector Machine，SVM）、深度神经网络学习等。

本书采用机器学习工具 jieba 分词，其原理是基于概率语言模型，在全切分所得的所有结果中求某个切分方案 s，使 P(s) 最大。Jieba 工具包自带 dict. txt 词典，其中包含 2 万多条词语、词语出现频次及词性，并对应生成前缀树（Trie），基于前缀树结构实现高效的词图扫描，生成句子中汉字所有可能成词情况所构成的有向无环图（DAG），在有向无环图的基础上运用动态规划算法查找最大概率路径，基于 HMM 模型对未登录词进行识别。例如，将清洗好的索引 1 对应的语料集 Data. xlsx 格式的 Excel 表格转化为 Data. csv 格式，并放置在 C：/Users/hp/Data. csv 目录下，jieba 分词的相关代码如图 4-4 所示：

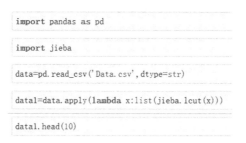

```
import pandas as pd

import jieba

data=pd.read_csv('Data.csv',dtype=str)

data1=data.apply(lambda x:list(jieba.lcut(x)))

data1.head(10)
```

图 4-4　索引 1 对应语料集的 jieba 分词代码示例

前 10 行数据分词结果如图 4-5 所示：

图 4-5　索引 1 对应语料集的前 10 行 jieba 分词结果示例

（三）停用词处理

jieba 分词采取的是全切分模式，即句子中所有出现的词语都会被切分，造成切分结果中出现一些无实际意义的词，如虚词、冠词等。自然语言中包含很多对主题表达没有意义的词，对后续关键词提取产生干扰，这些词就构成了停用词表，一般以 Stop_Words. txt 文件表示，可直接引用，也可以根据停用词过滤的需求进行完善。停用词一般可分为两类：一类是自身并没有任何含义，只有将其放在一个句子中才有特定的价值，如冠词、介词、副词或连词等，在中文中如"的""了"等助词，"在""给""向"等介词，"总是""或""与"等连词，"哎呀""嘻嘻哈哈"等叹词，"哗哗""咚咚"等拟声词；另一类是高频词但不代表实际意义，与主题毫无逻辑关系的词，如"凡是""近年来""认为""需要""成为"等常用词，经常出现在句子首尾的广告用语或常用语，如"展开""欢迎""留言""关注""转发"等。停用词表常用的有：中文停用词表、哈工大停用词表、百度停用词表、四川大学机器智能实验室停用词表。本研究使用的是哈工大停用词表，下载到 C：/Users/hp/hit_stopwords. txt，利用 jieba 工具使用该停用词表过滤掉索引

1 对应语料集中无效词的相关代码如图 4 – 6 所示：

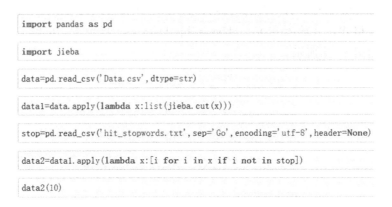

```
import pandas as pd

import jieba

data=pd.read_csv('Data.csv',dtype=str)

data1=data.apply(lambda x:list(jieba.cut(x)))

stop=pd.read_csv('hit_stopwords.txt',sep='Go',encoding='utf-8',header=None)

data2=data1.apply(lambda x:[i for i in x if i not in stop])

data2(10)
```

图 4 – 6   索引 1 对应语料集的 jieba 停用词过滤示例

经过停用词处理后，前 10 行数据分词结果如图 4 – 7 所示：

```
1  产业 河北 广宗县 传统产业 企业 机械化 智能化 传统化 时尚化 代加工 自主品牌化 转型 升级 全县 自行车 童车 零配件 规模 配套 加工 年销售 收入 产品 全国
2  中国 城市 经济 产业升级 城市 政策 制定者 上海 深圳 三四五线 产业转型 中国 转型 升级 失业
3  大江大河 清水 青山 绿水 绿色发展 江河 两岸 腾跃 发展 活力 热气腾腾 生活 长江 沿岸 清退 污染 产业 不断 转型 升级
4  海南省 旅游 资源 规划 开发 质量 评定 委员会 发布 公告 白石岭 旅游区 国家 4A级 景区 加快 文化旅游 产业 提档升级 全域旅游 示范区 创建 注入 生机 活力
5  全球 数字 空间 竞争 博弈 白热化 竞争范围 线上 网络空间 线上线下 相融合 数字空间 延伸 竞争 热点 技术 产业 数据流动 供应链 管控 拓展 升级 技术 规则 理念 话语权
6  科技 创新 产业升级 中国 制造 创造 前途 光明 努力
7  绿色 低碳 革命 产业升级 清洁能源 大趋势
8  万马奔腾 万象更新 中国经济 繁荣发展 优秀 企业 推动 科技创新 产业链 升级
9  新一轮 能源 革命 内蒙古 经历 见证 煤炭 新能源 大跨越 产业转型 升级 构建 清洁低碳 安全高效 现代 能源 体系 稳步 助力 践行 双碳 目标
10 低碳生活 普及 估计 方向 相关 产业 发展 事情 社会 影响 估计 逐源 体现 消费升级 实际情况 创造 积极条件 关联 相关事情 解决方案 可操作性
```

图 4 – 7   停用词处理后索引 1 对应语料集的 jieba 分词结果示例

（四）特征提取

文本特征提取是从文本分词结果中提取出有价值且非冗余的实词及实词之间的关联关系，以达到降维目的，并转化为计算机程序可识别和处理的数值形式。实词是汉语中含有实际意义的，能单独充当句子成分，既有词汇意义又有语法意义的词，一般由名词、动词、形容词、数词、量词、代词等构成。实词可用于描述现实世界中具体的独立的事物或事件、事物或事件的属性，以及事物或事件之间的关联，即可指代现实世界中的实体、实体属性以及实体之间的关系。表达同一事物或事件的概念是唯一的，但指代概念的实词却存在一词多义、一义多词的现象，因此特征提取的过程分为：命名实体识别、实体消歧、实体统一、指代消解和关系抽取，其中命名实体识别和实体间关系抽取是最核心的流程。

首先，要辨识文本分词中具有特定意义的实体，即能够代表事物本质的概念或特征词，一般由名词构成，主要包括人名、地名、机构名、专有名词等，以及时间、数量、货币、比例数值等文字，称为中文命名实体识别

（Named Entity Recognition，NER）。识别的方法有：基于规则方法，该方法主要依赖词典、模板或正则表达式进行匹配实体标注；基于统计方法，基于特定实体词占所有该类实体词的概率比值大小进行标注，主要使用最大熵（maximum entropy model，ME）、最大熵马尔可夫模型（Maximum Entropy Markov Model，MEMM）、支持向量机、条件随机场；基于深度学习方法，对所有分词全部标注，选择其中概率最大的实体进行标注，如综合采用预训练的语言表征模型（Bidirectional Encoder Representation from Transformers，BERT）、双向长短期记忆网络（Bi-directional Long Short-Term Memory，BiLSTM）与条件随机场等方法。其次，要辨识这些实体之间的关系，进而发现有关实体更多的属性特征，实体之间一般通过动词关联，表达出实体之间的等级关系，具有概念上下位的层级关系，以及实体之间的非等级关系，即除了等级关系之外的其他关系。实体关系抽取的步骤一般为：挖掘存在关系的概念对，获得概念对之间的关系并对这种关系进行命名。实体关系抽取的方法为：基于规则的关系抽取方法，用人工方式定义实体关系集合，然后遍历语料集，抽取符合关系定义规则的实体对，一般适用于具有等级关系的实体对；基于监督的关系抽取方法，通过训练集的特征工程获取关系抽取模型，特征工程中将两实体之间的前后词、当前词的前后词词性、实体类别、实体在文本中的位置、实体之间的最短路径等能够体现出两实体之间关系特点的特征，作为分类模型训练的核心特征，主要方法有支持向量机、隐马尔可夫、长短期记忆网络（Long short-term memory，LSTM）等，该方法适合任何关系的实体对抽取；基于半监督的关系抽取方法，由人工构建具有某种关系的实体集，从训练集中学习规则，将规则加入规则库，再利用规则库遍历测试集获取新的实体对，将新获取的实体对加入初始人工创新的实体集，然后循环该过程，以完善关系规则库及具有关系的实体对，该方法适用于非等级关系实体对抽取。

本研究采取半监督学习方法对不同索引主题下的语料集进行实体与实体关系抽取。第三章通过对数字普惠金融与县域经济发展相关领域的科技文献计量分析，获得高频关键词、相关聚类主题以及主题间的核心路径，为本章实体及实体间关系抽取模板构建提供有效素材，模板具体表示为四大词表，分别为：{县域经济高质量发展中对数字普惠金融需求实体集}、{县域经济高质量发展中对数字普惠金融供给实体集}、{影响数字普惠金融对县域经济高质量发展的环境实体集}、{需求，供给，环境关联集}。对于词表中未覆盖的实体及实体间关系，使用条件随机场获取与已知词表中实体与实体间关系相似度（用条件概率分布表示）较大的新的实体及实体间关系，并入对应的词表中，再用新的词表和条件随机场算法对语料集循环遍历，直到条件随机场算法输出的词表序列的条件概率分布均低于阈值为止。其中，对训练集 X 和对应的标记序列 Y，其条件概率分布 $P(Y \mid X)$ 如式（4-30）所示：

$$P(Y \mid X) = \frac{1}{Z}\exp\left[\sum_{j}\sum_{i=1}^{n-1}\lambda_j\, t_j(Y_{i+1}, Y_i, X, i) + \sum_{k}\sum_{i=1}^{n} u_k s_k(Y_i, X, i)\right]$$

$$(4-30)$$

设定四大词表中的术语为"元词（Metaword）"，有具体而独立的概念解释。CRF 采用 BIO 标注法，B-Metaword 为元词开始部分，I-Metaword 为元词中间部分，O 为非实体信息。在 $P(Y \mid X)$ 中，X_i 为当前词即为元词，Y_i 为当前词的开始部分 B-Metaword，Y_{i+1} 为当前词的中间部分 I-Metaword，i 代表元词的构词序列，$i = \{1, 2, \cdots, n\}$。其中：

$$t_j(Y_{i+1}, Y_i, X, i) = \begin{cases} 1, if\ Y_{i+1} = \text{I-Metaword}, Y_i = \text{B-Metaword}, X_i \in 四大词表 \\ 0, \text{otherwise}; \end{cases}$$

$$S_k(Y_i, X, i) = \begin{cases} 1, if\ Y_i = \text{I-Metaword}, X_i \in 四大词表 \\ 0, \text{otherwise} \end{cases}$$

领域专家指导下构建四大词表，其中部分"元词"集展示如表 4-2，表 4-3，表 4-4 和表 4-5 所示：

表 4-2　县域经济高质量发展中对数字普惠金融需求实体元词集

X_i	Y_i	Y_{i+1}
产	B-Metaword	I-Metaword
业	I-Metaword	I-Metaword
升	I-Metaword	I-Metaword
级	I-Metaword	O
精	B-Metaword	I-Metaword
准	I-Metaword	I-Metaword
扶	I-Metaword	I-Metaword
贫	I-Metaword	O
农	B-Metaword	I-Metaword
业	I-Metaword	I-Metaword
发	I-Metaword	I-Metaword
展	I-Metaword	O
⋮	⋮	⋮
技	B-Metaword	I-Metaword
术	I-Metaword	I-Metaword

X_i	Y_i	Y_{i+1}
创	I-Metaword	I-Metaword
新	I-Metaword	O
绿	B-Metaword	I-Metaword
色	I-Metaword	I-Metaword
低	I-Metaword	I-Metaword
碳	I-Metaword	O

表 4-3　县域经济高质量发展中对数字普惠金融供给实体元词集

X_i	Y_i	Y_{i+1}
供	B-Metaword	I-Metaword
应	I-Metaword	I-Metaword
链	I-Metaword	I-Metaword
金	I-Metaword	I-Metaword
融	I-Metaword	O
涉	B-Metaword	I-Metaword
农	I-Metaword	I-Metaword
贷	I-Metaword	I-Metaword
款	I-Metaword	O
数	B-Metaword	I-Metaword
字	I-Metaword	I-Metaword
支	I-Metaword	I-Metaword
付	I-Metaword	O
⋮	⋮	⋮
开	B-Metaword	I-Metaword
放	I-Metaword	I-Metaword
银	I-Metaword	I-Metaword
行	I-Metaword	O
绿	B-Metaword	I-Metaword
色	I-Metaword	I-Metaword
保	I-Metaword	I-Metaword
险	I-Metaword	O

表 4-4　影响数字普惠金融对县域经济高质量发展的环境实体元词集

X_i	Y_i	Y_{i+1}
乡	B-Metaword	I-Metaword
村	I-Metaword	I-Metaword
振	I-Metaword	I-Metaword

X_i	Y_i	Y_{i+1}
兴	I-Metaword	O
共	B-Metaword	I-Metaword
同	I-Metaword	I-Metaword
富	I-Metaword	I-Metaword
裕	I-Metaword	O
金	B-Metaword	I-Metaword
融	I-Metaword	I-Metaword
科	I-Metaword	I-Metaword
技	I-Metaword	O
⋮	⋮	⋮
数	B-Metaword	I-Metaword
字	I-Metaword	I-Metaword
经	I-Metaword	I-Metaword
济	I-Metaword	O
金	B-Metaword	I-Metaword
融	I-Metaword	I-Metaword
素	I-Metaword	I-Metaword
养	I-Metaword	O

表 4-5 需求，供给，环境关联元词集

X_i	Y_i	Y_{i+1}
生	B-Metaword	I-Metaword
产	I-Metaword	I-Metaword
要	I-Metaword	I-Metaword
素	I-Metaword	O
场	B-Metaword	I-Metaword
景	I-Metaword	I-Metaword
驱	I-Metaword	I-Metaword
动	I-Metaword	O
范	B-Metaword	I-Metaword
式	I-Metaword	I-Metaword
转	I-Metaword	I-Metaword
换	I-Metaword	O
⋮	⋮	⋮
使	B-Metaword	I-Metaword
用	I-Metaword	I-Metaword
深	I-Metaword	I-Metaword

续表

X_i	Y_i	Y_{i+1}
度	I-Metaword	O
覆	B-Metaword	I-Metaword
盖	I-Metaword	I-Metaword
广	I-Metaword	I-Metaword
度	I-Metaword	O

四大元词表由 .xlsx 格式转换为 .csv 格式，文档名称分别设为 N. csv、S. csv、E. csv、Link. csv，放置在 C：/Users/hp 目录下，调用 Sklearn_crfsuit. CRF（）工具包，相关参数如图 4-8 所示：

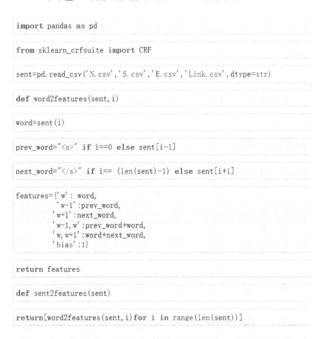

```
import pandas as pd

from sklearn_crfsuite import CRF

sent=pd. read_csv('N. csv','S. csv','E. csv','Link. csv',dtype=str)

def word2features(sent,i)

word=sent(i)

prev_word="<s>" if i==0 else sent[i-1]

next_word="</s>" if i== (len(sent)-1) else sent[i+1]

features={'w': word,
         'w-1':prev_word,
         'w+1':next_word,
         'w-1,w':prev_word+word,
         'w,w+1':word+next_word,
         'bias':1}

return features

def sent2features(sent)

return[word2features(sent,i)for i in range(len(sent))]
```

图 4-8　基于条件随机场算法实现实体及关系抽取示例

结合元词表及条件随机场模型对分词结果进一步处理，不仅可获取元词表中未包含的实体、实体属性以及实体关系，初步挖掘数据词条之间的语义关系，而且能够进一步删除无效词条及特征词等，以降低特征提取的维度，为后续 LDA 分析提供良好的特征向量基础。删选后的有效词条为清洗后词条数据的 60%，部分新获取的实体、属性及关系如表 4-6 所示，X_{iNEW} 代表新发现的实体或实体属性，与元词表 $X_{iMetaword}$ 形成 $P(Y \mid X)$ 的条件概率关系，以表达其语义结构。为了展示的直观性，本章仅选择 X_{iNEW} 与 $X_{iMetaword}$

词义相近、词量相同的词组。可见，文旅产业、产业要素、要素结构、信贷效能、农业营销、科技人才、绿色循环、三农创客、普惠共享、特色金融、理性素养等都是词条数据中包含的重要特征。

表 4-6　基于元词表及 CRF 模型识别的新实体、属性及关系

X_{iNEW}	$X_{iMetaword}$	$t_j\ (Y_{i+1},\ Y_i,\ X,\ i)$	$S_k\ (Y_i,\ X,\ i)$	$P(Y\mid X)$
文	产	0	1	0.322
旅	业	1	1	0.814
要	结	0	1	0.425
素	构	1	1	0.713
效	信	1	1	0.834
能	贷	1	1	0.678
营	农	1	1	0.577
销	业	1	0	0.481
人	科	1	1	0.921
才	技	1	0	0.249
循	绿	0	1	0.357
环	色	1	0	0.501
创	三	1	1	0.781
客	农	1	0	0.554
共	普	1	1	0.932
享	惠	1	1	0.901
特	金	0	1	0.409
色	融	1	1	0.691
理	素	0	1	0.471
性	养	1	0	0.219

第三节　基于行为和内容的 LDA 模型改进

微博等社交网络数据中包含大量用户行为数据，如点赞、转发、收藏等，这些行为数据代表了用户对微博观点的认同、高度关注或其他情绪。从某种意义上讲，使用户主动产生点赞、转发、收藏等相关行为的微博内容数据中包含的观点、主题、词语更具有特征提取的价值。本书将微博内容数据与用户行为数据相结合对传统隐含狄利克雷分布主题模型进行改变，参考郭光明在其博士学位论文中所构建的隐含狄利克雷分布主题模型修正模型 LUBD-CM，该模型结合微博数据短文本特征以及社交用户行为数据特点，

提出一个融合多种用户行为的三层次主题概率模型，不仅可实现微博内容数据和用户社交行为数据的综合建模，而且还能提取更加细粒度的隐用户行为模式。其具体的概率模型如图 4-9 所示：

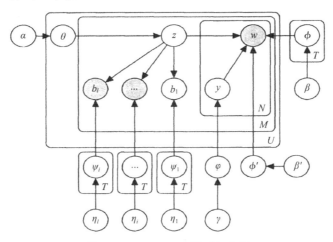

图 4-9　LUBD-CM 模型概率图

LUBD-CM 模型的核心是：首先针对微博短文本数据的非正式和异构特征提出假设，每条微博数据都由一个主题词和背景词构成，来处理微博数据的短文本和非正式性特征。在每个单词 w 生成之前，都会由一个开关 y 来决定这个单词是主题词还是背景词，若是主题词由 topic z 所关联的主题词一词语（topic-word）多项分布产生，若是背景词由贝塔多项式分布产生；其次对行为数据进行建模提出假设，每条微博的行为数据都是在选定主题词变量 z 之后，依据对应的主题词一行为词（topic-behavior）多项分布产生。总体来看，该模型将第 m 篇评论中所生成的主题随机变量 z 中融入多维行为 $\langle b_1, b_2, \cdots, b_L \rangle$ 元组参数，将第 k 个主题中所生成的词随机变量 w 中融入开关变量 y，来判断词 w 是主题词还是背景词，实现文本数据与行为数据的综合建模。另外，对于模型中的相关参数，基于吉布斯采样（Collapsed Gibbs Sampling）进行学习。

考虑到已对采集的微博数据进行过清洗、分词以及实体识别过程，本研究隐含狄利克雷分布主题模型的改进模型构建是建立在有效数据集上，能够保证待分析微博数据的语义性。另外，用户的"关注""点赞""奖赏"及"转发"等动态行为，均与该用户所关注到的第 K 个主题相关，相应增加该主题词在第 m 篇评论中出现的概率，可将行为参数元组 $\langle b_1, b_2, \cdots, b_L \rangle$ 进行归一化处理为参数 B，B 代表不同用户行为发生的个数。由于主题与行为的分布是多项式分布，文章与行为的分布也是多项式分布，同时考虑到背景词对用户群体情感分类的价值，如互联网金融政策等对股票用户投资的情感影响，将背景词也归入主题词中。通过对 LUBD-CM 模型的简化和修改，提出本研究中基于行为和内容的隐含狄利克雷分布主题模型的改进模型（简称 BCL-DA），概率模型如图 4-10 所示，图中涉及的符号及其含义如表 4-7 所示：

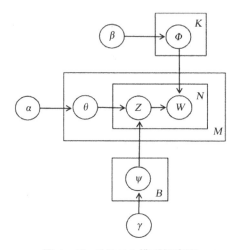

图 4-10　BCLDA 模型概率图

表 4-7　BCLDA 模型中符号及其含义

符号	符号含义	符号	符号含义
M	有效词条总数	θ	一条词条的主题分布
N	一条词条中单词数目	α	主题分布 θ 的先验分布
K	人工定义的主题个数	Φ	词在主题上的分布
B	一条词条对应的用户行为集	β	词分布的先验分布
Z	给定一条词条中可观测的主题	Ψ	用户行为在主题上的分布
W	给定一条词条中可观测的词	γ	用户行为分布的先验分布

对于第 m 条词条，z 代表第 m 条词条中观测到的主题随机变量，且满足 $z \sim \text{Multi}(z \mid \vec{\theta}_m)$，$\vec{\theta}_m$ 代表第 m 条词条的多项式分布参数，长度为 K，θ 是一个 $M \cdot K$ 的矩阵，每一行代表一条词条的多项式分布参数；对于第 k 个主题，w 代表第 m 条词条中观测到的词随机变量，且满足 $w \sim \text{Multi}(w \mid \vec{\Phi}_k)$，$\vec{\Phi}_k$ 代表第 k 个主题的多项式分布，长度为 N，Φ 是一个 $K \cdot N$ 的矩阵，每一行代表一个主题的多项式分布参数。加入行为参数 B 后，将修正 z 与 w 值，用户通过不同行为表达对一条词条或一个主题的认同度，$z \sim \text{Multi}(z \mid \vec{\theta}_m, \vec{\Psi}_b)$，$w \sim \text{Multi}(w \mid \vec{\Phi}_k, \vec{\Psi}_b)$，$\vec{\Psi}_b$ 代表第 b 个行为的多项式

分布，长度取 K 与 N 的并集，即 $K \cup N$，Ψ 是一个 $B*K*M$ 的三维矩阵，每一面中的行与列分别代表一条词条、一个主题与一项行为的交叉多项式分布参数。可见，词 w 生成的概率受词条、主题、行为三个层面概率分布的影响，BCLDA 模型由文档生成主题、由主题生成词语的过程分别如下：

由文档生成主题的过程如下：

①按照先验概率 $P(D_m)$ 从 M 条词条集中选择一条词条 D_m；

②从狄利克雷分布先验 α 中取样生成词条 D_m 的主题分布 θ_m，主题分布 θ_m 由超参数 α 的狄利克雷分布生成；

③从狄利克雷分布先验 γ 中取样生成词条 D_m 对应的行为 b 在词条上的分布 Ψ_b，行为 b 在词条上的分布 Ψ_b 由超参数 γ 的狄利克雷分布生成；

④从主题 z 的联合多项式分布 Multi (θ_m, Ψ_b) 中取样生成词条 D_m 的第 j 个主题 $z_{m,j}$。

所有词条的主题数据概率如式（4-31）所示：

$$P(\vec{z} \mid \vec{\alpha}, \vec{\gamma}) = \prod_{m=1}^{M} P(\vec{z}_m \mid \vec{\alpha}, \vec{\gamma}) = \prod_{m=1}^{M} \left(\frac{\Delta(\vec{N}_m + \vec{\alpha})}{\Delta \vec{\alpha}} \cdot \frac{\Delta(\vec{N}_m + \vec{\gamma})}{\Delta \vec{\gamma}} \right)$$

$$(4-31)$$

由主题生成词语的过程如下：

①按照先验概率 $P(z_k)$ 从 K 个主题集中选择一个主题 z_k；

②从狄利克雷分布先验 β 中取样生成主题 z_k 的词语分布 Φ_k，词语分布 Φ_k 由超参数 β 的狄利克雷分布生成；

③从狄利克雷分布先验 γ 取样生成主题 z_k 对应的行为 b 在主题上的分布 Ψ_b，行为 b 在主题上的分布 Ψ_b 由超参数 γ 的狄利克雷分布生成；

④从词语 w 的多项式分布 Multi (Φ_k, Ψ_b) 中取样生成主题 z_k 的第 j 个词语 w_k, j。

所有主题的词语数据概率计算如式（4-32）所示：

$$P(\vec{w} \mid \vec{z}, \vec{\beta}, \vec{\gamma}) = \prod_{k=1}^{K} P(\vec{w}_k \mid \vec{z}, \vec{\beta}, \vec{\gamma})$$

$$= \prod_{k=1}^{K} \left(\frac{\Delta(\vec{N}_k + \vec{\alpha})}{\Delta \vec{\alpha}} \cdot \frac{\Delta(\vec{N}_k + \vec{\gamma})}{\Delta \vec{\gamma}} \right) \quad (4-32)$$

单词 w 和主题 z 的联合分布概率如式（4-33）所示：

$$P(\vec{w}, \vec{z} \mid \vec{\alpha}, \vec{\beta}, \vec{\gamma}) = P(\vec{w} \mid \vec{z}, \vec{\beta}, \vec{\gamma}) \cdot P(\vec{z} \mid \vec{\alpha}, \vec{\gamma})$$

$$= \prod_{k=1}^{K} \left(\frac{\Delta(\vec{N}_k + \vec{\alpha})}{\Delta \vec{\alpha}} \cdot \frac{\Delta(\vec{N}_k + \vec{\gamma})}{\Delta \vec{\gamma}} \right) \cdot \prod_{m=1}^{M} \left(\frac{\Delta(\vec{N}_m + \vec{\alpha})}{\Delta \vec{\alpha}} \cdot \frac{\Delta(\vec{N}_m + \vec{\gamma})}{\Delta \vec{\gamma}} \right)$$

$$(4-33)$$

式（4-33）可以理解为，在用户行为序列数据集 B 的干扰下，对词条数据集进行主题采集，在主题概率分布下生成词的概率，实现以每个主题的概率生成词概率的加权。由前文所知，在原始隐含狄利克雷分布主题模型中使用吉布斯采样算法求参数，是根据条件概率轮换平面坐标轴方式采样并使参数逐渐收敛，横轴表示每篇文档的每个单词，纵轴表示每个单词对应的每个主题。在 BCLDA 模型中，由条件概率轮换平面坐标轴方式升级为由条件概率轮换三维坐标轴方式，其中由每篇文档的每个单词、每个单词对应的每个主题、每个主题对应的每个行为构成三维坐标轴的维度 i。假设观测到 $w_i = t$，单词 t 对应主题 z_i，$z_i = k$，主题 k 对应行为 B_i，$B_i = b$；则 $z_{\to i}$ 代表除去当前观测到的三维坐标数据值，即单词 w_i、主题 z_i、行为 B_i 之外的其他三维坐标数据值对应的主题。吉布斯采样需固定其他三维坐标数据值对应的主题 $\vec{z}_{\to i}$ 对当前三维坐标数据进行采用，计算条件概率 $P(z_i = k \mid \vec{w}, \vec{B}, \vec{z}_{\to i})$，式（4-24）变换为式（4-34），如下所示：

$$P(z_i = k \mid \vec{w}, \vec{B}, \vec{z}_{\to i}) = \frac{P(z_i = k, w_i = t, B_i = b \mid \vec{z}_{\to i}, \vec{w}_{\to i}, \vec{B}_{\to i})}{P(w_i = t \mid \vec{z}_{\to i}, \vec{w}_{\to i}, \vec{B}_{\to i}) P(B_i = b \mid \vec{z}_{\to i}, \vec{w}_{\to i}, \vec{B}_{\to i})}$$

$$P(z_i = k \mid \vec{w}, \vec{B}, \vec{z}_{\to i}) \propto P(z_i = k, w_i = t, B_i = b \mid \vec{z}_{\to i}, \vec{w}_{\to i}, \vec{B}_{\to i}) \qquad (4-34)$$

式中涉及三个"狄利克雷分布—多项式分布"共轭结构，式（4-25）变换为式（4-35），如下所示：

$$P(\vec{\theta}_m \mid \vec{z}_{\to i}, \vec{w}_{\to i}, \vec{B}_{\to i}) = \mathrm{Dir}(\vec{\theta}_m \mid \vec{N}_m, {\to i} + \vec{\alpha} + \vec{\gamma})$$

$$P(\vec{\varphi}_k \mid \vec{z}_{\to i}, \vec{w}_{\to i}, \vec{B}_{\to i}) = \mathrm{Dir}(\vec{\varphi}_k \mid \vec{N}_k, {\to i} + \vec{\beta} + \vec{\gamma})$$

$$P(\vec{\psi}_b \mid \vec{z}_{\to i}, \vec{w}_{\to i}, \vec{B}_{\to i}) = \mathrm{Dir}(\vec{\psi}_b \mid \vec{N}_b, {\to i} + \vec{\alpha} + \vec{\beta} + \vec{\gamma}) \qquad (4-35)$$

计算条件概率 $P(z_i = k \mid \vec{w}, \vec{B}, \vec{z}_{\to i}) \propto P(z_i = k, w_i = t, B_i = b \mid \vec{z}_{\to i}, \vec{w}_{\to i}, \vec{B}_{\to i})$ 得出以下结论，如式（4-36）所示：

$$P(z_i = k \mid \vec{w}, \vec{B}, \vec{z}_{\to i}) \propto P(z_i = k \to, w_i = t, B_i = b \mid \vec{z}_{\to i}, \vec{w}_{\to i}, \vec{B}_{\to i})$$

$$= E(\theta_{mk}) \cdot E(\Phi_{kt}) \cdot E(\Psi_{lk}) = \hat{\theta}_{mk} \cdot \hat{\varphi}_{kt} \cdot \hat{\Psi}_{bk} \qquad (4-36)$$

其中，θ_{mk} 表示在第 m 条词条中，在主题分布为 θ_m 的概率下，词条 m 在主题 k 上的概率分布为 P_k，$\hat{\theta}_{mk}$ 表示在狄利克雷分布下 θ_m 的期望值；Φ_{kt} 代表在第 k 个主题下，在词语分布为 Φ_k 的概率下，主题 k 在词语 t 上的概率分布为 P_t，$\hat{\varphi}_{kt}$ 表示在狄利克雷分布下 Φ_k 的期望值；Ψ_{bk} 表示在第 K 个主题下，在行为分布为 Ψ_b 的概率下，行为 b 在主题 k 上的概率分布为 P_b，$\hat{\Psi}_{bk}$ 表示在狄利克雷分布下 Ψ_b 的期望值。其中，$\hat{\theta}_{mk}$，$\hat{\varphi}_{kt}$ 的值与原始隐含狄利克雷分布主题模型中的吉布斯采样一致，添加 $\widehat{\Psi}_{bk}$ 的值，如式（4-37）所示：

$$\widehat{\Psi}_{bk} = \frac{N_{b,\neg i}^k + \alpha_k + \beta_t}{\sum_{b=1}^B N_{b,\neg i}^k + \alpha_k + \beta_t} \qquad (4-37)$$

最终，BCLDA 模型的吉布斯采样如式（4-38）所示：

$$P(z_i = k \mid \vec{w}, \vec{B}, \vec{z}_{\neg i}) \propto \frac{N_{m,\neg i}^{(k)} + \alpha_k}{\sum_{k=1}^K N_{m,\neg i}^{(k)} + \alpha_k} \cdot \frac{N_{k,\neg i}^{(t)} + \beta_t}{\sum_{k=1}^K N_{k,\neg i}^{(t)} + \beta_t} \cdot \frac{N_{b,\neg i}^k + \alpha_k + \beta_t}{\sum_{b=1}^B N_{b,\neg i}^k + \alpha_k + \beta_t}$$

$$(4-38)$$

第四节　基于改进 LDA 模型的数字普惠金融需求与供给相关主题建模

前文在科学知识图谱分析中获取的核心路径的索引下，分别采集不同核心关联路径主题词集对应的微博数据词条，词条中主要包含内容数据和点赞、转发等行为数据；对数据词条的内容数据进行清洗、切分词、词性标注以及实体识别等过程以达到特征词降维及提高纯净度的目的。本研究在进行实体标注的过程中，使用半监督学习方法，在领域专家及科学知识图谱分析获取的高频主题词集、聚类集以及核心路径的辅助下，人工构建数字普惠金融与县域经济高质量发展领域的〈需求，供给，环境，关联〉元词模式集，利用条件随机场遍历学习数据词条集，即当前词来自元词集，通过计算当前词中的每个字与前后字之间的条件概率分布来识别标注新的实体。可见，数据词条内容中特征词的提取及标注依赖于人工构建的元词表集，元词一般为解释事物或事务本质的概念，多为上层概念或特征词，但其下层概念或特征词对分析主题或许更有价值，本研究利用隐含狄利克雷分布主题模型分析的目标就是获取不同层级特征词及其概念等级关系。

在上述微博词条数据内容预处理的基础上，BCLDA 模型考虑到点赞、转发等行为数据对主题权重的影响，构建词条数据语料集词典 Dic＝{d_i；d_i（$w_{i,1}$，$t_{i,1}$；$w_{i,2}$，$t_{i,2}$，…，$w_{i,n}$，$t_{i,n}$）；b_i}，i＝{1，2，…，n}，其中，d_i 为语料集中的第 i 条微博词条数据，$w_{i,n}$ 为 d_i 对应的第 n 个实体，即第 i 条微博词条数据中包含的第 n 个特征词，$t_{i,n}$ 为特征词 $w_{i,n}$ 的权重，b_i 为词条 d_i 是否发生用户点赞、转发等行为记录，若有行为记录，则 b_i＝1；若无行为记录，则 b_i＝0，且 b_i 取值影响特征词 $w_{i,n}$ 对应词频 $t_{i,n}$ 大小的计量。不同 b_i

发生情况下 $t_{i,n}$ 的取值为：

$$t_{i,n} = \begin{cases} t_{i,n}+1, & b_i=1 \\ t_{i,n}, & b_i=0 \end{cases}$$

对于向量 $d_i(w_{i,1}, t_{i,1}; w_{i,2}, t_{i,2}, \cdots, w_{i,n}, t_{i,n})$，$w_{i,n}$ 已通过结合元词表集与条件随机场的半监督学习方法进行特征词实体标注，$t_{i,n}$ 值将通过词频—逆向文档频率算法计算，从整个语料集上计算特征词 $w_{i,n}$ 出现的频率。语料集词典构建完成后，需要确定 BCLDA 模型的主题 K 值，一般是通过评估不同主题数模型的困惑度选择最优的模型主题数，困惑度值（Perplexity）计算如式（4-39）所示：

$$\text{Perplexity}(D_{\text{test}}) = \exp\left\{\frac{-\sum\limits_{d=1}^{M}\log(P(w_d))}{\sum\limits_{d=1}^{M}N_d}\right\} \qquad (4-39)$$

其中，M 是测试语料集的大小，即词条的数量；N_d 是第 d 个词条的大小，即包含特征词的个数 $\sum\limits_{z}P(z)P(w \mid z,r)$，其中 z 是主题，w 是词条，r 是基于训练集学习的"词条—主题"分布。可见，困惑度值对数函数的分子是生成整个测试语料集的似然估计的负值，分母是整个测试语料集的单词数目，根据概率取值为 $[0, 1]$，则模型生成词语的能力越强，困惑度值就越小。主题数 K 值过大会导致重复主题增多，加大分析难度，主题数 K 值过小无法充分揭示主题全貌，可用手肘法来确定主题 K 值。手肘法的核心指标是误差平方和（sum of the squared errors，SSE），其计算如式（4-40）所示：

$$\text{SSE} = \sum\limits_{i=1}^{K}\sum\limits_{p\in C_i}|p-m_i|^2 \qquad (4-40)$$

其中，C_i 是第 i 个簇，p 是 C_i 中的样本点，m_i 是 C_i 的质心，误差平方和是所有样本的聚类误差，代表聚类效果的好坏。手肘法的核心思想是：随着聚类数 K 的增大，样本划分会更加精细，每个簇的聚合程度会逐渐提高，误差平方和会逐渐变小。并且，当 K 小于真实聚类数时，由于 K 的增大会大幅度增加每个簇的聚合程度，误差平方和的下降程度会很大，当 K 接近真实聚类数时，再增加 K 所得到的聚合程度回报会迅速变小，误差平方和的下降幅度会骤减，并随着 K 值的继续增大而趋于平缓。误差平方和和 K 的关系图如一个手肘的形状，肘部对应的 K 值就是数据的真实聚类数。本研究综合利用手肘法和困惑度确定主题数目 K，共同加载词频—逆向文件频率算法加权处理后的语料集词典 Dic，并将 Dic. csv 存置于 C：/Users/hp 目录下，同时调用 sklearn、matplotlib. pyplot 工具包。手肘法利用 K 均值聚类算法（K-Means），同时考虑类内距离和类间距离，一般 K 的取值不会太大，设置 K 在 0～20 的范围内逐渐迭代收敛，手肘法计算类内距离、手肘法计算类间距离、困惑度计算处理结果分别如图 4－11、图 4－12、图 4－13 所示：

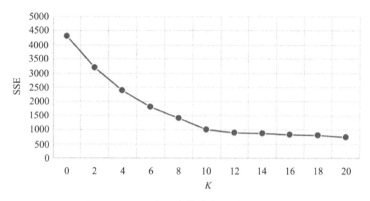

图 4－11　手肘法计算类内距离 SSE-K 图

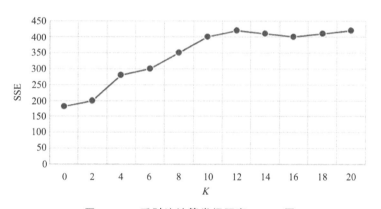

图 4－12　手肘法计算类间距离 SSE-K 图

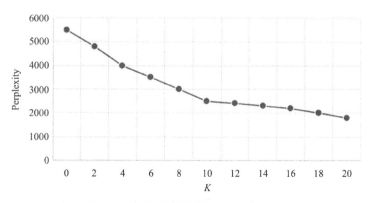

图 4－13　困惑度计算 Perplexity-k 图

手肘法计算类内距离显示，当 $K=10$ 时出现拐点；在 $0\sim10$ 区间，随着 K 值的增大，误差平方和的下降幅度较大；在 $10\sim20$ 区间，随着 K 值增大，误差平方和的下降幅度趋于减缓，因此，真实的聚类主题数目接近于 10。手肘法计算类间距离曲线较为平稳，且均值徘徊在 10、12、14、16、18 之间。困惑度曲线与误差平方和曲线的表现基本一致。综合考虑上述指标，选择聚类主题数目 K 为 10，基于 BCLDA 模型获取"主题—词"的过程代码如图 4-14 所示：

```python
import gensim

form gensim import corpora

from gensim.models import LdaModel

from gensim.corpora import Dictionary

class Topicmodel(object)

    def _init_(self, doc_list, keyword_num, model='LDA', num_topics=10)

        self.Dic = corpora.Dictionary(doc_list)

        corpus = [self.Dic.doc2bow(doc) for doc in doc_list]

        self.tfidf_model = models.TfidfModel(corpus)

        self.tfidf_corpus = self.tfidf_model[corpus]

        self.model = self.train_lda()

        word_dic = self.word_dictionary(doc_list)

        self.wordtopic_dic = self.get_wordtopic(word_dic)

    def get_wordtopic(self, word_dic)

        wordtopic_dic = []

        for word in word_dic

            singlist = [word]

            word_corpus = self.tfidf_model[self.dictionary.doc2bow(singlist)]

            word_topic = self.model[word_corpus]

            wordtopic_dic[word] = word_topic

        return wordtopic_dic

    def train_lda(self)

        lda = models.ldamodel(self.tfidf_corpus, id2word=self.dictionary,
                              num_topics=10)

        return lda
```

图 4-14　基于 BCLDA 模型获取"主题—词"的过程代码

依据手肘法与困惑度计算确定主题数 K 选取 10，对每个主题下词汇数目的选取，根据词汇在主题上分布的条件概率值的大小排序，同时考虑出现在多个主题下但概率值较小的词，依据具体情况确定每个主题下词汇的选取数目 15，整理后的"主题—词"概率分布表如表 4-8 所示：

表 4-8 基于 BCLDA 模型获取的"主题—词"概率分布表

Topic 主题	word 词及概率值
Topic1	0.037 农产品，0.031 粮食，0.027 畜牧业，0.023 家庭农场，0.021 乡村旅游 0.018 低碳，0.017 生态，0.017 创新，0.015 技术，0.014 特色，0.013 数字，0.009 就业，0.008 种植，0.007 精深加工，0.007 发展模式，0.006 品牌，0.005 人文，0.004 交通，0.003 民宿，0.002 采摘
Topic2	0.067 产业链，0.065 供应链，0.0061 新兴产业，0.058 技术升级，0.055 科技创新，0.051 支柱产业，0.048 制造业，0.045 价值链，0.040 产能提升，0.035 产品升级，0.033 消费升级，0.028 产业数据，0.023 自主创新，0.017 优质生态，0.013 生态保护，0.011 节能减排，0.009 信贷，0.007 知识，0.005 教育资源，0.003 人才
Topic3	0.043 绿色，0.041 能源，0.039 新能源，0.038 气候，0.035 粮食，0.032 低碳，0.031 环保，0.025 节能，0.028 生态，0.025 新业态，0.021 新兴产业，0.018 基础设施，0.014 物联网，0.013 创新，0.011 再生资源，0.009 回收，0.008 安全，0.005 物流，0.004 交通，0.003 建筑
Topic4	0.031 核心技术，0.030 创新，0.028 智能化，0.025 数字化，0.024 新能源，0.023 高质量，0.022 专精特新，0.021 新兴产业，0.019 制造业，0.017 新动能，0.016 农作物，0.015 产量，0.015 实体经济，0.014 金融支持，0.013 供给侧，0.012 技能，0.011 培训，0.009 绿色，0.007 可再生，0.005 低碳
Topic5	0.029 创业，0.027 共同，0.026 致富，0.025 特色，0.024 农产品，0.023 领头人，0.022 技能，0.021 培训，0.019 电商，0.018 供销社，0.017 农创客，0.016 服务业，0.014 加工，0.013 流通，0.013 数据，0.012 增收，0.012 女性，0.008 产业链，0.005 种植，0.003 旅游
Topic6	0.057 农业，0.053 信贷，0.051 市场，0.048 产业，0.046 高技术，0.043 新能源，0.041 实体经济，0.039 发展，0.038 高质量，0.035 数字化，0.032 生态，0.031 场景，0.028 银行，0.025 改革，0.024 创新，0.023 移动支付，0.021 供销社，0.018 流动性，0.015 融资，0.013 活力
Topic7	0.052 普惠金融，0.047 农商行，0.046 三农贷款，0.045 农业银行，0.043 建档立卡，0.042 县域，0.041 信用社，0.039 扶贫，0.038 农户，0.037 风险，0.036 小微企业，0.032 手机银行，0.029 信贷产品，0.026 抵押，0.026 担保，0.025 场景金融，0.024 绿色贷款，0.021 智能化，0.019 收入，0.017 共富金融
Topic8	0.021 宣讲，0.020 知识，0.019 教育，0.018 人才，0.017 农村，0.016 金融，0.015 保险，0.014 存款，0.013 诈骗，0.012 征信，0.011 公益，0.010 消费者，0.009 数字，0.008 红利，0.007 鸿沟，0.006 素养，0.005 权益，0.004 增收，0.003 脱贫，0.002 监管

Topic 主题	word 词及概率值
Topic9	0.087 数字化，0.085 智能化，0.083 信息，0.083 基础设施，0.082 算力，0.081 物联网，0.080 大数据，0.077 金融云，0.075 加密，0.073 区块链，0.071 交通，0.070 场景，0.068 地理区位，0.065 差异，0.063 产能，0.061 经济发展，0.057 高质量，0.052 产业数字化，0.051 数字产业化，0.047 公共
Topic10	0.043 风险，0.042 法律，0.041 监管，0.040 机制，0.039 改革，0.038 法治，0.037 非法，0.036 信贷，0.034 科技，0.033 技术，0.032 数字化，0.030 普惠，0.028 治理，0.026 控制，0.024 大数据，0.021 平台，0.017 数据标准，0.014 触发，0.012 程序，0.011 系统性

基于核心路径收集微博数据，BCLDA 模型是对核心路径对应的主题标签数据集的再次聚类挖掘，由"词条—主题"的聚类结果可见，Topic1 是特色农业，Topic2 是产业升级，Topic3 是绿色发展，Topic4 是技术升级，Topic5 是农村创业，Topic6 是金融服务，Topic7 是涉农贷款，Topic8 是金融素养，Topic9 是数字基础设施，Topic10 是风险监管，获取的主题标签与依据核心路径主题标签高度相关或一致，证明 BCLDA 模型的聚类效果较好。从"主题—词"的分布结果可见，每个主题中会有重复、相近或近似的词语出现，证明主题之间具有一定的语义关联性，按照前文对实体对的语义抽取模型〈需求，供给，环境，关联〉，综合采用 TextRank 图结构、义原相似度计算、随机游走算法，实现对聚类结果中不同主题之间，以及不同主题与词语之间的语义关联挖掘，构建以语义抽取模型为关联基础的知识图谱。

TextRank 借鉴 PageRank 算法的思想，将词语作为节点，词语间邻接关系作为边，构建词图，将词节点的初始状态和节点间跳转概率表示为矩阵，迭代计算。其基本思想是将文档看作一个词的网络，该网络中节点之间的连接表示词与词之间的语义关系。TextRank 算法构建的是无权无向图，也可根据分析的需求选择有权有向图，其计算公式如式（4-41）所示：

$$S(V_i) = (1-d) + d \sum_{V_j \in In(V_i)} \frac{1}{|out(V_j)|} S(V_j) \qquad (4-41)$$

在公式（4-41）中，TextRank 代表无权无向图 $G = (V, E)$，$In(V_i)$ 表示指向节点 i 的节点集合，$out(V_j)$ 表示节点 j 指向的节点集合，d 为阻尼系数，取值范围为（0，1），一般取值为 0.85。阻尼系数的价值是使每个节点都有跳转至随机节点的概率，从而避免无法跳出的情况。

知网结构中主要包括"概念"和"义原"两个部分，概念是通过一组义原来表示的，概念本身并不是义原层次体系中的一个节点，义原才是这个层次体系中的一个节点。在描述一个概念的多个义原中，每个义原所起的作用不同，知网共有 1500 个义原，包括事件、实体、属性、属性值、数量、数量值、次要特征、语法、动态角色、动态属性十类，并构成树状义原层次体系。义原是描述概念的最小意义单位，假设两个义原在其层次树中的路径距离为 d，则两个义原之间的语义相似度计算如式（4-42）所示：

$$\mathrm{Sim}(p_1, p_2) = \frac{\alpha}{d + \alpha} \qquad (4-42)$$

其中，p_1 和 p_2 表示两个义原，d 是 p_1 和 p_2 在义原树中的路径长度，是一个正整数，α 为可调节参数，一般设为默认值 20。

参照刘群等学者对义原相似度的计算方案，若某个可区分的实词表示一个概念，实词可由一个特征结构来描述，即实词之间的整体相似度可由特征结构中的组成部分的相似度进行加权平均表示，这些组成部分由第一独立义原相似度、其他独立义原相似度、关系义原相似度及符号义原相似度 4 部分构成，其具体计算公式如式（4-14）所示：

$$\mathrm{Sim}(S_1, S_2) = \sum_{i=1}^{4} \beta_i \prod_{j=1}^{i} \mathrm{sim}_j(S_1, S_2) \qquad (4-43)$$

其中，S_1 与 S_2 分别代表两个实体，即代表两个概念；$\mathrm{Sim}(S_1, S_2)$ 为两个概念间的语义相似度；$\beta_i (1 \leqslant i \leqslant 4)$ 为可调节的参数，且 $\beta_1 + \beta_2 + \beta_3 + \beta_4 = 1$，$\beta_1 \geqslant \beta_2 \geqslant \beta_3 \geqslant \beta_4$，$\mathrm{sim}_1$ 到 sim_4 对 $\mathrm{Sim}(S_1, S_2)$ 的作用依次递减。其中，第一独立义原反映了一个概念最主要的特征，其权值占比较大，一般应在 0.5 以上。第一独立义原相似度 sim_1 按照式（4-43）计算义原相似度，其他独立义原相似度 sim_2 值为一个集合，可转换为两个独立义原集合的相似度计算，关系义原相似度 sim_3 以及符号义原相似度 sim_4 值为特征结构，可转换为两个特征结构的相似度计算问题。

随机游走（Random walk）算法的核心思想是：从一个或一系列顶点开始遍历一张图。在任意一个顶点，遍历者以概率 $1-\alpha$ 游走到这个顶点的邻居顶点，以概率 α 随机跳跃到图中的任意一个顶点，称 α 为跳转发生概率，每次游走后得出一个概率分布，该概率分布刻画了图中任意一个顶点被访问到的概率。用这个概率分布作为下一次游走的输入并反复迭代这一游走过程，直到满足一定条件使这个概率分布趋于收敛，收敛后即可得到一个平稳的概率分布。

随机游走算法解决的是全局最优的问题，其基本算法如下：

设 $f(x)$ 是一个含有 n 个变量的多元函数，$x=(x_1, x_2, \cdots, x_n)$ 为 n 维变量，则有：

①给定初始迭代点 x，初次行走步长 λ，控制精度 ε（ε 是一个非常小的正数，用于控制结束算法）；

②给定迭代控制次数 N，k 为当前迭代次数，设置 $k=1$；

③当 $k<N$ 时，随机生成一个 $(-1, 1)$ 之间的 n 维向量 $u=(u_1, u_2, \cdots, u_n)$，$(-1<u_i<1, i=1, 2, \cdots, n)$，并将其标准化得到 $u'=\dfrac{u}{\sqrt{\sum_{i=1}^{n} u_i^2}}$，令 $x_1=x+\lambda u'$，完成第一步游走；

④计算函数值，如果 $f(x_1)<f(x)$，即找到了一个比初始值好的点，那么 k 重新设置为 1，将 x_1 变为 x，回到第 2 步；否则 $k=k+1$，回到第 3 步；

⑤如果连续 N 次都找不到更优的值，则认为最优解就在以当前最优解为中心，当前步长为半径的 N 维球内。此时，如果 $\lambda<\varepsilon$，则算法结束，否则令 $\lambda=\dfrac{\lambda}{2}$，回到第一步开始新一轮游走。

随机游走算法对于初始点的选择比较敏感，如果初始点在最优点附近，可以很好地达到全局最优解，如果设置的初始点距离最优点较远，会使算法陷入局部最优解。改进的随机游走算法将第 3 步中的产生一个随机向量 u 改为产生 n 个随机向量 $u_1, u_2, \cdots, u_n$，将 n 个 u_i 标准化得到 n 个 u'_i，$x_i=x+\lambda u'_i$，用 $\min\{x_1, x_2, \cdots, x_n\}$ 替换原来的 x_1，改进后的随机游走算法对初始点选择的依赖程度降低，具有更强大的寻优能力。无论是哪种随机游走算法，步长 λ 的取值至关重要，理论上 λ 越大代表寻优空间越大，若过小则很难达到最优解，但 λ 过大则迭代次数过高，算法运行时间越长，所以 λ 的取值应根据多次实践确定。

TextRank 的目标是构建图，实现基础是邻接矩阵概率转移，邻接矩阵的构建是基于词语的共现关系；为了优化词语共现关系，使其表达出词语间的语义关联，利用义原相似度替代邻接矩阵中的共现词频；为了优化节点状态问题，在邻接矩阵中考虑最优节点之间的语义相似度。具体算法如下：

①在 BCLDA "主题-词" 全局聚类结果的基础上，不限定于前 10 位，但初始节点的选择按照频次高低排位寻址；

②设多元函数 $f(x)$ 是由主题 z_i 和对应词频集 $w_i=\{w_{i,1}, w_{i,2}, \cdots, w_{i,n}\}$ 构成；

③根据概率分布大小，选定概率值最大的初始迭代点 $w_{i,t}$，计算最长边

$E(w_{i,t}, w_{i,k})$ 两个顶点的义原相似度 $Sim(w_{i,t}, w_{i,k})$ 值为行走步长 λ，迭代控制次数 N 为每个主题 z_i 下有效的词频数，本研究根据具体情况设置 $N=20$；

④按照改进的随机游走算法在词频集 w_i 中寻找最优节点集，由最优节点集构建义原相似度邻接矩阵，通过标准化处理实现概率转移矩阵，生成由最优节点为顶点和语义关联为边的知识图谱；

⑤两节点间边的方向由两节点互置后计算义原相似度的大小决定，将义原相似度大的节点方向定义为边的方向，形成有权有向知识图谱。

算法可以将概念粒度降到词汇级，增加知识图谱构建中节点及边的兴趣度，当多个词汇节点来自同一主题时，可由 BCLDA 模型生成主题词替代。图谱中节点的权值由其概率分布值大小、入度及出度共同决定，边的权值大小由两顶点间义原相似度大小共同决定。按照〈需求，供给，环境，关联〉模型对生成的知识图谱进行整理，权重较高的节点及边构建的图谱如图 4－15、图 4－16、图 4－17、图 4－18 所示：

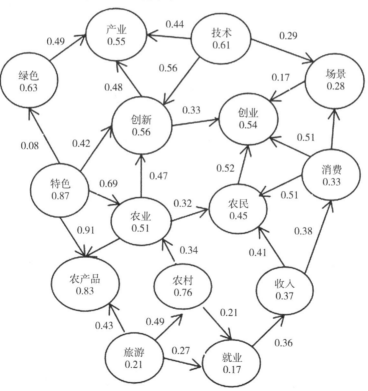

图 4－15　县域经济高质量发展中的需求图谱

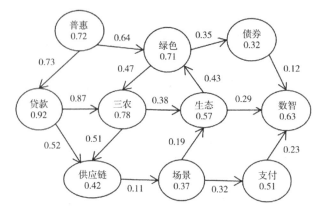

图 4－16　县域数字普惠金融的供给图谱

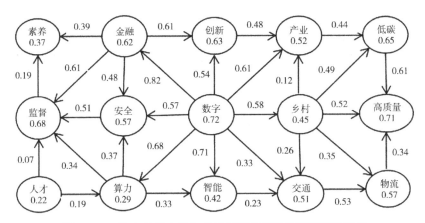

图 4－17　数字普惠金融与县域经济高质量发展的环境图谱

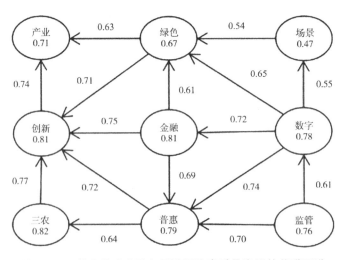

图 4－18　数字普惠金融与县域经济高质量发展的关联图谱

　　如图 4－15 所示，在县域经济高质量发展中以"农业""农村"和"农民"三农为需求中心节点，在技术创新的加持下发展特色农业、特色农产品、农村旅游、农民创业，从而实现农业产业化发展与升级，创造就业岗位，提升农民收入。在三农产业链整合过程中，由数字化场景布局引导消费，由消费升级拉动产业升级，实现供给侧要素的优化配置，有效达成绿色低碳发展目标。如图 4－16 所示，在县域数字普惠金融供给中以"三农"为中心节点，在数字化以及数智化发展的加持下实现面向"三农"产业创新和发展需求的金融业务的全面创新，开发数字普惠金融、数字贷款、数字供应链金融、数字支付、数字债券、绿色金融以及场景金融等产品与服务，实现数智化的数字金融生态建设，全面满足县域经济高质量发展中的金融需求。如图 4－17 所示，在数字普惠金融与县域经济高质量发展的环境图谱中，围绕"数字""乡村""安全"三个中心节点，在不断完善乡村数字化信息基础设施建设的前提下，应提升数据驱动的"算法""算力"，达到"智能"化目的，完成数字化乡村建设。在数字化乡村建设的基础上，全面落实金融供给、乡村产业需求发展中的数字化创新与融合，实现乡村经济绿色和高质量发展的目标。数字化监管、数字化交通与物流、数字化人才培养、数字素养教育等方面构成了数字普惠金融与县域经济高质量发展环境中的重要因素。如图 4－18 所示，在数字普惠金融与县域经济高质量发展的关联图谱中，以"金融"为中心节点，在"数字"的加持下实现金融"创新"，才能真正具备"普惠"和"绿色"价值，落实"三农"产业发展升级中的金融需求，而"场景"既是数字化技术应用的一部分，同时也是刺激消费，拉动产业升级的主要动因。

　　综上所述，在数字普惠金融对县域经济高质量发展影响中，以下三大要素发挥着重要的作用，将知识图谱中各个节点有效关联在一起，分别是："数字"及"数智"化发展，包括数字信息化基础设施等硬件条件的建设与完善，"算法""算力"及"智能"等大数据分析质量等软件条件的建设与完善；"场景"的挖掘与布局，对"三农"产业需求端画像构建，拉动"三农"产业供给端资源优化配置，实现数字普惠金融的精准匹配；以"绿色"发展为目标，在县域经济高质量发展的金融需求中，在数字普惠金融产品和服务供给的精准匹配和拉动下，特色农产品产业发展、农村旅游、农民创业、产业升级、消费升级等一系列金融需求问题，以及债券、保险、支付、借贷等一系列金融供给问题，均以绿色发展来衡量县域经济高质量发展为目标。

第五章　基于 PSM-DID 分析数字普惠金融与县域宏观经济发展的因果关系

基于理论假设和统计推断的传统因果分析范式是否可信，随机化实验和潜在结果模型的提出使传统因果分析范式发生革命性改变，使因果分析不再局限于若干假说或若干变量的统计估计，而是能够处在自然实验环境中让数据本身说话。潜在结果模型的价值是干预组的反事实结果可用控制组的观测结果来进行估计，从而在干预组和控制组进行匹配时发现因果差异，一切均可在观测数据中发生，使因果推断接近自然科学，达到随机化实验目的。因果图与潜在因果模型的价值一致，以往根据具体问题结合领域知识给出先验的因果图结构及潜在因果模型的独立性假设，而大数据分析可为因果图与潜在因果模型构建提供更多的变量及更科学严谨的变量因果关系结构。本研究在前文由大数据分析获取的知识图谱的基础上，结合因果图操作及潜在因果模型理论，采用倾向指数匹配与回归双重差分法（PSM-DID），利用 2012—2017 年湖北省县域面板数据，实现随机化研究设计，以论证方法的可行性及数字普惠金融与县域宏观经济发展的因果关系。

第一节　融合大数据分析结果修改因果模型

一、因果推断

相关关系并不代表因果关系，寻求具有相关关系现象中的因果联系才是洞悉现象本质的核心。因果关系的研究最早起源于哲学领域，而真正具有可操作的概念体系和研究范式则来自统计学领域。李家宁等（2023）通过文献资料的总结和回顾，指出因果理论发展至今成为统计学中的一个重要分支，具有独有的概念、描述语言和方法体系，对于因果关系的理解也不再停留在哲学概念的层面，而是有着明确的数学语言表达和清晰的判断准则。费雪和罗纳德·艾尔默（Fisher & Ronald Aylmer，1966）提出随机化实验是因果推断的基础，引发了对观测数据直接建模的传统计量经济学为代表的实证分析的"可信性革命"。罗伯特·J. 拉隆德（Robert J. LaLonde，1986）以随机化实验为基准，利用观测数据作为控制组，运用回归、固定效应、赫克曼模型（Heckman）等传统计量经济学方法估计了培训对收入的影响，发现估计结果与随机化实验结果并不相符，指出在观测研究中，计量经济学方法无法可信地复制随机化实验的结果。罗伯特·J. 拉隆德用实验数据作为基准评价了非实验数据估计方法的优劣，其数据被广泛用于后续不同方法效果的比较，以考察观测研究如何模拟随机化实验结果，提升实证分析的可信性。赵西亮（2017）研究指出，在观测数据的基础上提升实证分析的可信性，关键是通过研究设计使观测研究接近随机化实验，替换观测结果直接对潜在结果建模，将潜在结果与分配机制分开，减少函数表示和模型设定，使数据自动呈现因果效应。

（一）潜在结果

对潜在结果直接建模称为潜在结果模型（Potential Outcomes Model），是因果推断中重要的理论模型之一，主要贡献者是哈佛大学著名统计学家唐纳德·B. 鲁宾（Donald B. Rubin），因此该模型又称为鲁宾因果模型（Rubin Causal Model，RCM）。其核心是比较同一研究对象在接受干预和不接受干预时的结果差异，这一结果差异反映出一个干预相对于另一个干预的因果关系。鲁宾因果模型是反事实框架的发展与进化，两者构建目标一致，通过比较干预和未干预结果来反映其存在的因果关系，但反事实框架多采用文字理论，即便有一些符号也是为了语言的清晰表达，更多停留在哲学思想层面，是对休谟思想的清晰化。鲁宾因果模型是一种计算模型，强调使用数学和可计算语言对理论进行阐述，不仅限于对因果关系的界定，核心是实现因果推断。对潜在结果直接建模改变了西方经济学经验研究以发现连续性或相关性的规律来探讨因果关系，是对因果关系中"规律性"思维范式的挑战，为社会科学中因果推断提供新的方法论。

（二）分配机制

潜在结果模型中的核心假设是"没有操纵就没有结果"，操纵即为干预，无论是积极干预还是控制干预，目的都是让某一行为分配到干预组进而观测其发生的结果。因此，分配机制是鲁宾因果模型框架的核心，直接决定了什么样的结果可以被观察到，即直接决定了哪些研究对象接受干预，哪些接受控制。赵西亮（2017）给出分配机制的数理模型，即通过一个有关原因变量 D 取值的概率模型，用来描述为何对于不同个体的观测会得到不同的潜在结果，定义为：

$$P[D \mid X, \ Y(0), \ Y(1)]$$

其中，X 为影响原因变量的协变量，往往是反映个体属性的变量，在 D 取值前已确定的变量；Y(1) 是干预组的潜在结果；Y(0) 是未接受干预组，即控制组的潜在结果。唐纳德·B. 鲁宾将随机实验具有的分配机制特征归纳为三点：一是概率分配，即每个研究对象是否接受干预符合概率原则；二是个体化分配，即有一个由研究者可控制的函数形式；三是非混淆分配。保罗·R. 罗森鲍姆（Paul R. Rosenbaum，2002）指出，观察研究中调查者不能对干预产生的效果进行控制分配。唐纳德·B. 鲁宾强调在不知道分配机制函数形式的前提下，若观测研究满足分配机制的三个特征，则该观察研究属于正常分配机制的观察研究，且针对观察研究与随机研究提出三类分配机制：随机化实验、非混杂机制和不规则机制，后两种机制适用于观测研究。

（三）倾向得分匹配法

随机化实验称为因果推断的黄金标准，本质是随机化实验接近自然科学，"操纵"是随机分配，而不是受试者自己选择。随机化的关键作用是平衡不同原因变量取值下的其他因素（协变量）的分布，使得不同原因变量值下样本的各协变量具有相同的分布，如式（5-1）所示：

$$D \perp\!\!\!\perp \{Y(0), \ Y(1)\} \tag{5-1}$$

随机化实验中研究对象以相同的概率被分配到"干预组"或"控制组"，"干预对象"的选择将不会受到"混淆变量"（协变量）的影响，从而能够准确评估干预所导致的因果效应。但在实际的观测研究中，个体是否接受干预是自我选择的结果，而非随机化，造成了严重的选择性偏倚，上述随机化实验中的非混杂性假设不成立。因此，必须尽可能地控制混淆变量（协变量）X 的影响，使原因变量（干预变量）D 与潜在结果 Y(0) 和 Y(1) 保持独立。保罗·R. 罗森鲍姆和唐纳德·B. 鲁宾（Paul R. Rosenbaum & Donald B. Rubin，1983）提出倾向性评分（Propensity Score Matching，PSM）的概念，定义为 E(X)=P(D=1 \mid X)，即将多个"混淆变量"（协变量）压缩为一个变量，不仅起到对多个协变量进行"降维"的效果，而且能够使非混杂性假设近似得以满足。倾向得分匹配法相当于对观测变量构建了一个"事后随机化实验"，通过对研究对象混淆变量的压缩或归一化，使干预组和控制组达到分配概率近似相同，从而使原因变量独立于潜在结果，使随机实验分配机制的非混淆假设成立。

二、因果图

因果图是有关因果关系的有向无环图（Directed Acyclic Graph，DAG），又称为结构因果模型（Structural Causal Model，SCM），由图灵奖得主朱迪亚·珀尔（Judea Pearl）于 1995 年在 Biometrika 期刊上首次提出。朱迪亚·珀尔（2009）指出，结构因果模型与潜在结果模型内涵一致，均描述了一组变量间的因果关系，结构因果模型是用图结构进行建模，比鲁宾因果模型更加直白易于理解。在有向无环图中变量通常按照发生的先后顺序排列，先发生的变量在左边，后发生的变量在右边，即有向箭头上游的变量是"父节点"，下游的变量是"子节点"，有向边代表"父"与"子"变量间存在直接的因果关系，可表示为 $G=(V，E)$，其中 V 代表图中变量构建的节点集合，E 代表存在因果关系的节点对构成的边集合。在有向无环图中没有环，即因果节点顺序不能颠倒。

（一）因果图的三种基本结构

①链式结构：包含三类因果路径，分别为：$X{\rightarrow}Y$，X 直接影响 Y，X 对 Y 有因果影响；$X{\rightarrow}Z{\rightarrow}Y$，$X$ 间接通过中介变量 Z 影响 Y；$X{\rightarrow}Z{\rightarrow}Y$，$X$ 除了直接影响 Y，还通过中介变量 Z 间接影响 Y。在因果路径中，X 与 Y 之间存在直接或间接的因果关系。

②V 型结构：包含两类混淆路径，分别为：$X{\leftarrow}Z{\rightarrow}Y$，$X$ 与 Y 无直接因果关系，但存在共同原因 Z，使 X 与 Y 存在相关关系；$X{\leftarrow}Z{\rightarrow}Y$，$X$ 与 Y 之间存在直接因果关系，但又通过共同原因 Z 存在相关关系。在混淆路径中，Z 是判断 X 与 Y 之间是否存在真正因果关系的混杂因素，上述两种结构又称为后门路径。

③对撞结构：$X{\rightarrow}Z{\leftarrow}Y$，$X$ 与 Y 有共同结果 Z，X 与 Y 之间通过共同结果 Z 形成相关关系。

（二）因果识别

变量之间如果存在因果关系，则肯定相关；但变量之间相关不代表一定存在因果关系。在上述 V 型结构和对撞结构中，变量之间通过共同原因或共同结构产生相关关系，但是否具有因果关系，需要进一步识别和确认。在 V 型结构中由共同原因形成的相关性称为混杂偏差，在对撞结构中由共同结果形成的相关性称为样本选择偏差，这两种偏差统称为选择偏差。实证分析的关键就是消除这些选择偏差，将真正的因果关系识别出来。在利用观测数据进行实证分析时，可根据后门规则，将所有后门路径造成的相关性阻断，两变量之间表现出的相关性就是两者之间的因果效应。

后门路径是指连接原因变量 X 和结果变量 Y，且有指向原因变量 X 的箭头的非因果路径，因此后门规则仅针对的是 V 型结构，需控制共同原因 Z 或后门路径上的中介变量来阻断已知的后门路径，消除混杂变差。在对撞结构中，由于不存在指向原因变量 X 的非因果路径，因此不存在后门路径，若控制共同结果 Z，反而会打开后门路径，使得原因变量 X 和结果变量 Y 呈现因果关系，造成样本选择性偏差。在链式结构中，若控制中介变量 Z，将会阻断 X 与 Y 之间本来应该具有的因果路径。

（三）Do-Calculus

在因果图的三种基本结构中，通过后门调整规则均可识别原因变量 X 与结构变量 Y 之间真正的因果关系，但无法根据后门规则事先确定一个给定的因果模型是否适用于这样的统计调整，对于结构复杂的因果图，后门规则无法处理所有可识别的因果模型。Do 演算是一个具有完备性的推演系统，可处理所有可识别的因果图模型，并可将包含 Do 算子的概率分布表达式转换为仅包含观测变量的概率分布表达式。要理解 Do 演算如何在复杂结构的因果图中进行因果推断，需要了解其基本原理，即 D-分离、概率因果模型、干预及 Do 演算规则。

D-分离（D-Separation）：令 X，Y 和 Z 是有向无环图 G 的节点集 V 中的三个不相交子集，若对于 X 和 Y 两节点之间任意一条无向路径 P，都有一个节点 W 满足下列任意一条属性：

①W 是无向路径 P 上的对撞因子，且自身及其后代节点均不属于 Z；

②W 不是无向路径 P 上的对撞因子，且属于 Z；

则集合 Z 使 X 与 Y 之间在 G 上 D-分离，记为 $(X \perp\!\!\!\perp Y \mid Z)$ G。

概率因果模型（Probabilistic Causal Model，PCM）是一个四元组 $M = \langle U, V, F, P(U) \rangle$，其中：

①U 是一组外生变量，这些变量无法被观测或干预，但是会影响到模型中其他变量；

②V 是一组内生变量 $\{V_1, \cdots, V_n\}$，这些变量可以被观测，其值依赖于 $U \cup V$ 的一个子集；

③F 是一组函数 $\langle f_1, \cdots, f_n \rangle$，其中每个函数 f_i 是一个从 $U \cup V \setminus \{V_i\}$ 到变量 V_i 的映射，即 $V_i = f_i(V_1, \cdots, V_{i-1}, V_{i+1}, \cdots, V_N, U_1, \cdots, U_M)$，函数 F 描述了变量之间的生成关系，在因果图中对应其中的有向边；

④$P(U)$ 是在外生变量 U 上的一个联合概率分布。

干预，是对因果模型的一系列操作，使其中的一个或多个变量的观测值固定为特定值，若对于模型 $M = \langle U, V, F, P(U) \rangle$ 中的变量集 $X(X \subseteq V)$ 进行干预，使其值固定为 X，记为 $\mathrm{DO}(X = X)$。

DO 演算规则如下：

①增添或删除观察，若 $(Y \perp\!\!\!\perp Z \mid X, W)_{G_X}$，即在子图 G_X 中，给定节点 X 和 W，节点 Y 和 Z 满足 D-分离条件，则 $P(Y \mid \mathrm{DO}(X), Z, W) = P(Y \mid \mathrm{DO}(X), W)$；

②干预与观察交换，若 $(Y \perp\!\!\!\perp Z \mid X, W)_{G_{XZ}}$，即在子图 G_{XZ} 中，给定节点 X 和 W，节点 Y 和 Z 满足 D-分离条件，则 $P(Y \mid \mathrm{DO}(X), \mathrm{DO}(Z), W) = P(Y \mid \mathrm{DO}(X), Z, W)$；

③增添或删除干预，若 $(Y \perp\!\!\!\perp Z \mid X, W)_{G_{XZ(W)}}$，即在子图 $G_{XZ(W)}$ 中，给定节点 X 和 W，节点 Y 和 Z 满足 D-分离条件，则 $P(Y \mid \mathrm{DO}(X), \mathrm{DO}(Z), W) = P(Y \mid \mathrm{DO}(X), W)$。

DO 即为干预，结合 DO 演算的三条规则，可将包含 DO 算子的表达式转化为不包含 DO 算子的表达式，通过对 X，Y，Z 三个变量观测值进行 DO 运算，可以得出在 $\mathrm{DO}(X)$ 时 Y 的分布情况，即为"潜在结果"，印证了鲁宾因果模型和概率因果模型具有等价性，DO 演算与倾向得分匹配法也有异曲同工之处，都是去除外生变量（混淆变量或协变量）的影响，使因变量 X 和结果变量 Y 呈现出真正的因果关联。

三、融合大数据分析结果的因果模型修正

大数据驱动的社会科学强调从数据中学习发现社会发展或研究对象的演变规律和潜在关系。大数据的出现使观测数据的样本容量足够大且维度全面，避免了传统实验观测研究的样本是否能够代表总体的尴尬，以及实验设计过于主观等问题，对基于大数据的观测研究进行实验设计，更接近于以自然数据为基准的随机化实验，从而使随机化的实验对照研究实现真正的因果推断。在因果推断中因果图的获取方式主要有两种：一是根据具体问题结合领域知识给出先验的因果图结构；二是从数据中学习部分因果图

信息，该方法又称为因果发现，目的是从一系列变量的观测结果中推断因果图结构。

前文利用共现网络、复杂网络、隐含狄利克雷分布主题模型等理论与方法，从海量多维多源的大数据中发现研究对象核心属性相关关系的知识图谱，其技术核心是贝叶斯概率理论，相关节点满足条件独立性假设，数据挖掘过程可近似为随机化实验过程，生成的知识关联图谱可作为因果图的初始模型，在此基础上实现因果推断和因果图的不断调整与完善。在第四章中，通过隐含狄利克雷分布主题模型挖掘获得四大主题关联知识图谱：县域经济高质量发展中的需求图谱、县域数字普惠金融的供给图谱、数字普惠金融与县域经济高质量发展的环境图谱、数字普惠金融与县域经济高质量发展的关联图谱，以这四大主题关联知识图谱为因果图生成的基础，首先利用 D-分离和 Do 演算规则找出满足条件的子图和节点，构建概率因果模型，使相关节点满足条件独立性假设；其次对满足条件独立性假设的节点进行实验设计，综合利用倾向得分匹配和回归双重差分法（Differences-in-Differences，DID）实现控制组和干预组数据的因果推断。

第二节　关联知识图谱的 D-分离及 D 演算

一、关联知识图谱的 D-分离

（一）县域经济高质量发展中的需求图谱的 D-分离

县域经济高质量发展中的需求图谱共包含 15 个节点、25 条边，为了使条件概率表达更为简化，将节点用英文简写首字母替代，同时暂不考虑边权重值。贝叶斯网络也是一个有向无环图网络，利用有向无环图网络的三种基本结构：链式结构、V 型结构和对撞结构，对县域经济高质量发展中的需求图谱进行 D-分离简化，具体简化内容及结果如下。

1. 链式结构

5 条链式因果路径分别为：特色→绿色→产业（Ch→Gr→Pr）；特色→创新→创业（Ch→In→En）；特色→农业→农民（Ch→Ag→Fa）；旅游→农村→农业→创新→产业（Tr→Co→Ag→In→Pr）；旅游→就业→收入→消费→场景（Tr→Em→Re→Us→Sc）。以上 5 条链式因果路径经过整合后，形成的因果图如图 5-1 所示：

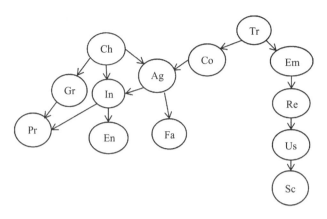

图 5 - 1　县域经济高质量发展中的需求图谱链式结构因果图

从图 5－1 中可见，存在 V 型结构及对撞结构，在 V 型结构中 Ch 节点影响子节点 Gr、In、Ag，同时这三个节点又是链式结构的中间节点，Ch 节点通过这三个中间节点影响 Pr、En、Fa，因此当节点 Gr、In、Ag 确定时，Ch 与 Pr、En、Fa 条件独立，同时当节点 Ch 已知时，其各个子节点相互独立，即 Gr、In、Ag 被 Ch 节点 D-分离；节点 Tr 与 Co、Em 为 V 型结构，当节点 Tr 已知时，Co、Em 节点相互独立，Co、Em 节点被 Tr 节点 D-分离。节点 Tr、Co、Ag、In、Pr 为链式结构，当中间节点 Co、Ag、In 确定时，节点 Tr、Pr 条件独立，称节点 Tr、Pr 被节点 Co、Ag、In 实现 D-分离，节点 Tr、Sc 被节点 Em、Re、Us 实现 D-分离。在对撞结构中，当节点 Ag 未知时，节点 Ch 和 Co 相互独立，当节点 In 未知时，使节点 Ch 和 Ag 相互独立，但 Ch 和 Ag 本身就存在因果结构，因此节点 In 断裂并不影响节点 Ch 和 Ag 的因果关系。

2. V 型结构

8 条 V 型混淆路径分别为：产业 ← 技术 → 场景　（Pr ← Te → Sc）；产
　　　　　　　　　　　　　　　　↓　　　　　↓
　　　　　　　　　　　　　　　创新　　　 In
业←创新→创业（Pr←In→En）；场景 ← 消费 → 创业　（Sc ← Us → En）；
　　　　　　　↓　　　　　　　　　　↓
　　　　　　农民　　　　　　　　 Fa

　　农业　　　　　　　　Fa
　　　↑　　　　　　　　　↑
绿色 ← 特色 → 创新(Gr ← Ch → In)；创新←农业→农民（In←Ag→Fa）；
　　　↓　　　　　　　　　↓
　农产品　　　　　　　 Pro

农民←收入→消费（Fa←Re→Us）；农业←农村→就业（Ag←Co→Em）；

127

农产品 ← 旅游 → 农村（Pro ← Tr → Co）。以上 8 条混淆路径经过整合后，
　　　　　　↓　　　　　　　　　↓
　　　　　　就业　　　　　　　Em

形成的因果图如图 5－2 所示：

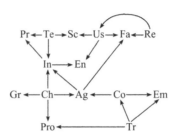

图 5－2　县域经济高质量发展中的需求图谱 V 型结构因果图

从图 5－2 中可见，存在链式结构和对撞结构，在链式结构中，节点 In 作为 Pr 和 Ag 的中间节点，当 In 节点确定时，节点 Pr 和 Ag 条件独立，Pr 和 Ag 被 In 节点分离；节点 In 与节点 Te、Ag、Ch 形成对撞结构，当 In 节点未确定时，Te、Ag、Ch 节点相互独立，但 Ch 节点的子节点受 Tr 节点的影响，因此在该对撞结构中，节点 In 是否控制，Te、Ag、Ch 节点相互不独立；节点 Ag 同时存在 V 型结构和对撞结构，在 V 型结构中，当节点 Ag 确定时，节点 In 和 Fa 相互独立，即节点 In 和 Fa 被 Ag 节点 D-分离，当节点 Ag 未确定时，节点 Ch 和 Co 相互独立；节点 Fa 存在对撞结构，但节点 Us、Fa、Re 形成一个闭环，该路径无效；节点 Co 存在 V 型路径和链式路径，当 Co 确定时，节点 Ag 和 Em 相互独立，实现 D-分离，节点 Tr 与 Co 存在直接因果关系，但当节点 Tr 确定时，节点 Co、Pro、Em 相互独立，实现 D-分离。

3. 对撞结构

含 8 条对撞路径分别为：绿色 → 产业 ← 技术（Gr → Pr ← Te）；技
　　　　　　　　　　　　　　　　↓　　　　　　↓
　　　　　　　　　　　　　　　创新　　　　　In

术 → 场景 ← 消费（Te → Sc ← Us）；特色 → 农产品 ← 农业（Ch → Pro ← Ag）；
特色 → 农业 ← 农村（Ch → Ag ← Co）；旅游 → 就业 ← 农村（Tr → Em ← Co）；
绿色 → 创新 ← 技术（Ch → In ← Te）；农业 → 农民 ← 消费（Ag → Fa ← Us）；
　　　　↑　　　　　　　　↑　　　　　　　↑　　　　　　↑
　　　农业　　　　　　Fa　　　　　　收入　　　　　　Re

　　消费　　　　　　Us

创新 → 创业 ← 场景（In → En ← Sc）。以上 8 条对撞路径经过整合后，形
　　↓　　　　　↓
　　农民　　　　Fa

成的因果图如图 5-3 所示：

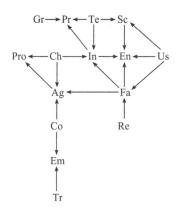

图 5-3　县域经济高质量发展中的需求图谱对撞结构因果图

从图 5-3 中可见，存在 V 型结构、链式结构及对撞结构，节点 In 同时存在两个链式结构、一个对撞结构和一个 V 型结构。在链式结构中，当节点 In 确定时，使节点 Ch、En 相互独立，实现 D-分离，节点 Pr、Fa 被 In 节点 D-分离，当 In 不确定时，节点 Te、Ch、Fa 相互独立，当节点 In 确定时，节点 Pr、En 相互独立，实现 D-分离；当节点 En 不确定时，节点 Sc、In、Us、Fa 相互独立；当节点 Fa 确定时，节点 En、In、Ag 相互独立，当节点 Fa 不确定时，节点 Re、Us 相互独立；当节点 Us 确定时，节点 Sc、En、Fa 相互独立；当节点 Ag 确定时，节点 Pro、Co 相互独立，当 Ag 不确定时，节点 Ch、Co、Fa 相互独立；当节点 Co 确定时，节点 Em、Ag 相互独立，实现 D-分离。

（二）县域数字普惠金融的供给图谱的 D-分离

县域数字普惠金融的供给图谱共包含 10 个节点、15 条边，为了使条件概率表达更为简化，仍将节点用英文简写首字母替代，同时暂不考虑边权重值。利用有向无环图中的三种基本结构进行 D-分离简化，结果如下。

1. 链式结构

5 条链式因果路径分别是：普惠→绿色→债券→数智（Inc→Gr→Bo→Ma）；绿色→三农→生态→数智（Gr→Agr→Ec→Ma）；普惠→贷款→三农→生态→数智（Inc→Bo→Agr→Ec→Ma）；三农→供应链→场景→支付→数智（Agr→Su→Sc→Pa→Ma）；贷款→供应链→场景→支付→数智（Bo→Su→Sc→Pa→Ma）。以上 5 条链式因果路径经过整合后，形成的因果图如图 5-4 所示：

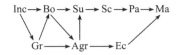

图 5 - 4 县域数字普惠金融的供给图谱链式结构因果图

从图 5 - 4 中可见，存在 V 型结构和对撞结构，节点 Gr 同时存在链式因果结构及 V 型结构，当节点 Gr 确定时，节点 Inc、Agr、Ec、Ma 相互独立，由于节点 Bo、Agr 存在直接的因果关系，节点 Bo、Agr 并不独立；当节点 Agr 确定时，节点 Su、Ec 相互独立，实现 D-分离，当节点 Agr 不确定时，由于节点 Bo、Gr 存在直接因果关系，节点 Bo、Gr 在 Agr 节点并未实现分离；当节点 Bo 确定时，节点 Inc、Su、Sc、Pa、Ma 相互独立，由于节点 Inc、Gr、Agr 存在直接因果关系，不能实现 D-分离。

2. V 型结构

4 条 V 型混淆路径分别为：贷款←普惠→绿色（Bo←Inc→Gr）；供应链←贷款→三农（Su←Bo→Agr）；绿色←生态→数智（Gr←Ec→Ma）；生态←场景→支付（Ec←Sc→Pa）。以上 4 条 V 型混淆路径经过整合后，形成的因果图如图 5 - 5 所示：

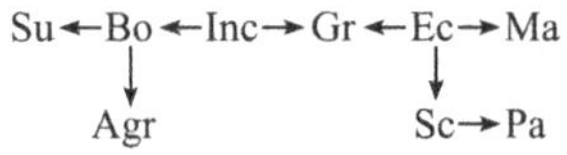

$$Su \leftarrow Bo \leftarrow Inc \rightarrow Gr \leftarrow Ec \rightarrow Ma$$
$$\downarrow \qquad\qquad\qquad\quad \downarrow$$
$$Agr \qquad\qquad\quad\ Sc \rightarrow Pa$$

图 5 - 5 县域数字普惠金融的供给图谱 V 型结构因果图

从图 5 - 5 中可见，存在链式结构和对撞结构，节点 Bo 存在一个链式结构和 V 型结构，当节点 Bo 确定时，节点 Su、Inc 相互独立，节点 Su、Agr 相互独立，实现 D-分离；节点 Gr 存在对撞结构，当节点 Gr 不确定时，节点 Inc、Ec 相互独立；当节点 Ec 确定时，节点 Gr、Ma、Sc 相互独立，实现 D-分离；当节点 Sc 确定时，节点 Ec、Pa 相互独立，实现 D-分离。

3. 对撞结构

4 个对撞结构路径，分别是绿色→三农←贷款（Gr→Agr←Bo）；三农→生态←场景（Agr→Ec←Sc）；贷款→供应链←三农（Bo→Su←Agr）；债券→数智←支付（Bo→Ma←Pa）。以上 4 条对撞结构路径经过整合后，

生态   Ec

形成的因果图如图 5 - 6 所示：

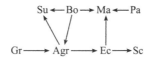

图 5-6 县域数字普惠金融的供给图谱对撞结构因果图

从图 5-6 中可见，存在链式结构和 V 型结构，节点 Bo 存在 V 型结构，当其确定时，节点 Su、Ma、Agr 相互独立，实现 D-分离；节点 Ma 存在对撞结构，当其不确定时，节点 Bo、Pa、Ec 相互独立；节点 Agr 存在三个链式结构、一个 V 型结构、一个对撞结构，当节点 Agr 确定时，节点 Su、Ec、Bo 分别交叉相互独立，由于节点 Su、Bo 存在直接因果关系，因此节点 Agr 无法实现在链式路径上对节点 Su、Bo 的 D-分离，当 Agr 不确定时，节点 Gr、Bo 实现相互独立。

（三）数字普惠金融与县域经济高质量发展的环境图谱的 D-分离

数字普惠金融与县域经济高质量发展的环境图谱共包含 15 个节点、30 条边，仍将节点用英文简写首字母替代，同时暂不考虑边权重值。利用有向无环图中的三种基本结构进行 D-分离简化，结果如下。

1. 链式结构

6 条链式因果路径分别是：金融→创新→产业→低碳→高质量（Fi→In→Pr→Lc→Hq）；人才→监管→素养（Pe→Sp→Ac）；数字→安全→监管→素养（Da→Se→Sp→Ac）；数字→乡村→高质量（Da→Ru→Hq）；人才→算力→智能→交通→物流→高质量（Pe→Af→It→Tr→Lo→Hq）；人才→算力→安全（Pe→Af→Se）。以上 6 条链式因果路径整合后，形成的因果图如图 5-7 所示：

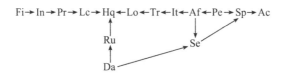

图 5-7 数字普惠金融与县域经济高质量发展的环境图谱链式结构因果图

从图 5-7 中可见，存在 V 型结构和对撞结构，节点 Hq 存在对撞结构，当其不确定时，节点 Lc、Lo、Ru 相互独立，形成 D-分离；节点 Da 存在 V 型结构，当其确定时，节点 Ru、Se 相互独立，形成 D-分离；节点 Se 存在对撞结构和链式结构，当其确定时，节点 Da、Sp、Ac 相互独立，形成 D-分离，当其不确定时，节点 Da、Af 相互独立，形成 D-分离；节点 Sp 存在对撞结构和链式结构，当节点 Sp 确定时，节点 Pe 与 Ac、节点 Se 与 Ac 相互独立，当节点 Sp 不确定时，节点 Pe、Se 相互独立，实现 D-分离；节点 Pe 存在 V 型结构，当其确定时，节点 Af、Sp 相互独立，实现 D-分离。

2. V 型结构

V 型混淆路径分别是：素养 ← 金融 → 创新 （Ac ← Fi → In）；

监管 安全 Sp Se

监管 → 算力 ← 智能(Sp → Af ← It)；监管 ← 人才 → 算力 （Sp ← Pe → Af）；

安全 Se

物流 Lo 金融 创新 Fi In

产业 ← 乡村 → 低碳(Pr ← Ru → Lc)；安全 ← 数字 → 产业 （Se ← Da → Pr）。

交通 高质量 Tr Hq 算力 智能 交通 Af It Tr

以上 5 条 V 型混淆路径经过整合后，形成的因果图如图 5-8 所示：

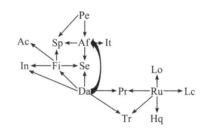

图 5-8 数字普惠金融与县域经济高质量发展的环境图谱 V 型结构因果图

从图 5-8 中可见，存在链式结构和对撞结构，但多数为对撞结构。节点 Fi 存在链式结构和 V 型结构，当其确定时，节点 In、Se 相互独立，节点 Sp、Da 相互独立，节点 Da、Ac 相互独立，实现 D-分离，但由于节点 Da、Se 存在直接因果关联，因此不受中间节点 Fi 的影响；节点 Se 存在对撞结构，由于节点 Da 与 Fi、节点 Da 与 Af 之间存在直接因果关联，因此当节点 Se 不确定时，不改变 Da、Fi、Af 的相关性；当节点 Da 确定时，节点 Af、Se、Fi、In、Pr、Tr 相互独立，实现 D-分离；当节点 Ru 确定时，节点 Pr、Lo、Lc、Hq、Tr 相互独立，实现 D-分离；当节点 Pr、Tr 同时不确定时，节点 Da 与 Ru 相互独立，实现 D-分离。

3. 对撞结构

10 条对撞结构路径分别是：监管→素养←金融（Sp→Ac←Fi）；数字→创新←产业（Da→In←Pr）；产业→低碳←乡村（Pr→Lc←Ru）；人才→算力←数字（Re→Af←Da）；算力→智能←数字（Af→It←Da）；乡村→物流←交通

（Ru→Lo←Tr）；创新 → 产业 ← 乡村（In → Pr ← Ru）；金融 → 安全 ← 数字

             数字   Da   算力

             人才   Re

（Fi → Se ← Da）；金融 → 监管 ← 安全（Fi → Sp ← Se）；智能 → 交通 ← 乡村

  Af   算力   Af   数字

（It → Tr ← Ru）。以上 10 条对撞路径经过整合后，形成的因果图如图 5 - 9

  Da

所示：

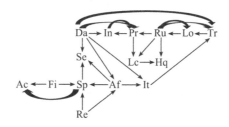

图 5 - 9　数字普惠金融与县域经济高质量发展的环境图谱对撞结构因果图

从图 5 - 9 中可见，存在链式结构和 V 型结构，节点 Da 存在 V 型结构，当其确定时，节点 Se、Af、It、Pr、Tr 相互独立，但节点 Se 与 Af、Af 与 It 存在直接因果路径，不能实现在节点 Da 的 D-分离；节点 Af 存在链式、V 型及对撞结构，当其确定时，节点 Sp 与 It、节点 Da 与 Sp 相互独立，但节点 Da 与 Se 存在直接因果关系，不能实现在 Af 中间节点的 D-分离，当节点 Af 其不确定时，节点 Da 与 Re 相互独立，但节点 Da 与 Re 在节点 Se 处形成对撞结构，必须保证 Se 同时不确定，才能实现节点 Da 与 Re 的 D-分离；节点 Sp 存在链式和对撞结构，当其确定时，节点 Af、Ac 相互独立，节点 Re、Se 相互独立，当其不确定时，节点 Af、Fi 相互独立。另外，由于节点 In、Pr 之间存在环式结构，Ru、Lo、Tr 之间存在环式结构，由上述节点引导的原或因节点删除，不考虑。

（四）数字普惠金融与县域经济高质量发展的关联图谱的 D-分离

数字普惠金融与县域经济发展的关联图谱共包含 9 个节点、16 条边，仍将节点用英文简写首字母替代，同时暂不考虑边权重值。利用 DAG 网络的三种基本结构进行 D-分离简化，结果如下。

1. 链式结构

3 条链式因果路径分别是：监管→数字→场景→绿色→产业（Sp→Da→Sc→Gr→Pr）；监管→普惠→三农→创新→产业（Sp→Inc→Agr→In→Pr）；数字→金融→创新（Da→Fi→In）。以上 3 条链式因果路径经过整合后，形成的因果图如图 5-10 所示：

图 5-10 数字普惠金融与县域经济高质量发展的关联图谱链式结构因果图

从图 5-10 中可见，存在 V 型结构和对撞结构，节点 In 存在链式结构和对撞结构，当其确定时，节点 Agr、Pr 相互独立，当其不确定时，节点 Agr、Fi 相互独立；当节点 Pr 不确定时，节点 In、Gr 相互独立，实现 D-分离；当节点 Da 确定时，节点 Sc、Sp、Fi 相互独立，实现 D-分离；当节点 Sp 确定时，节点 Da 及子孙节点、节点 Inc 及子孙节点相互独立，实现 D-分离。

2. V 型结构

4 条 V 型混淆路径分别是：产业←绿色→创新（Pr←Gr→In）；创新←普惠→三农（In←Inc→Agr）；绿色←数字→普惠（Gr←Da→Inc）；

$$\begin{array}{ccc} & 金融 & Fi \end{array}$$

绿色←金融→普惠（Gr←Fi→Inc）。以上 4 条 V 型混淆路径经过整合而

$$\begin{array}{ccc} 创新 & & In \end{array}$$

后，形成的因果图如图 5-11 所示：

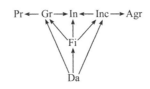

图 5-11 数字普惠金融与县域经济高质量发展的关联图谱 V 型结构因果图

从图 5-11 中可见，存在对撞结构和链式结构，节点 In 存在对撞结构，当其未确定时，节点 Gr、Inc、Fi 相互独立，但节点 Gr 与 Fi、节点 Inc 与 Fi 存在直接因果关系，因此仅实现了节点 Gr 与 Inc 的相互独立；节点 Fi 存在链式及 V 型结构，当其确定时，节点 Da 与 In 相互独立，实现 D-分离，但在 V 型结构中，由于节点 Gr 与 In、节点 In 与 Inc 有直接因果关系，因此

仅实现节点 Gr 与节点 Inc 的 D-分离；节点 Da 存在 V 型结构，由于节点 Fi 与 Gr、节点 Fi 与 Inc 存在直接因果关系，当节点 Da 确定时，仅实现节点 Gr 与 Inc 的 D-分离；由于节点 Fi 与 Da 存在直接因果关联，因此在节点 Gr 和 Inc 存在的对撞结构中，当这两点不确定时，并不改变节点 Gr 与 Inc 的关系。

3. 对撞结构

4 条对撞路径分别是：创新 → 产业 → 绿色 （In → Pr → Gr）；金融 → 绿色 ← 数字 （Fi → Gr ← Da）；金融 → 普惠 ← 数字 （Fi → Inc ← Da）；

场景   Sc   监管   Sp

三农   Agr

绿色 → 创新 ← 金融（Gr → In ← Fi）。以上 4 条对撞路径经过整合后，形成

普惠   Inc

的因果图如图 5 - 12 所示：

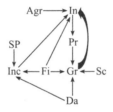

图 5 - 12   数字普惠金融与县域经济高质量发展的关联图谱对撞结构因果图

从图 5 - 12 中可见，节点 Gr、Pr、In 存在环形结构，因此要在因果图中删除以上节点；当节点 Inc 不确定时，节点 Sp、Fi、Da 相互独立，实现 D-分离。

二、关联知识图谱的 D 演算

（一）县域经济高质量发展中的需求图谱的 D 演算

县域经济高质量发展中的需求图谱链式结构整合因果图 G 中，节点 Ch、In、Ag、Tr 同时存在后门路径，由该图 D-分离分析可知，子图为整图 G_{ch}，基于 Do 运算的增添或删除观察规则，X，W 确定为 Ch、Tr 节点，Y，Z 确定为 Gr、Co 节点，转化为概率因果模型如式 （5 - 2） 所示：

$$P(Gr \mid do(Ch), Co, Tr) = P(Gr \mid do(Ch), Tr) \tag{5 - 2}$$

县域经济高质量发展中的需求图谱 V 型结构整合因果图 G 中，节点 In、

Ch 存在无直接关联的后门路径，由该图 D-分离分析可知，子图为部分图 $G_{ch,pr}$，基于 Do 运算交换干预和观察规则，X，W 确定为 Ch、In 节点，Y，Z 确定为 Gr、Pr 节点，转化为概率因果模型如式（5-3）所示：

$$P(Gr \mid do(Ch), do(Pr), In) = P(Gr \mid do(Ch), Pr, In) \quad (5-3)$$

县域经济高质量发展中的需求图谱对撞结构整合因果图 G 中，节点 Ch、In、Fa、Us 同时存在后门路径，由该图 D-分离分析可知，子图为整图 G_{ch}，基于 Do 运算的增添或删除观察规则，X，W 确定为 Ch、In 节点，Y，Z 确定为 Pr、En 节点，转化为概率因果模型如式（5-4）所示：

$$P(Pr \mid do(Ch), En, In) = P(Pr \mid do(Ch), In) \quad (5-4)$$

式（5-2）表示，节点 Ch 为协变量，以 Ch 为条件，干预变量 Tr 独立于结果变量 Gr，表示为：Gr ⊥ Tr | Ch；式（5-3）表示，节点 Ch 为协变量，以 Ch 为条件，干预变量 Pr，In 独立于结果变量 Gr，表示为 Gr ⊥ (Pr，In) | Ch；式（5-4）表示，节点 Ch 为协变量，干预变量 In 独立于结果变量 Pr，表示为：Pr ⊥ In | Ch，综合式（5-3）与式（5-4），在干预变量 In 对结果变量 Gr 的影响上，Pr 可作为中介变量，表示为 Gr ⊥ In | (Ch，Pr)。

（二）县域数字普惠金融的供给图谱的 D 演算

县域数字普惠金融的供给图谱链式结构整合因果图 G 中，节点 Inc、Gr、Agr 同时存在后门路径，去除直接因果关联节点，由该图 D-分离分析可知，子图为整图 G_{Agr}，基于 Do 运算的增添或删除观察规则，X，W 确定为 Agr、Inc 节点，Y，Z 确定为 Su、Ec 节点，转化为概率因果模型如式（5-5）所示：

$$P(Su \mid do(Agr), Ec, Inc) = P(Su \mid do(Agr), Inc) \quad (5-5)$$

县域数字普惠金融的供给图谱 V 型结构整合因果图 G 中，节点 Bo、Ec、Inc 同时存在后门路径，去除直接因果关联节点，由该图 D-分离分析可知，子图为整图 G_{Bo}，基于 Do 运算的增添或删除观察规则，X，W 确定为 Bo、Inc 节点，Y，Z 确定为 Su、Gr 节点，转化为概率因果模型如式（5-6）所示：

$$P(Su \mid do(Bo), Gr, Inc) = P(Su \mid do(Bo), Inc) \quad (5-6)$$

县域数字普惠金融的供给图谱对撞结构整合因果图 G 中，节点 Bo、Agr、Ec 同时存在后门路径，去除直接因果关联节点，由该图 D-分离分析可知，子图为 G_{Bo}，基于 Do 运算的增添或删除观察规则，X，W 确定为 Bo、Agr 节点，Y，Z 确定为 Su、Ec 节点，转化为概率因果模型如式（5-7）

所示：

$$P(Su \mid do(Bo), Ec, Agr) = P(Su \mid do(Bo), Agr) \qquad (5-7)$$

式（5-5）表示，节点 Agr 为协变量，以 Agr 为条件，干预变量 Inc 独立于结果变量 Su，表示为 Su ⊥ INC │ AGR；式（5-6）表示，节点 BO 为协变量，以 BO 为条件，干预变量 INC 独立于结果变量 SU，表示为 SU ⊥ INC │ BO；式（5-7）表示，节点 BO 为协变量，以 BO 为条件，干预变量 AGR 独立于结果变量 SU，表示为 SU ⊥ AGR │ BO。按照差的控制变量可能受到原因变量影响或发生在原因变量之后，判断 AGR 节点不是好的控制变量，因此最终保留 SU ⊥ INC │ BO。

（三）数字普惠金融与县域经济高质量发展的环境图谱的 D 演算

数字普惠金融与县域经济高质量发展的环境图谱链式结构整合因果图 G 中，节点 Af、Pe、Da 同时存在后门路径，去除直接因果关联节点，由该图 D-分离分析可知，子图为 $G_{Af.It}$，基于 Do 运算的交换干预和观察规则，X，W 确定为 Af、Pe 节点，Y，Z 确定为 It、Se 节点，转换为概率因果模型如式（5-8）所示：

$$P(Se \mid do(Af), do(It), Pe) = P(Se \mid do(Af), It, Pe) \qquad (5-8)$$

数字普惠金融与县域经济高质量发展的环境图谱 V 型结构整合因果图 G 中，节点 Pe、Af、Fi、Da、Ru 同时存在后门路径，去除直接因果关联节点，由该图 D-分离分析可知，子图为 $G_{Af.Sp}$，基于 Do 运算的交换干预和观察规则，X，W 确定为 Af、Fi 节点，Y，Z 确定为 Se、Sp 节点，转换为概率因果模型如式（5-9）所示：

$$P(Se \mid do(Af), do(Sp), Fi) = P(Se \mid do(Af), Sp, Fi) \qquad (5-9)$$

数字普惠金融与县域经济高质量发展的环境图谱对撞结构整合因果图 G 中，节点 Da、Af、Re、Sp 同时存在后门路径，去除直接因果关联节点，由该图 D-分离分析可知，子图为 $G_{Af.It}$，基于 Do 运算的交换干预和观察规则，X，W 确定为 Af、Da 节点，Y，Z 确定为 Se、It 节点，转换为概率因果模型如式（5-10）所示：

$$P(Se \mid do(Af), do(It), Da) = P(Se \mid do(Af), It, Da) \qquad (5-10)$$

式（5-8）表示，节点 Af 为协变量，以 Af 为条件，干预变量（It，Pe）独立于结果变量 Se，表示为 Se ⊥ (IT, PE) │ AF；式（5-9）表示，节点 AF 为协变量，以 AF 为条件，干预变量（SP，FI）独立于结果变量 SE，表示为 SE ⊥ (SP, FI) │ AF；式（5-10）表示，节点 AF 为协变量，以 AF 为条件，干预变量（IT，DA）独立于结果变量 SE，表示为 SE ⊥

(IT，DA)｜AF。基于专家经验，在控制节点 AF 之下，对结果节点 SE 更有价值的影响节点是 IT、DA，因此可综合表示为 SE ⊥ (IT，DA)｜AF。

（四）数字普惠金融与县域经济高质量发展的关联图谱的 D 演算

数字普惠金融与县域经济高质量发展的关联图谱链式结构整合因果图 G 中，节点 Da、Sp 同时存在后门路径，由该图 D-分离分析可知，子图为 $G_{Da,Sc}$，基于 Do 运算的交换干预和观察规则，X，W 确定为 Da、Sp 节点，Y，Z 确定为 Inc、Sc 节点，转换为概率因果模型如式（5-11）所示：

$$P(Inc｜do(Da)，do(Sc)，Sp)=P(Inc｜do(Da)，Sc，Sp) \quad (5-11)$$

数字普惠金融与县域经济高质量发展的关联图谱 V 型结构整合因果图 G 中，节点 Gr、Inc、Fi、Da 同时存在后门路径，由该图 D-分离分析可知，子图为 $G_{Da,Gr}$，基于 Do 运算的交换干预和观察规则，X，W 确定为 Da、Fi 节点，Y，Z 确定为 Inc、Gr 节点，转换为概率因果模型如式（5-12）所示：

$$P(Inc｜do(Da)，do(Gr)，Fi)=P(Inc｜do(Da)，Gr，Fi) \quad (5-12)$$

数字普惠金融与县域经济高质量发展的关联图谱对撞结构整合因果图 G 中，节点 Fi、Da 同时存在后门路径，由该图 D-分离分析可知，子图为 $G_{Da,Gr}$，基于 Do 运算的交换干预和观察规则，X，W 确定为 Da、Fi 节点，Y，Z 确定为 Inc、Gr 节点，转换为概率因果模型如式（5-13）所示：

$$P(Inc｜do(Da)，do(Gr)，Fi)=P(Inc｜do(Da)，Gr，Fi) \quad (5-13)$$

式（5-11）表示，节点 Da 为协变量，以 Da 为条件，干预变量（Sc，Sp）独立于结果变量 Inc，表示为 Inc ⊥ (SC，SP)｜DA；式（5-12）表示，节点 DA 为协变量，以 DA 为条件，干预变量（GR，FI）独立于结果变量 INC，表示为 INC ⊥ (GR，FI)｜DA；式（5-13）与式（5-12）表示意义相同。因此，以 DA 为条件，对结果变量 INC 影响的原因变量有两组（Sc，Sp）与（GR，FI），可表示为 INC ⊥ {(Sc，Sp)，(GR，FI)}｜DA。

第三节　变量解释及数据来源

一、变量解析

基于对因果图的 Do 演算结果，获知 Gr ⊥ IN｜(CH，PR)、SU ⊥ INC｜BO、SE ⊥ (IT，DA)｜AF、INC ⊥ {(Sc，Sp)，(GR，FI)}｜DA 四个非混杂性条件独立假设，在数字普惠金融对县域宏观经济发展的影响分析中，主要结合 Gr ⊥ IN│(CH，PR)、SU ⊥ INC│BO 两个非混杂性条件进行面板回归模型构建，其中核心变量的解析如下。

（一）Gr 变量

Gr 变量使用生态环境绩效进行测量。黄磊和吴传清（2018）通过研究及总结以往对生态环境绩效的研究成果，认为生态环境绩效不是对环境单方面的评价，而是对经济、社会、环境的综合评价。张荣博和钟昌标（2023）参照申伟宁和柴泽阳等（2020）有关生态环境绩效的测量方法，即通过熵值法计算雾霾污染（$PM_{2.5}$）和县域造林面积，但并不能完全反映出对经济、社会、环境的综合评价。为了简化对 Gr 变量的计算复杂度，综合参照黄磊和吴传清（2018）对长江经济带生态环境质量评估指标体系、杨军（2021）对县域农业绿色发展指标体系、侯相成和李涵等（2023）对农业绿色发展评价指标体系等构建方案，从经济、生活、环境三个方面构建对 Gr 变量测量的相关指标，具体内容如表 5 - 1 所示。由于指标较少，赋予指标相同权值，不用熵值计算，直接加权并取自然对数，计算如式（5 - 14）所示：

$$Gr_i = \ln \sum_{i,j}^{n} X_{ij} \qquad (5-14)$$

其中，Gr_i 代表第 i 个县域的生态环境绩效得分，X_{ij} 代表第 i 个县域的第 j 个指标值。

表 5 - 1　Gr 变量的测量指标、计算及数据来源

分类	指标	指标计算
经济指标	人均农业综合投入	农林水务投入量/农村人口数
	农村居民人均可支配收入	数据来源统计年鉴
生活指标	人均城镇生活污水排放量	数据来源环境统计年鉴
	生活垃圾无害化处理率	数据来源环境统计年鉴
环境指标	碳排放强度（PM2.5）	数据来源达尔豪斯大学大气成分分析组

（二）In 变量

In 变量使用绿色技术创新成效进行测量。欧内斯特·布劳恩和大卫·维尔德（Ernest Braun & David Wield，1994）首次提出绿色技术创新概念。2019 年我国国家发改委和科技部联合发布的《关于构建市场导向的绿色技术创新体系指导意见》给出了绿色技术的全面解析，即降低消耗、减少污染、改善生态，促进生态文明建设、实现人与自然和谐共生的新兴技术。关于绿色技术创新测量存在多种标准，张雪莹和吴多文等（2022）从企业绿色

创新能力的角度，采用企业绿色专利数加 1 取自然对数的方法进行衡量；周雪峰和韩露（2022）从绿色创新持续性角度，即从绿色发明专利申请量和绿色实用新型专利申请量之和的前后对比进行测量；钟廷勇和黄亦博等（2022）从企业绿色技术创新，即从企业绿色专利的授权量和申请量上进行测量；张杰飞和尚建华等（2022）从绿色创新效率，从投入指标、期望产出指标、非期望产出指标的熵值运算获取。参照以上研究成果及《中国绿色技术创新指数报告（2021）》，采用绿色创新成效为测量指标，即通过绿色专利授权数（GPLN）/绿色专利申请数（GPAN）加 1 再取自然对数获得，计算如式（5－15）所示：

$$\text{In}_i = \ln(1 + X_i) \tag{5－15}$$

其中，In_i 代表第 i 个县域的绿色技术创新成效得分，X_{ij} 代表第 i 个县域的 GPLN/GPAN 值。相关数据来源于科技统计年鉴。

（三）（Ch，Pr）变量

（Ch，Pr）变量使用产业结构升级水平进行测量，孙耀武和胡智慧（2021）提出数字经济背景下，技术创新与进步使生态环境质量得以提升，并最终体现在产业升级上。参照孙耀武和胡智慧（2021）与崔耕瑞（2022）对产业结构的测量方法，综合采用产业结构合理化与产业结构高级化两个指标进行测量，其中产业结构合理化（TL）指标通过泰尔指数法计算第二、三产业增加值占比，反映产业之间的聚合质量；产业结构高级化（TS）指标通过计算第三产业产值与第二产业产值之比，反映经济结构服务化的倾向。计算公式如式（5－16）、式（5－17）所示：

$$\text{TL} = \sum_{i=1}^{n} \left(\frac{Y_i}{Y}\right) \ln\left(\frac{Y_i}{L_i} \bigg/ \frac{Y}{L}\right) \tag{5－16}$$

$$\text{TS} = \frac{Y_3}{Y_2} \tag{5－17}$$

在式（5－16）中，Y 代表产值、L 代表就业、i 代表产业、n 表示产业部门数，TL＝0 代表产业结构均衡，TL 值越大表示产业结构越不合理；在式（5－17）中，Y_3 表示第三产业产值，Y_2 表示第二产业产值，TS 越大表示产业结构越高级。利用前后年度的 TL 与 TS 的比值，并取自然对数来反映产业结构升级水平，即当前后年度 TL 值相等，则 TS 越大即比值越小的年度产业结构升级水平越高；当前后年度 TS 值相等，则 TL 越小即比值越小的年度产业结构升级水平越高；若前后年度 TL、TS 值不相等，则比值越小的年度产业结构升级水平越高。用式（5－18）表示如下：

$$(\text{Ch},\ \text{Pr})_{ij} = \ln \frac{\text{TL}_{ij}}{\text{TS}_{ij}} \tag{5-18}$$

其中，$(\text{Ch},\ \text{Pr})_{ij}$ 代表第 i 县域第 j 年度的产业结构升级水平，$\frac{\text{Tl}_{ij}}{\text{TS}_{ij}}$ 代表第 i 县域第 j 年度 TL 与 TS 的比值。相关数据来源于统计年鉴。

（四）Su 变量

Su 变量使用绿色供应链绩效进行测量，绿色供应链绩效是绿色供应链的运作过程及运作效果，多数评价研究是从微观视角出发。廖小菲和罗贤禄（2022）从投入、产出、环境三个方面对绿色供应链绩效进行评价，研究指出绿色供应链与绿色技术创新、产业结构升级有紧密关系。伊莎贝尔·莫雷诺－蒙罗伊·安娜和加西亚·克鲁兹－古斯塔沃·阿道夫（Isabel Moreno-Monroy Ana & Garcia Cruz-Gustavo Adolfo，2016）研究认为，产业聚焦水平与供应链效率提升存在双向动态促进关系。李文贤和尼博恩·奥伊等（Voon Hsien Lee & Keng Boon Ooi et al.，2014）认为供应链效率与技术创新之间存在正向相关关系。张峰和任仕佳等（2020）通过对 28 家大中型钢铁企业的实证分析论证供应链效率与技术创新、产业聚焦存在因果关系。可见，绿色供应链绩效是从微观视角对绿色技术创新成效、产业结构升级水平的具体表现。结合以上研究成果，采用以下指标对 SU 变量进行测量，其中绿色产业聚焦度反映出绿色供应链对区域产业结构升级的改变与影响，具体指标如表 5－2 所示：

表 5－2　Su 变量的测量指标与计算

分类	指标	指标计算
绿色投入	能源消耗率	能源消耗量/产量
	绿色技术研发投入率	绿色技术研发成本/产品销售总收入
绿色产出	绿色产业聚焦度	区域绿色产能/区域总产能
	碳排放量	碳排放系数×能源消耗的碳排放量

Su 变量的测量方法与 Gr 变量相同，设各指标权值相等，加权并取自然对数得出，具体计算如式（5－19）所示：

$$\text{Su}_i = \ln \sum_{i,j}^{n} X_{ij} \tag{5-19}$$

Su_i 代表第 i 个县域头部企业的绿色供应链绩效，X_{ij} 代表第 i 个县域头部企业的第 j 个指标值。相关数据来源于能源统计年鉴、统计年鉴及调查数据等。

（五）Inc 变量

Inc 变量采用北京大学数字普惠金融指数进行测量，具体指标有覆盖广度、使用深度及数字化程度，为了计算方便及保证结果的可靠性，计算使用数字普惠金融总指数并取自然对数。相关数据来源于县域层面数字普惠金融指数。

（六）Bo 变量

Bo 变量的测量，综合参考谢婷婷和刘锦华（2019）选取六大高耗能产业利息支出占工业产业利息总支出的比例的反向指标衡量绿色信贷；江红莉和王为东等（2020）选取非六大高耗能产业的利息总支出衡量绿色信贷。由于商业银行的绿色信贷占比统计口径不一、工业污染治理投资中的"银行贷款"数据缺失，使上述研究成果成为衡量绿色信贷的主要计量方式。本书主要参考江红莉和王为东等（2020）的测量方法，即绿色信贷的值是工业产业利息支出与六大高耗能产业利息支出之差。

二、数据来源

长江经济带作为我国纵深最长、覆盖面最广、影响最大的黄金经济带，是我国践行绿色发展理念、国际国内双循环以及经济高质量发展的主战场。湖北省作为长江经济带绿色高质量发展践行的重要省份，坚持降碳、减污、扩绿、增长协同推进，实现经济高质稳定发展，成为长江经济带中部地区的发展基石。2015 年，党的十八届五中全会首次提出绿色发展理念，为了实现政策干预前后数据的匹配和因果效应分析，本研究以 2015 年为政策干预前后的时间节点，分别选取前后三年的数据进行倾向指数匹配分析。因此本研究以 2012—2017 年湖北省 103 个县级区域面板数据作为研究样本，根据上述变量解析中的数据来源进行分类：第一类来源于湖北省县级统计数据，《中国县域统计年鉴（湖北省县域）》（2012—2017），部分缺失指标由各地市统计年鉴数据进行插值法补充；第二类来源于湖北省各县域环境、能源及科技政府及相关行政部门官方网站、月报或其他相关公告；第三类参考湖北省省级相关数据，以确保分析稳健性，如《中国环境统计年鉴》（2012—2017）、《中国科技统计年鉴》（2012—2017）、《中国工业统计年鉴》（2012—2017）、《中国能源统计年鉴》（2012—2017）、《中国农村统计年鉴》（2012—2017）；第四类来源于县域 PM2.5 数据，参照达尔豪斯大学大气成分分析组，并用 ArcGIS 10.2 软件进行栅格化处理；第五类来源于北京大学县级数字普惠金融指数（2014—2017），由于 2012 年和 2013 年数据缺失，由地级市指数进行替代。

第四节　基于倾向指数匹配和双重差分（PSM-DID）的因果效应分析

一、倾向指数匹配法需满足的假设

（一）条件独立性假设

匹配法的核心思想是：对于干预组个体，在控制组中寻找特征相似的控制组个体与其相匹配，从而用控制组个体的结果估计干预组个体的反事实结果。匹配方法近似于分层随机实验，即根据协变量 X_i 分层后，未观测变量不会造成潜在结果的差异，满足条件独立性假设，如式（5-20）所示：

$$(Y_{0i}, Y_{1i}) \perp\!\!\!\perp D_i \mid X_i \qquad (5-20)$$

在相同的 X_i 层内，干预组的反事实结果 $E[Y_{0i} \mid X_i, D_i=1]$ 可用控制组的观测结果 $E[Y_{0i} \mid X_i, D_i=0]$ 来估计，从而使分层数据类似于完全随机化实验，两组观测结果平均值之差是对层内平均因果效应的估计。在控制协变量 X_i 层内，两组观测结果平均值之差 τ_X 如式（5-21）所示：

$$\tau_X = E[Y_i \mid X_i, D_i=1] - E[Y_i \mid X_i, D_i=0] \qquad (5-21)$$

（二）共同区间假设

要估计出 τ_X，要求在协变量 X_i 一致情况下，干预组和控制组都有样本，否则无法完成匹配，即需要满足共同区间假设，如式（5-22）所示：

$$0 < \Pr[D_i=1 \mid X_i] < 1 \qquad (5-22)$$

其中，$\Pr[D_i=1 \mid X_i]$ 为倾向指数，指的是具有协变量 X_i 的样本接受干预的可能性，由于是关于协变量 X_i 的函数，记为 $P(X_i)$。共同区间假设的目的是根据协变量分层后，各层均有以协变量为特征的控制组和干预组样本，以保证 τ_X 可估计。

二、倾向指数匹配法实施步骤

（一）定义相似性

定义相似性是实施匹配法的基础，选择同时对干预变量和结果变量产生影响的混杂因素即协变量，作为定义相似性的依据。同时考虑到遗漏重要的混杂因素会造成显著偏差，因此无论是否与干预变量有关，只要与结果变量有关的协变量，均作为匹配的依据。

（二）实施匹配

常用的方法有近邻匹配和分层匹配，其中分层匹配是根据协变量或倾向

143

指数进行分层，使层内两组样本特征相近，从而降低估计偏差。根据保罗·R. 罗森鲍姆和唐纳德·B. 鲁宾（1985）的研究结论，将倾向指数分为 5 个区间就可以使协变量带来的估计偏差降低 90%；赵西亮（2022）认为在应用中通常分为 5～10 个区间。如果协变量是离散变量，则可根据其值进行直接分层，但若是连续性协变量，可根据保罗·R. 罗森鲍姆和唐纳德·B. 鲁宾（1985）的研究方法，依据 t 检验进行分层。

（三）匹配效果诊断

匹配的目的是构造干预组和控制组在协变量特征上更加相似的样本，使两组数据具有可比性。在实施匹配前，若两组样本在协变量上特征近似或平衡，则不需要进行匹配，可直接利用回归等方法进行因果效应估计；若两组样本协变量有较大差异，直接回归会造成较大的估计偏差，实施协变量倾向指数匹配才有意义。诊断匹配效果的依据是能否从观测数据中将隐藏的随机化实验样本寻找出来，常用标准化平均值差异或对数标准差比是否接近于 0，来判断匹配后的样本是否接近于随机化实验数据。

（四）因果效应估计

若匹配后的样本数据接近随机化实验数据，即两组样本的协变量近于平衡，则由设计阶段进入分析阶段，目的是求出干预组平均因果效应的匹配估计量 $\widehat{\tau}_{ATT}$。

对于分层匹配，任意层 j 的平均因果效应可用层内干预组和控制组的观测结果之差进行估计，即 $\widehat{\tau}^{dif}(j) = \overline{Y}_t(j) - \overline{Y}_c(j)$（$j = 1$，…，$J$）。

总体平均因果效应估计量等于各层平均因果效应的加权平均，权值为各层样本数的分布，即 $\widehat{\tau}_{ATE}^{strat} = \sum_{j=1}^{J} \widehat{\tau}^{dif}(j) \times N(j)/N$，其中 $N(j)$、N 分别为 j 层样本数和总样本数。

干预组平均因果效应估计量等于干预组各层平均因果效应的加权平均，权值为干预组各层样本数的分布，即 $\widehat{\tau}_{ATT}^{strat} = \sum_{j=1}^{J} \widehat{\tau}^{dif}(j) \times N_t(j)/N_t$，其中 $N_t(j)$ 和 N_t 分别为 j 层内干预组 t 的样本数和全部样本数。

匹配后任意层内协变量存在差异，但差异值较小，因此层内平均因果效应可直接用回归进行估计，即 $Y_i = \alpha(j) + \tau(j)D_i + X_i'\beta(j) + \varepsilon_i$。

三、双重差分法

双重差分法（Difference in Difference，DID）适用于面板数据或截面数据的因果效应分析，DID 类似于根据协变量 X_{it} 在结果增量上的匹配，在满

足条件独立性假设 $(Y_{1it}, Y_{0it}) \perp\!\!\!\perp D_i \mid X_{it}, U_i, T$ 前提下，Y_{1it}, Y_{0it} 是对应于原因变量 D_i 取值的两个潜在结果，X_{it} 为可观测的混杂变量，U_i 为不可观测的混杂变量，T 为时间取值。此外，还需满足以下两个基础假设。

（一）共同趋势假设

共同趋势假设是双重差分法的关键，即干预组个体如果没有接受干预，其结果的变动趋势将与控制组的变动趋势相同，即：

$$E[\Delta Y_{0it} \mid X_{it}, D_i = 1] = E[\Delta Y_{0it} \mid X_{it}, D_i = 0], \ \Delta Y_{0it} = Y_{0it} - Y_{0it-1}。$$

（二）共同区间假设

类似匹配方法，根据协变量 X_{it} 分层后，为了保证层内数据既有控制组样本又有干预组样本，必须满足共同区间假设，即 $\Pr[D_i = 1] > 0$ 且 $\Pr[D_i T_t = 1 \mid X_{it}] < 1$。

双重差分法与倾向指数匹配法不同的是，在控制协变量 X_{it} 后，允许政策干预前后的两组样本存在偏差，只要这种偏差不会随 T 变化或造成偏差产生的因素 U_i 也不随 T 变化，将该偏差从事后两组观测结果中扣除，即可得到政策干预的因果效应 $\tau_{ATT}^{DID}(X_{it})$，若上述假设均成立，可将协变量 X_{it} 由其倾向指数 $P(X_{it})$ 代替，从而得到倾向指数双重差分的估计量 $\tau_{ATT}^{PSM-DID}(P)$，即：

$$\tau_{ATT}^{PSM-DID}(P) = \{E[Y_{it} \mid D_i = 1, p(X_{it}) = P] - E[Y_{it} \mid D_i = 0, p(X_{it}) = P]\} （事后两组结果差异）$$

$$-\{E[Y_{it-1} \mid D_i = 1, p(X_{it}) = P] - E[Y_{it-1} \mid D_i = 0, p(X_{it}) = P]\} （事前两组结果差异）$$

若不存在协变量 X_{it}，利用面板回归方程得到双重差分的估计量如式（5-23）所示：

$$Y_{it} = \alpha + \beta D_i + \delta T + \tau(D_i \times T) + \varepsilon_{it} \qquad (5-23)$$

若存在协变量 X_{it}，利用面板回归方程得到双重差分的估计量如式（5-24）所示：

$$Y_{it} = \alpha + \beta D_i + \delta T + \tau(D_i \times T) + X'_{it}\gamma + \varepsilon_{it} \qquad (5-24)$$

四、研究设计与实证分析

（一）协变量倾向指数匹配

由上述因果图的分析可知，(Ch，Pr) 变量、Bo 变量分别为 Gr $\perp\!\!\!\perp$ IN $\mid$ (CH，PR)、SU $\perp\!\!\!\perp$ INC $\mid$ BO 两组条件独立性中的协变量，以协变量 (Ch、Pr) 变量、Bo 变量为条件，干预变量 In、Inc 独立于潜在结果变量 Gr、Su，分配机制接近于随机化实验。由变量解析可知，上述协变量与干预变量、结果变量均有关系，根据吉多·W. 伊本斯和唐纳德·B. 鲁宾（Guido W. Imbens & Donald B. Rubin，2015）的研究结论：对结果变量有重要影响的协变量，无论是否与干预变量有关，均可引入协变量作为匹配的依据，提高估计精度。协变量的选取不受干预变量的影响，一般取决于自身的干预状态。为了保证协变量的非线性函数满足平衡指数特征，使干预组和控制组协变量分布相同，在原有协变量节点（Ch，Pr）、Bo 的基础上，加入其属性子节点来确保倾向指数的平衡指数特征。（Ch，Pr）节点下添加属性子节点 PPI、PSI 与 PTI，同为预匹配的协变量，其中 PPI 为区域第一产业占比、PSI 节点为区域第二产业占比、PTI 节点为区域第三产业占比；Bo 节点下添加属性子节点 PGC，为区域绿色信贷占比，同为预匹配的协变量。相关指标测量方法如表 5-3 所示：

表 5-3　协变量、测量指标及计算

协变量	测量指标	指标计算
(Ch，Pr)	产业结构合理化（TL） 产业结构高级化（TS）	$\ln \dfrac{TL}{TS}$
PPI	第一产业占比	第一产业增加值/国内生产总值
PSI	第二产业占比	第二产业增加值/国内生产总值
PTI	第三产业占比	第三产业增加值/国内生产总值
Bo	非六大高耗能产业的利息总支出	工业产业利息支出－ 六大高耗能产业利息支出
PGC	商业银行绿色信贷占比	年度区域商业银行绿色信贷占比平均

以 2015 年为时间节点，2012—2014 年湖北省各县域相关变量数据为控制组，2015—2017 年湖北省各县域相关变量数据为干预组，探讨绿色发展理念提出后，数字普惠金融（Inc）对湖北省县域绿色生态发展（Gr）的影响。表 5-4 与表 5-5 分别列出了控制组和干预组的协变量简单统计描述，表 5-6 列出了两组协变量的平衡性（差异度），使用标准化平均值差异和对数标准差比两个指标进行衡量。可见，相同组不同年份之间协变量差异并不大，但不同组不同年份之间协变量之间的差异较大。如果直接使用回归估计偏差增大，协变量平衡性指标并不趋近于 0，也说明了若控制协变量，干预变量和潜在结果变量并不独立，产生不了随机实验的效果。使用 Stata 软件中的 teffects 命令，先采用 nneighbor（#）匹配模型中的 1∶1 最近邻方法，使 2012 年数据与 2015 年数据、2013 年数据与 2016 年数据、2014 年数据与 2017 年数据进行匹配。为进一步精确化协变量平衡区间，使用 pscore 工具包的 atts 命令在每组

近邻匹配结果的基础上实现分层匹配，取各区段分层平均值，获取 59 个层次区间，总样本 11032 条数据中控制组与干预组可匹配的数据条数分别为 3671 条，剩余 3690 条数据用于稳健性检验。利用 tebalance summarize 计算匹配后每层的协变量平衡度评价指标，利用 teffects overlap 画出每层干预组和控制组倾向指数分布图，以评测协变量匹配后的平衡效果。经分析验证，每层的倾向指数评价指标均趋于 0，且两组样本满足共同区间要求，为双重差分法的平行趋势检验奠定基础。由于篇幅限制，仅展示其中一层的匹配效果作为代表，如表 5-7 和图 5-13 所示：

表 5-4　绿色发展政策实施前（控制组）协变量的简单统计描述

变量	2012 年		2013 年		2014 年	
	平均值	标准差	平均值	标准差	平均值	标准差
(Ch, Pr)	7.997	0.875	7.533	0.781	6.821	0.597
PPI	8.415	0.767	8.011	0.712	7.109	0.601
PSI	5.564	0.418	5.719	0.493	6.088	0.512
PTI	2.013	0.197	2.339	0.207	3.117	0.269
Bo	3.221	1.029	3.579	1.324	4.007	2.075
PGC	2.985	1.571	3.113	1.905	3.997	2.007

表 5-5　绿色发展政策实施后（干预组）协变量的简单统计描述

变量	2015 年		2016 年		2017 年	
	平均值	标准差	平均值	标准差	平均值	标准差
(Ch, Pr)	3.214	0.249	2.697	0.181	1.901	0.109
PPI	5.322	0.436	4.807	0.374	4.001	0.289
PSI	8.117	0.791	9.136	0.803	10.010	0.932
PTI	7.554	0.613	8.611	0.725	9.713	0.854
Bo	9.701	0.973	10.012	0.881	10.967	0.621
PGC	8.431	0.768	9.085	0.791	9.969	0.801

表 5-6　干预组与控制组协变量差异

Rubin 平衡性指标	2012—2014 年及 2015—2017 年绿色发展政策干预前后协变量差异度					
	(Ch, Pr)	PPI	PSI	PTI	BO	PGC
标准化平均值差异	0.113	0.024	0.206	0.198	1.254	1.132
对数标准差比	0.247	0.031	0.173	0.179	0.830	0.795

表 5 - 7　匹配后其中一层的干预组与控制组协变量差异

Rubin 平衡性指标	2012—2014 年及 2015—2017 年绿色发展政策干预前后协变量差异度					
	(Ch, Pr)	PPI	PSI	PTI	BO	PGC
标准化 平均值差异	0.051	0.001	0.019	0.026	0.119	0.097
对数 标准差比	0.033	0.007	0.023	0.038	0.108	0.073

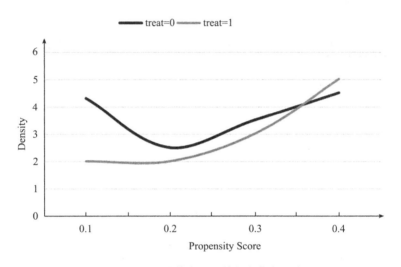

图 5 - 13　匹配后其中一层的倾向指数分布图

(二) 回归双重差分模型构建

经过上述协变量倾向指数匹配后，在 (3671×2) 条控制组与干预组中可实现随机实验，即 Gr ⊥ IN | (CH，PR)、SU ⊥ INC | BO 条件独立性假设成立。其中，Gr 为被解释变量，即潜在结果变量；Inc 为解释变量，即干扰变量；变量 In 与 Su 有相互影响关系，为中间变量。采用双重差分法分析绿色发展理念提出前后，数字普惠金融对县域绿色经济发展的影响基准回归模型方程如式 (5 - 25)：

$$\mathrm{Gr}_{it} = \alpha_0 + \beta_0 \mathrm{Inc}_{it} + \delta_0 T + \tau_0 (\mathrm{Inc}_{it} \times T) + X'_{it} \gamma_0 + \in_{it} \qquad (5 - 25)$$

分别以绿色技术创新成效 (In)、绿色供应链绩效 (Su) 为被解释变量，数字普惠金融发展水平 (Inc) 为解释变量的间接效应基准回归模型方程如式 (5 - 26)、式 (5 - 27) 所示：

$$\mathrm{In}_{it} = \alpha_1 + \beta_1 \mathrm{Inc}_{it} + \delta_1 T + \tau_1 (\mathrm{Inc}_{it} \times T) + X'_{it} \gamma_1 + w_{it} \qquad (5 - 26)$$

$$\mathrm{Su}_{it} = \alpha_2 + \beta_2 \mathrm{Inc}_{it} + \delta_2 T + \tau_2 (\mathrm{Inc}_{it} \times T) + X'_{it} \gamma_2 + \mu_{it} \qquad (5 - 27)$$

数字普惠金融对县域绿色经济发展的中介效应方程如式（5-28）所示：

$$Gr_{it} = \alpha_3 + \beta_3 Inc_{it} + \beta_4 In_{it} + \beta_5 Su_{it} + \delta_3 T + \tau_3 (Inc_{it} \times T) + X'_{it} \gamma_3 + \theta_{it}$$

$$(5-28)$$

其中，i 表示县域，t 表示年份，T 表示绿色发展政策实施的时间点。样本数据在政策实施之前发生为控制组，表示为 0，在政策实施之后发生为干预组，表示为 1。$(Inc_{it} \times T)$ 表示干预变量与线性时间趋势 T 的交互项，使干预组和控制组之间的线性时间趋势差异保持平衡；X'_{it} 表示协变量线性化倾向指数，在协变量倾向指数匹配过程中获取；系数 β 为待估的核心参数，若 β 显著大于 0，则说明数字普惠金融对县域绿色经济发展具有促进作用。控制组事前平均结果为 α，控制组事后平均结果为 $\alpha + \delta$，控制组事前事后平均结果变化为 δ；干预组事前的平均结果为 $\alpha + \beta$，干预组事后的平均结果为 $\alpha + \beta + \delta + \tau$，干预组事前事后平均结果的变化为 $\delta + \tau$，干预组事前事后平均结果的变化中扣除共同趋势的影响，最终政策影响为 τ。w，u，θ 为随机扰动项。

（三）因果效应分析

式（5-25）的基准回归结果如表 5-8 所示。表中偶数列为控制组的 DID 回归结果，奇数列为干预组的 DID 回归结果。列（1）、（3）、（5）、（7）中，Inc 的回归系数均在 1% 水平上显著为正，证明绿色发展理念的提出使数字普惠金融促进了县域生态环境绩效的提升。

表 5-8　协变量均衡下的基准回归结果

变量	（1）	（2）	（3）	（4）	（5）	（6）	（7）
	Gr	Gr	Gr	Gr	Gr	Gr	Gr
Inc	0.0512***	0.0487**	0.0639***	0.0401***	0.0612***	0.0398**	0.0716***
	(0.0305)	(0.0654)	(0.0316)	(0.0159)	(0.0309)	(0.0527)	(0.0389)
T	1	0	1	0	1	0	1
(Ch, Pr)		控制	控制	控制	控制	控制	控制
PPI		控制	控制	控制	控制	控制	控制
PSI			控制	控制	控制	控制	控制
PTI				控制	控制	控制	控制
Bo						控制	控制
PGC							控制
Inc×T	控制	控制	控制	控制	控制	控制	控制
R-sq	0.7711	0.6764	0.8125	0.6093	0.7910	0.5786	0.8743
N	7342	7342	7342	7342	7342	7342	7342

注：＊＊＊表示 1% 的显著性水平，＊＊表示 5% 的显著性水平，＊表示 10% 的显著性水平，括号内为在县域一年份层面上进行双向聚类的调整标准误，下同。

式（5-26）、式（5-27）、式（5-28）的中介回归结果如表5-9所示，以表5-8中列（7）回归结果为上述回归模型的结果进行分析，即在$T=1$（绿色政策实施后），并控制所有协变量与交互项的基础上进行分析。表5-9中列（1）和列（2）的Inc回归系数在1%水平上显著为正，证明绿色发展理念的提出使数字普惠金融对县域绿色技术创新绩效、绿色供应链绩效水平均有提升作用；列（3）的Inc回归系数、In的回归系数、Su的回归系数均在1%水平上显著为正，证明绿色发展理念的提出不仅使数字普惠金融对县域生态环境绩效具有提升作用，而且还通过绿色技术创新、绿色供应链对县域生态环境绩效的直接正面影响而产生提升作用。

表 5-9　协变量均衡下的中介回归结果

变量	(1)	(2)	(3)
	In	Su	Gr
Inc	0.0378***	0.0265***	0.0408***
	(0.0121)	(0.0098)	(0.0223)
In			0.0301***
			(0.0105)
Su			0.0214***
			(0.0049)
T	1	1	1
(Ch，Pr)	控制	控制	控制
PPI	控制	控制	控制
PSI	控制	控制	控制
PTI	控制	控制	控制
Bo	控制	控制	控制
PGC	控制	控制	控制
Inc×T	控制	控制	控制
R-sq	0.4019	0.3281	0.5138
N	7342	7342	7342

也可以对上述回归模型方程中的变量进行概念分解，如可借助前期基于大数据分析产生的知识图谱或因果图，获取与回归模型方程中变量具有上下位分类关系或非分类关系等变量，针对不同因果关系分析目标修正初始回归模型方程，以进一步提升因果效应分析范畴，如实现异质性分析等目的。

（四）稳健性检验

总样本11032条数据中，利用倾向指数匹配后协变量（控制变量）达到平衡的数据条数共有 7342 条，即控制组和干预组分别有 3671 条数据实现匹配随机实验，剩余 3690 条原始数据用于稳健性检验。构建基准回归模型方程用于检验，如式（5-29）所示：

$$Gr_{it} = \alpha + \beta\, Inc_{it} + \sum_{j=1}^{6} \gamma_j\, Control_{it} + \varepsilon_{it} \qquad (5-29)$$

其中，i 表示县域，t 表示年份，Control 为控制变量，即未经过倾向指数匹配的协变量，α 为截距项，β 与 γ_j（$j=1，2，\cdots，6$）为待估系数，ε_{it} 为随机扰动项。式（5-25）的基准回归结果如表 5-10 所示，列（1）是未加入控制变量（协变量）的回归结果，Inc 的回归系数在 1% 水平上显著为正，证明数字普惠金融的实施对县域绿色生态环境绩效产生正向影响作用；列（2）~列（7）是依次加入控制变量（协变量）（Ch、Pr）、PPI、PSI、PTI、BO 及 PGC 的回归结果，Inc 的回归系数显著为负，证明直接对未经均衡处理的协变量建立回归模型估计，偏差较大，无法得到稳健的估计结果。对比经过均衡处理后的协变量建立回归模型估计的结果显示，上述回归分析的稳健性较好。

表 5-10　协变量非均衡下的基准回归结果

变量	(1)	(2)	(3)	(4)	(5)	(6)	(7)
	Gr	Gr	Gr	Gr	Gr	Gr	Gr
Inc	0.0281***	−0.0059***	−0.0183*	−0.0104***	−0.0117***	−0.0098**	−0.0145***
	(0.0103)	(0.0014)	(0.0211)	(0.0079)	(0.0092)	(0.0032)	(0.0106)
(Ch，Pr)		0.0017**	0.0005***	−0.0285**	0.0012***	−0.0102**	−0.0057**
		(0.0029)	(0.0000)	(0.0114)	(0.0004)	(0.0043)	(0.0026)
PPI			−0.0096**	0.0007***	−0.0000***	−0.0000***	−0.0011***
			(0.0031)	(0.0001)	(0.0000)	(0.0000)	(0.0003)
PSI				−0.0011*	0.0014**	−0.0001***	−0.0038*
				(0.0056)	(0.0023)	(0.0000)	(0.0074)
PTI					0.0020***	0.0025**	0.0012***
					(0.0009)	(0.0018)	(0.0004)
Bo						−0.0071**	−0.0029**
						(0.0016)	(0.0008)
PGC							−0.0004***
							(0.0001)
R-sq	0.0359	0.0381	0.0511	0.0537	0.0591	0.0486	0.0443
N	3690	3690	3690	3690	3690	3690	3690

（五）总结

在研究方法上，本研究在大数据分析获取的知识图谱上实现因果图操作及获取条件独立性假设，改变了在原有因果关系分析中，先基于经验获取研究假设而后再验证假设的研究范式，创新了传统因果关系论证方法和研究范式，可辅助经验研究提升因果关系论证的科学性，拓展因果关系论证的研究边界。

在研究内容上，本研究首先在县域经济高质量发展中的需求图谱、县域数字普惠金融的供给图谱、数字普惠金融与县域经济高质量发展的环境图谱、数字普惠金融与县域经济高质量发展的关联图谱上，实现有向无环图网络的三种基本结构，即链式结构、V型结构和对撞结构的D-分离操作；在获取的因果图上实现D演算操作，获取对应的概率因果模型，并转化为非混杂性条件表示，即条件独立性假设；基于2012—2017年湖北省县域面板数据，以党的十八届五中全会首次提出绿色发展理念为政策干预分隔点，对由因果图操作获取的条件独立性假设进行随机化实验设计，利用倾向指数匹配法对协变量进行平衡化，找出可匹配的数据样本实现回归双重差分法因果效应分析，并利用未匹配的原始数据进行稳健性校验，实验结果证明方法可行。

在研究结论上，本研究在未预设及任何经验辅助下，由大数据知识图谱的因果图操作获取数字普惠金融对县域绿色经济发展具有重要的影响作用，这与党的十九大提出的乡村振兴战略，对县域经济向高质量发展阶段迈进的新要求，不谋而合。研究证明，数字普惠金融特别是绿色信贷不仅对县域生态环境建设具有直接影响，而且通过绿色技术创新、绿色供应链发展实现县域产业结构升级，从而间接对县域生态环境建设发展产生积极影响。

本书的因果关系论证建立在大数据分析获取的知识图谱基础上，会受到大数据分析方法与算法、大数据来源、大数据分析环境，以及研究者本人经验等多方面的影响，这对最终所获取的因果图及条件独立性假设都有影响。但本研究也为因果关系分析提出了一种新思路，基于分析目标的不同，大数据知识图谱可为因果关系论证提供动态变量关系及拓展研究边界。

第六章　基于结构方程模型分析数字普惠金融需求与供给的因果关系

基于结构方程模型的因果推断是解决贝叶斯网络结构学习中马尔可夫等价类难题的有效手段，将基于条件独立性的贝叶斯网络结构学习方法与结构方程模型相结合，可有效提高因果模型对高维数据因果方向的判断能力。结构方程模型等传统标准统计分析均是在理论引导的前提下构建模型及研究假设，理论的反复引用使基于结构方程模型的研究设计创新不足，且理论若不够合理，就会导致后续模型拟合、拟合校验及分析结果合理性等一系列问题。大数据分析可以为理论创新提出有价值的见解，是对社会科学理论模型不断完善及创新的推动。第五章利用大数据分析获取了四大知识图谱，并在此基础上实现了D-分离与D演算操作，得出四个条件独立性假设，扩展及加深了结构方程模型中理论假设研究层次及内容的深度与广度。由于条件独立性假设 SE ⫫ (IT，DA) | AF、INC ⫫ {(Sc，Sp)，(GR，FI)} | DA 中场景变量（SC）和安全变量（SE）无法直接测量，适合建构结构方程模型分析。根据因果推断的后门规则，将条件独立性假设转换为有向无环图，结合传统理论研究生成数字普惠金融需求与供给匹配的有向无环图，并在此基础上实现完整的结构方程模型实证分析流程。研究发现，大数据分析不仅可以指导理论创新，而且融合大数据分析与传统理论研究使建构结构方程模型精简化和精准化，模型评估较优，提高了结构方程模型构建质量。

第一节　融合大数据分析结构改进理论模型

一、结构方程模型与贝叶斯网络结构学习

由前文分析可知，随机化实验是因果推断的黄金标准，是观测研究的基础，即在观测数据中推导出同一研究对象的反事实结果，从而洞悉因果关

系。但反事实结果不可观测，潜在因果模型的提出就是为了解决在观测数据中如何进行因果推断，利用分配机制将数据分为控制组和干预组，并用控制组个体的结果来估计干预组个体的反事实结果，从而实现在观测数据上的随机化实验。结构因果模型与潜在因果模型的内涵一致，每个因果图对应一个潜在因果模型，结构因果模型通过更为直观的方式寻找随机化实验的基础，即条件独立性假设。贝叶斯网络结构是一个有向无环图，20 世纪 80 年代因果关系研究的先驱，图灵奖得主朱迪亚·珀尔等人提出将贝叶斯网络结构加上因果解释，用于结构模型构建。

贝叶斯网络是一种应用广泛的概率图模型，概率图模型是图论和概率论有机结合的模型，从图论角度上看，它用图形表示随机变量间的结构信息，从概率论的角度上看，它利用图结构和概率规则降低推理的计算复杂度。基于观测数据学习贝叶斯网络结构的核心就是利用统计学方法建立图形模型，以拟合观测数据，是不确定知识表达和推理领域最有效的理论模型之一。目前，贝叶斯网络结构学习方法主要有基于约束的方法、基于评分的方法和混合学习方法，其中基于约束的方法也称为基于条件独立性的方法，通过变量之间的条件独立性来判定特定结构的存在性，该方法的优点是接近于贝叶斯网络结构的语义特性，缺点是存在无法判断因果关系的方向（$X \rightarrow Y$ 成立的同时发生 $Y \rightarrow X$ 成立），即存在马尔可夫等价类的难题。基于结构方程模型的因果推断是解决马尔可夫等价类难题的有效手段，以结构方程模型为基础的二维数据因果推断（$X \rightarrow Y$ 成立或 $Y \rightarrow X$ 成立）正好应用于对马尔可夫等价类边的方法判断，将基于条件独立性的方法与结构方程模型相结合，可有效提高因果模型对高维数据因果方向的判断能力。

二、大数据分析与理论假设改进

以回归、估计和假设校验技术为代表的传统标准统计分析，利用可观测变量数据的抽样样本分布的概率参数来估计总样本的发生概率，从而推断变量之间的因果关系。传统标准统计分析适用于静态实验环境下变量的参数估计，现实环境中可观测变量会受到任意不可测量变量（潜在变量）的影响而发生分布参数的改变；因果分析与传统标准统计分析不同，是在动态环境中对变量关系进行概率估计。作为传统标准统计分析的一种，结构方程模型（Structural Equation Modeling，SEM）是对回归分析、路径分析等方法的继承与改进，在线性因果关系建模中其优势主要体现在：它是一套将"测量"与"分析"整合为一的研究技术，并将可观测的显变量（显变量）与不可观测的隐变量（潜变量）一起纳入模型，是最接近于在动态环境中进行因果分析的方法。

传统标准统计分析有一套固有的研究方法论或研究范式，无论是回归分析、路径分析还是因子分析等，都是在假定因果关系存在的前提下，根据样本检验假设的因果关系是否合理。融合因子分析和路径分析的结构方程模型在线性因果关系建模中，同样是一种验证性的方法，必须有理论引导才能构建假设模型图，若理论不够合理，就会导致后续模型拟合、拟合校验及分析结果合理性等一系列问题。但理论是什么？由理论引导的演绎逻辑，从样本估计推断总体分布的方法创新性来自何处？迪尔凯姆意义上"将自己强加于每个人之上""如此普遍"的"社会事实"的存在，才使得以探究秩序为偏好的社会科学理论模型成为可能。那么理论是否是普遍存在的一种经验法则？著名社会学家彭玉生（2011）在其论文《社会科学中的因果分析》中指出：现代社会科学，包括宏观历史研究，基本上放弃了决定论，即便是最完美的理论也不能排除偶然因素造成的误差，并且人类认知能力有限，理论本身还有谬误。由大数据引导数据驱动的科学能够提出额外有价值的见解，基于大数据构建的知识图谱可从全镜像的视角探测以往经验理论无法触达的领域，并可动态获取多层多维变量间的复杂关联关系，是对社会科学理论模型不断完善及创新推动。

三、结构方程模型与因果图

结构方程模型中有两个基本的模型：测量模型（Measured model）与结构模型（Structural model）。其中，测量模型由潜在变量与测量变量组成，潜在变量是测量变量间所形成的特质或抽象概念，无法直接测量，需要由测量变量的观测数据来反映，因此测量模型反映的是潜在变量与测量变量之间的因果关系，由一组测量变量的线性函数表示，其构成的数学模型是验证性因子分析；结构模型又称为潜在变量模型（Latent Variable model），反映的是多种潜在变量之间的因果关系，作为因的潜在变量称为外因潜在变量（潜在自变量），用符号 ξ 表示，作为果的潜在变量称为内因潜在变量（潜在依变量），用符号 η 表示。外因潜在变量对内因潜在变量的解释变异会受到其他因素影响，这些因素称为干扰潜在变量（残差值），用符号 ζ 表示，其构成的数学模型是路径分析。上述两种模型可用三个矩阵方程式表示：

$$X = \Lambda_x \xi + \delta \tag{6-1}$$

$$Y = \Lambda_y \eta + \varepsilon \qquad (6-2)$$

$$\eta = B\eta + \Gamma\xi + \zeta \qquad (6-3)$$

其中，式（6-1）和式（6-2）为测量模型的回归方程式，Λ_x 为外因测量变量 X 在外因潜在变量 ξ 上的因子载荷矩阵，反映的是外因测量变量与外因潜在变量之间的关系，δ 为外因测量变量的测量误差；Λ_y 为内因测量变量 Y 在内因潜在变量 η 上的因子载荷矩阵，反映的是内因测量变量与内因潜在变量之间的关系，ε 为内因测量变量的测量误差。且 ξ 与 δ、ε 与 η 互相无关系，SEM 测量模型中假定：潜在变量一般是多个测量变量的反映性指标，即测量变量为"果"，潜在变量为"因"，潜在变量（共同因素）与测量误差之间不能有共变关系或因果关系路径存在。式（6-3）为结构模型的回归方程式，B 和 Γ 为路径系数，B 为内生潜在变量之间的因果效应，Γ 为外因潜在变量对内因潜在变量之间的因果效应，ζ 为内因潜在变量无法被外因潜在变量解释或预测的部分，为结构模型的残差项。结构方程模型规定：外因潜在变量之间可以有关联也可以无关联，内因潜在变量之间可以是单向或双向关联，但外因潜在变量与内因潜在变量之间必须是单向关系，且外因潜在变量必须为"因"变量、内因潜在变量必须为"果"变量。

结构方程模型所对应的因果图中，测量变量用长方形符号表示，潜在变量用椭圆形符号表示。一般情况下，测量模型、结构模型以及整体 SEM 模型所对应的因果图，如图 6-1、图 6-2、图 6-3 所示。从模型所对应的因果图上看，抛开干扰变量，各类变量间存在的主要关联结构是链式结构及 V 型结构。在图 6-1 测量模型因果图中，潜在变量为"因"、测量变量为"果"，在图 6-2 结构模型因果图中，外因潜在变量为"因"、内因潜在变量为"果"，避免了马尔可夫等价类"既是因又是果"的无法判定变量间因果关系的问题，严肃规定了变量间前因后果的发生顺序，为实现因果推断中的反事实研究奠定科学基础。

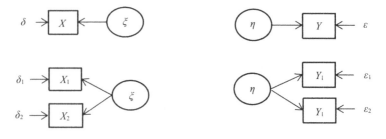

图 6-1　测量模型对应的因果图

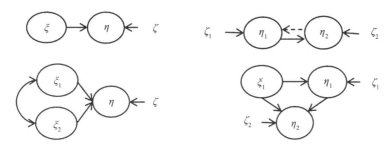

图 6-2 结构模型对应的因果图

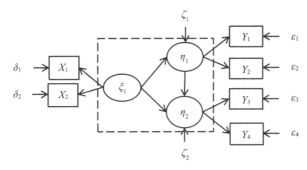

图 6-3 SEM 对应的因果图

四、基于条件独立性假设的结构方程模型构建

由上述分析可知，结构方程模型其实就是一种无马尔可夫等价类的贝叶斯网络因果结构图。前文在通过大数据分析获取四大知识图谱的基础上，实现了 D-分离及 D 演算操作，得出四个条件独立性假设，扩展及加深了结构方程模型中理论假设研究层次及内容的深度与广度。在条件独立性假设 SE ⫫（IT，DA）| AF，记为（1），与条件独立性假设 INC ⫫〈（Sc，Sp），（GR，FI）〉| DA，记为（2）中，由于场景变量（SC）和安全变量（SE）无法直接测量，属于潜在变量，适合建构结构方程模型分析，即在条件独立性假设对应的原有因果图中加入对 SC 和 SE 变量的测量路径。根据因果推断的后门规则，将上述两个条件独立性假设分别转换为有向无环图，如图 6-4、图 6-5 所示。结构方程模型的有向无环图中主要是链式结构路径和 V 型结构路径，可将下述图中的对撞变量归为父变量的属性变量，将链式结构和 V 型结构中的变量定义为潜在变量的外显变量。在图 6-4 中，数据变量（DA）为对撞变量，其父节点有算力变量（AF）和智能变量（IT），那么 DA 归为 AF、IT 的属性变量，且 AF、IT 显性变量为 SE 潜在变量的外显变量。在图 6-5 中，监管变量（SP）是场景变量（SC）到数字普惠金

融变量（INC）路径上的对撞变量，SP 变量归为其父变量 SC 和 INC 的属性变量，同理金融变量（FI）是绿色变量（GR）到数字普惠金融变量（INC）路径上的对撞变量，FI 变量归为其父变量 GR 和 INC 的属性变量，且 DA、INC、GR 显性变量为 SC 潜在变量的外显变量。

　　从数字普惠金融的需求与供给匹配出发，在不同场景下当金融用户对金融产品的感知风险较低时，金融产品对金融用户的感知价值提高，金融需求与金融供给可达到高效匹配。因此，从微观层面上讲，论证数字普惠金融需求与供给的因果关系，实则是寻找场景变量（SC）与安全变量（SE）两个潜在变量之间的因果路径，基于上述条件独立性假设的有向无环图及相关变量关系分析，构建初始的结构方程有向无环图，如图 6-6 所示。其中，场景变量（SC）为内因潜在变量，为外因潜在变量（SE）提供在特定场景下用户对数字普惠金融产品需求数据，利用算力与智能手段刻画用户画像、实现精准推荐，从而降低用户对数字普惠金融产品的感知风险，提高感知价值，达到数字普惠金融产品供给与需求的高效匹配，助力县域微观经济高质量发展。

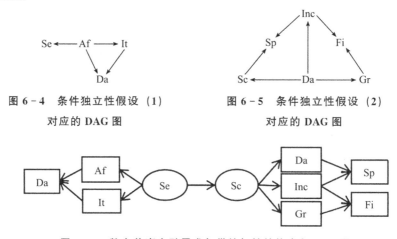

图 6-4　条件独立性假设（1）　　　图 6-5　条件独立性假设（2）
　　　　 对应的 DAG 图　　　　　　　　 　 对应的 DAG 图

图 6-6　数字普惠金融需求与供给初始结构方程 DAG 图

第二节　场景、感知价值与感知风险

一、场景

　　关于场景的研究最早来自传播学领域。罗伯特·斯考伯和谢尔·伊斯雷尔（2014）在译著《即将到来的场景时代》中提出场景时代应关注大数据、移动设备、社交媒体、传感器和定位系统五种技术力量的联动效应。彭兰（2015）在其论文《场景：移动时代媒体的新要素》中提出场景是移动互联网时代的产物，基于场景的服务就是对场景的感知和信息的适配。梁旭艳（2018）通过对比分析上述经典研究成果指出，场景与技术的关系密不可分，但不局限于"场景五力"，其认为彭兰对"场景"定义的贡献在于：场景应同时涵盖基于空间和基于行为与心理的环境氛围，场景包括情境；构成场景的四个要素是空间与环境、用户实时状态、用户生活习惯以及用户社交氛围。通过进一步分析梅洛维茨、拉斯韦尔等学者提出的情境论，针对场景与情境之间的关系，给出截然相反的观点，即情境的外延大于场景，情境包含场景，场景是移动互联网时代的情境。场景偏向于狭义，强调"场""上下文""某一事件发生的前后状况"，而情境更为宏观，强调情境与人的行为关系。可见，场景作为大数据宏观背景下的情境，核心要素应包括空间物理环境、行为心理环境、社交氛围环境以及相互之间错综复杂的关系。

大数据背景下的情境被赋予更多复杂的因素与含义，这些因素涉及信息学、社会学、心理学等众多学科领域的知识内容，且情境内涵逐渐由客观环境过渡到认知、意识、动机等主观理念因素，理念是决定"主观"情境的关键要素，情境是个体心理上知觉的环境。符国群（2015）研究认为面对同样的情境，不同的顾客对不同商品的价值感知都会产生差别。娄高明（2009）研究认为顾客感知价值是顾客对商品或服务的一种感知，是与商品或服务相挂钩的，是基于一定情境下顾客的主观评价。德尔·I. 霍金斯和罗格·J. 贝斯特等（Del I. Hawkins & Roger J. Best et al.，2003）按照顾客对商品价值认知的整个过程，将情境分为信息获取情境、购买情境、消费情境及处置情境。其中，在大数据环境中信息获取情境不仅表现在对"场"空间物理信息的获取，还表现在对"场"与"人"，"场"与"场"，"人"与"人"复杂交互信息的获取。龚振（2011）等学者研究认为购买情境由物质环境、社会环境、时间、任务及顾客现行状态五个变量构成，顾客现行状态是购买情境的重要组成要素，是指消费者带入购买或消费情境中的暂时性情绪或状态，会直接影响购买过程。贾格迪什·N. 杰格迪什和布鲁斯·I. 纽曼等（Jagdish N. Sheth & Bruce I. Newman et al.，1991）在其消费价值模型中指出情境因素，特别购买情境是顾客感知价值的一个重要驱动因素，它会影响顾客对商品的价值感知。罗伯特·B. 伍德拉夫（Robert B. Woodruff，1997）研究认为顾客的使用情境发生改变会直接影响对商品属性、购买目的的认知，对顾客感知价值的形成产生重要影响。

二、感知价值与感知风险

感知价值与感知风险都是一种主观体验的感知，与情境感知的主观性不谋而合。所谓"感知"包括感觉和知觉，是个人搜集、选择、组织并解释信息的过程，是一种特殊的心理过程。感知价值由经典的二维理论，即"质量—价格"维度，进化到多维维度理论。袁宏福（2008）在总结国内外相关文献后得出，感知价值不仅包括产品服务质量、价格等客观因素，还包括顾客价值观、需求及个人偏好等自身主观因素，以及情境因素。以主观因素作为感知价值的驱动因素理论得到更多学者的认同，代表性定义如表6-1所示。

表6-1 主观视角驱动下感知价值的代表性定义

相关学者	主观视角驱动下的感知价值定义
William（1969）	首次将个性与顾客感知结合在一起作为市场细分维度
Hendon（1985）	个性、心理认知图、定位决定了顾客的感知
Zeithaml（1988）	感知价值是主观的，因顾客的不同而不同
Sheth（1991）	感知价值由功能性价值、社会性价值、情感性价值、认知价值和情境价值构成
Fine（1992）	消费者的个性不仅影响交易结果，更影响对交易结果的感知
Ravald（1996）	不同顾客具有不同的价值观念、需求与偏好，这显然影响顾客的感知价值
Holbrook（1996）	感知价值是一种互动、具有偏好性的体验，是顾客对产品价值个人化的判断偏好
Woodruff（1997）	感知价值会因适用环境的不同而有所差异，顾客在不同时间对价值的评估也有所不同
Flint（2002）	从价值观、理想价值和价值判断三个方面来理解价值，认为顾客感知价值是顾客对放弃的特性与期望的特性一种权衡比较
江林、袁宏福（2009）	顾客感知价值与提供物有关，与消费体验相联系；顾客感知价值是顾客的主观判断；顾客感知价值的核心是感知利得与感知利失的权衡
白长虹（2002）等	个性影响了顾客感知利得和感知利失，是除质量和价格之外顾客感知价值的第三驱动因素

可见，感知价值是对感知利得与感知利失的一种主观判断，情境和个性是感知利得与感知利失的重要驱动因素，相同用户在不同情境中对相同价格的产品或服务感知利得与感知利失的权衡不同，不同用户在相同情境中对相同价格的产品或服务的感知利得与感知利失的权衡也不相同。对于数字普惠金

融产品来讲，感知风险主要来源于财务风险、信息风险及社会风险，感知风险同属于心理学研究范畴，与感知价值表达的内涵基本一致，均是在特定情境下个人主观对客观存在条件的认知与判断，即个体对存在于外部的各种客观风险的一种认知与感受，同样与情境、个性紧密相关，代表性定义如表6-2所示。

表6-2　主观视角驱动下感知风险的代表性定义

相关学者	主观视角驱动下的感知风险定义
Bauer（1960）	失败的可能性与失败之后结果严重性的相关联程度，是一种基于个人主观判断的风险
Cox（1964）	用户的感知风险与社会心理因素和财务因素有关
Thomas、Baird（1985）	感知风险是个人对不同情境的不确定性的概率和是否可控的程度，即个人对遇到不同情境的风险评价
Mitchell（1999）	消费者主观确定的对损失的预期是感知风险的内涵

个性又称为人格（Personality），现代人格研究始于奥尔波特（Allport，1937）和默瑞（Murray，1938），经典代表著作分别是《人格：一种心理学的解释》《人格探究》。学术界普遍认可的人格定义，由Allport（1961）在原有研究基础上进行修订，认为人的行为不完全是被动地去适应环境，而是具有主动的作用和意义。个性是一个人内在心理生理系统的动态组织，决定了此人"所特有的思想和行为"，决定了此人在从事某项活动时产生的心理状态，即特定情境下的情绪。有关个性研究的代表性定义如表6-3所示。

表6-3　有关个性的代表性定义

相关学者	个性定义
Allport（1937）	个性是一个人内在心理生理系统的动态组织，决定了此人对环境的独特适应
Guilford（1973）	个性是个人特征、属性和特性的总和，使个人与他人有所不同的一种持续且特殊的特质
Allport（1961）	个性是一个人内在心理生理系统的动态组织，决定了此人所特有的思想和行为
Cervone（2010）	个性是个人在对情境做反应时，所表现出的结构与动态性质，即个性代表有别于他人的持久特性
Funder（1977）	个性是个体思维、情感和行为的特异性模式，以及在这些模式下能够或不能够被观察到的心理机制
Day（1989）	个性是指个人特征（性格，Characteristics）的独特组成，决定了人与环境的互动模式

通常以个性特质理论作为个性测量的理论依据，丹尼尔·塞尔沃内和劳伦斯·A. 佩尔文（Daniel Cervone & Lawrence A. Pervin，2010）认为个性是由一系列的特质组成，特质是建构个性的基本板块，具有影响人类外显行为的作用。五因素模型（五大个性特质理论）具有稳定性及差异文化使用的可靠性等优势，被广泛应用于衡量个性特质的基础模型，分别为敏感性、外向性、经验开放性、宜人性、严谨性，测量内容如表 6-4 所示。叶紫怡（2020）在五因素模型的基础上，总结归纳出四大维度、八个类别与金融相关的人格特质，分别为焦虑、平静；理性、感性；乐观、悲观；支配独立、服从依赖，相关测量标准如表 6-5 所示。

表 6-4　个性特征测量维度及内容

个性特质维度	测量内容
敏感性	衡量一个人的情感调节能力和情绪稳定性
外向性	衡量一个人对人际交际的量及强度、对刺激的需要及获得愉悦的能力
经验开放性	衡量一个人对陌生事物的容忍和探索能力及主动追求经验和体验的取向
宜人性	衡量一个人在思想、情感和行动上从同情到反对的连续向度中的人际取向程度
严谨性	衡量一个人的组织性、坚毅性及目标取向行为的动机强度

表 6-5　金融个性特质维度及测量内容

金融个性特质维度	测量内容
焦虑、平静	衡量一个人对风险偏好和持有期限的接受能力
理性、感性	衡量一个人对风险偏好和持有期限的思维方式
乐观、悲观	衡量一个人接受投资预期差距的承受能力
独立、依赖	衡量一个人对各渠道投资信息的依赖程度

第三节　研究设计

一、研究模型

以数字普惠金融产品或服务需求的角度设计 Sc（场景）变量，由前文因果图操作结果所示，Sc 变量的测量变量包括 Da（数据）、Inc（数字普惠金融）、Gr（绿色），测量变量的属性变量为 Sp（监管）、Fi（金融），依据绿色金融与数字普惠金融融合发展的基本原理，将变量 Inc、Gr、Fi 合并为特定 Sc 下的 Gr-Fi（绿色金融）。场景作为移动互联网时代下的情境，情境感知是感知价值的重要组成部分，因此，定义 Sc 变量的测量变量 Da 为特定情境下用户大数据的分析及处理能力；定义 Sc 变量的测量变量 Gr-Fi，并将属性变量 Sp 纳入其中，一方面测量在特定的 Sp 规则下 Gr-Fi 产品或服务的质量，另一方面测量在特定 Sp 规则下 Gr-Fi 产品或服务与 Sc 场景需求的匹配度。

以数字普惠金融产品或服务供给的角度设计 Se（安全/风险）变量，现有的数字普惠金融产品或服务供给均是通过平台的方式让用户进行开放式选择，因此数字普惠金融智能化平台的性能会直接决定用户的感知风险程度。如前文因果图操作结果所示，Se 变量的测量变量包括 Af（算力）、It（智能），测量变量的属性变量为 Da（数据），依据算力、智能和数据之间的关系，算力是智能实现的信息基础设施，支撑着智能平台的应用，算力的大小代表着对数据处理能力的强弱；智能是算力和数据处理的综合表现，数据是算力和智能操作的原材料和基础动力。因此，定义 Se 变量的测量变量 Af 为数字普惠金融产品或服务供给平台的载荷度和报错率；定义 Se 变量的测量变量 It 为数字普惠金融产品或服务供给平台的理解能力。测量变量 Af、It 均与属性变量 Da 的数据量多少及数据质量好坏密切相关。

依据前文理论分析，潜在变量 Sc 和 Se 均与潜在变量"个性特质"（Personality，简记：Per）相关，感知情境价值和感知风险均是个人主观认知。基于五大个性特质理论，参照叶紫怡（2020）有关金融人格特质测量研究成果，结合绿色信贷、绿色债券、绿色保险、绿色基金、绿色租赁、绿色信托、绿色票据、碳金融产品等 Gr-Fi 绿色金融产品与服务的创新性较强和风险度较高等特点，选取乐观（Optimism，简记：Opt）、悲观（Pessimistic，简记：Pes）两个维度作为潜在变量 Per 的测量变量，乐观的人具有平静、理性、独立的人格特质，悲观的人具有焦虑、感性、依赖的人格特质，对测量变量 Opt 和 Pes 的观测数据综合表 6-5 的各维度测量内容而得。

综上所述，对基于条件独立性假设建构的初始结构方程有向无环图进行修正，如图 6-7 所示，此时变量 Per（个性特质）作为因的潜在变量，即外因潜在变量，变量（Se）和变量（Sc）作为果的潜在变量，即内因潜在变量。修正后的结构方程 DAG 图中每个潜在变量的测量变量定义如表 6-6 所示：

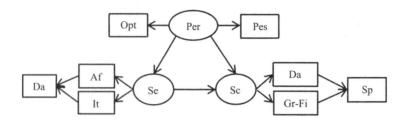

图 6 - 7　数字普惠金融需求与供给修正的结构方程 DAG 图

表 6 - 6　结构方程模型中潜变量的测量定义

潜在变量	测量变量	定义
Sc	Da	特定情境下对用户大数据的分析及处理能力
	Gr-Fi	在特定的 Sp 规则下 Gr-Fi 产品或服务的质量、在特定 Sp 规则下 Gr-Fi 产品或服务与 Sc 场景需求的匹配度
Se	Af	数字普惠金融产品或服务供给平台的载荷度和报错率
	It	数字普惠金融产品或服务供给平台的理解能力
Per	Opt	衡量一个人对风险偏好和持有期限的接受能力、思维方式、承受能力、依赖程度
	Pes	

二、研究假设

依据大数据知识图谱的条件独立性演算结果及前文理论分析，给出数字普惠金融需求与供给修正结构方程有向无环图（图 6 - 7）中各路径的研究假设，共有 31 条路径假设，分别为：

H1：Se（感知风险）对 Sc（感知情境价值）产生显著负向影响；

H1a：Af（算力风险）对 Sc（感知情境价值）产生显著负向影响；

H1b：Af（算力风险）对 Da（用户大数据分析）产生显著负向影响；

H1c：Af（算力风险）对 Gr-Fi（绿色金融产品精准推荐）产生显著负向影响；

H1d：It（智能风险）对 Sc（感知情境价值）产生显著负向影响；

H1e：It（智能风险）对 Da（用户大数据分析）产生显著负向影响；

H1f：It（智能风险）对 Gr-Fi（绿色金融产品精准推荐）产生显著负向影响；

H2：Per（个性特质）对 Se（感知风险）的影响是多维的；

H2a：Opt（乐观）对 Se（感知风险）产生显著正向影响；

H2b：Opt（乐观）对 Af（算力风险）产生显著正向影响；

H2c：Opt（乐观）对 It（智能风险）产生显著正向影响；

H2d：Pes（悲观）对 Se（感知风险）产生显著负向影响；

H2e：Pes（悲观）对 Af（算力风险）产生显著负向影响；

H2f：Pes（悲观）对 It（智能风险）产生显著负向影响；

H3：Per（个性特质）对 Sc（感知情境价值）的影响是多维的；

H3a：Opt（乐观）对 Sc（感知情境价值）产生显著正向影响；

H3b：Opt（乐观）对 Da（用户大数据分析）产生显著正向影响；

H3c：Opt（乐观）对 Gr-Fi（绿色金融产品精准推荐）产生显著正向影响；

H3d：Pes（悲观）对 Sc（感知情境价值）产生显著负向影响；

H3e：Pes（悲观）对 Da（用户大数据分析）产生显著负向影响；

H3f：Pes（悲观）对 Gr-Fi（绿色金融产品精准推荐）产生显著负向影响。

三、问卷设计

与以往研究假设的提出及问卷设计的题项依赖于文献调研及理论研究的方式不同，本研究中的研究假设及问卷设计的来源主要依赖于前期对大数据知识图谱的因果操作获取，并结合文献调研与理论研究提出。通过大数据因果操作获取变量 Sc 与变量 Se 之间存在因果关系，通过文献研究和理论论证添加变量 Per 及其与变量 Sc 和 Se 的相关关系。由于创新性较强，与传统感知风险、感知价值及个性特质成熟量表题项差距较大，先采取访谈形式，对修正后的结构方程模型中的潜在变量、潜在变量对应的测量变量、测量变量的属性及其之间关系进行开放式认知讨论，并结合相关传统成熟量表问卷题项，实现题项内容设计上的关联、延伸、发展与创新。访谈对象主要有传统金融机构从业人员、互联网金融企业从业人员、数字普惠金融产品或服务使用人员（创业型农民、小微企业法人、创客等），共计 15 人，罗列出相关题项 40 题。对这 40 道题项进行小范围预测试，测试对象主要是数字普惠金融产品或服务使用人员，发放问卷 50 份，并对收集到的有效问卷进行人工判断，了解相关题项的答错率，聘请传统金融机构从业人员、互联网金融企业从业人员及相关领域专家对答错率较高的题项进行调整、修改，以确保明确且无歧义发生。最后对修改后的问卷再进行小范围预测试，直到问卷题项具有较高稳定性。

问卷题项采用李克特五级量表形式设计，主要参考的传统成熟量表如下：人格特质（Per）题项设计参考索西耶（Saucier，1994）提出的 Mini-Marker 量表，量表中包含 40 个形容词来描述五大个性特质，挑选其中 20

个形容词归类为悲观和乐观；感知情境价值（Sc）题项设计参考帕拉苏莱曼、泽丝曼尔和贝瑞（Parasuraman、Zeithaml& Berry，1985）等三位学者提出的 SERVQUAL（Service Quality，服务质量）量表，其核心是"服务质量差距模型"，包括有形性、可靠性、回应性、保证性、同理性五大维度，移动互联网时代下，数字普惠金融产品与服务的情境感知价值，主要表现在依赖于数字信息化、智能化平台经济下的数字普惠金融产品于服务质量；感知风险（Se）题项设计参考费瑟曼和帕夫卢（Featherman & Pavlou，2003）提出的 PRQ（Perceived Risk Questionnaire，感知风险）量表，其核心体现出消费者的主观感受，包括财务风险、绩效风险、隐私风险、心理风险、社会风险、时间风险、整体风险七大维度，数字普惠金融产品与服务的感知风险主要表现为特定场景下数字普惠金融产品与服务智慧化平台所面对的风险。潜在变量 Per、Sc、Se 的测量题项分别如表6－7、表6－8、表6－9 所示，表6－7 采用悲观和乐观反差对比的方式设计测量题项，1＝"非常不符合"，5＝"非常符合"，悲观中所包含的形容词代表用户对绿色金融产品与服务持有的封闭且易受他人干扰的态度，乐观中所包含的形容词代表用户对绿色金融产品与服务持有的开放且易尝试的态度；表6－8 采用测量变量内涵与 SERVQUAL 量表五大维度相类比的方式设计测量题项，1＝"非常不同意"，5＝"非常同意"；表6－9 采用策略变量内涵与 PRQ 量表七大维度相类比的方式设计测量题项，由于数字普惠金融产品或服务的感知风险大多来源于智能平台应用中的风险，多为绩效（系统操作）风险与财产风险，1＝"非常不同意"，5＝"非常同意"。

表6－7　个性特质（Per）测量量表

悲观（Pes）						乐观（Opt）					
1. 紊乱的	1	2	3	4	5	1. 有系统的	1	2	3	4	5
2. 易怒的	1	2	3	4	5	2. 冷静的	1	2	3	4	5
3. 多愁的	1	2	3	4	5	3. 实际的	1	2	3	4	5
4. 易受刺激的	1	2	3	4	5	4. 安静的	1	2	3	4	5
5. 孤独的	1	2	3	4	5	5. 合作的	1	2	3	4	5
6. 缺乏创造力	1	2	3	4	5	6. 富有想象力	1	2	3	4	5
7. 嫉妒的	1	2	3	4	5	7. 不嫉妒的	1	2	3	4	5
8. 内向的	1	2	3	4	5	8. 健谈的	1	2	3	4	5
9. 害羞的	1	2	3	4	5	9. 喜欢社交的	1	2	3	4	5
10. 无效率的	1	2	3	4	5	10. 有效率的	1	2	3	4	5

表 6 - 8　情境感知价值（Sc）测量量表

测量变量	题项						SERVQUAL
Da	1. 你所接触到的数字金融平台产品丰富，可满足选择需求	1	2	3	4	5	有形性
	2. 你所接触到的数字金融平台推荐精准，有助于选择合适的产品	1	2	3	4	5	同理性
	3. 你所接触到的数字金融平台产品特性能够达到预期目标	1	2	3	4	5	可靠性
	4. 你所接触到的数字金融平台产品辅助信息反馈及时有效	1	2	3	4	5	回应性
	5. 你对所接触到的数字金融平台具有较强的黏性和信任	1	2	3	4	5	保证性
Gr-Fi	6. 你所接触到的数字金融平台绿色金融服务占比较高	1	2	3	4	5	有形性
	7. 你所接触到的数字金融平台绿色金融产品扶持力度大	1	2	3	4	5	可靠性
	8. 你所接触到的数字金融平台绿色金融服务主动为用户"减费让利"	1	2	3	4	5	保证性
	9. 你所接触到的数字金融平台绿色金融服务为你制定了精准画像	1	2	3	4	5	回应性
	10. 你所接触到的数字金融平台绿色金融服务可帮助你完成绿色价值目标	1	2	3	4	5	保证性

表 6 - 9　感知风险（Se）测量量表

测量变量	题项						PRQ
Af	1. 你所接触到的数字金融平台界面清晰且操作简单会让你愉悦	1	2	3	4	5	绩效风险
	2. 你所接触到的数字金融平台出现卡顿现象会让你焦虑	1	2	3	4	5	绩效风险
	3. 你所接触到的数字金融平台产品更新周期长会降低你的信任度	1	2	3	4	5	财务风险
	4. 你所接触到的数字金融平台过分收集个人隐私数据会让你放弃使用	1	2	3	4	5	隐私风险
	5. 你所接触到的数字金融平台是整体系统组成部分，且关联平台运营良好会增强你的选择信心	1	2	3	4	5	绩效风险 财务风险

续表

测量变量	题项						PRQ
It	1. 你所接触到的数字金融平台产品或服务精准推荐信息范围狭窄，会让你烦躁	1	2	3	4	5	绩效风险
	2. 你所接触到的数字金融平台会针对场景需求改变推荐策略，提升你的信任	1	2	3	4	5	绩效风险
	3. 你所接触到的数字金融平台会依据个人风险等级定制产品界面，确保财产安全	1	2	3	4	5	财务风险
	4. 你所接触到的数字金融平台智能投顾可有效辅助你做出决策，加快选择时间	1	2	3	4	5	时间风险
	5. 你所接触到的数字金融平台会关联其他优质相关平台，扩充信息咨询范畴，提升你的信任	1	2	3	4	5	社会风险

四、数据收集

由于数字普惠金融产品与服务有特定的群体性，且其载体数字普惠金融数字化或智能化平台也并非每个人都会接触，因此本研究并未按照人口统计变量分配设计调研样本，而是采取针对服务群体抽样调查的方式设计调研样本。数字普惠金融产品与服务的供给者主要有两类机构：一类是传统金融机构，如商业银行；另一类是互联网金融企业，如互联网银行等。数字普惠金融产品与服务的需求者主要是灵活就业者、绩效薪酬工作人员、个体工商户、小微企业等。调研样本设计的前提是：调研对象要对移动互联网时代下的数字普惠金融数字化或智能化平台有一定的接触。从供给者角度来讲，作为数字普惠金融产品或服务的开发者、销售者或使用者，对载体类平台的应用价值及安全风险都较普通人熟知；从需求者角度来讲，一般具有创业意向的年轻群体较其他类数字普惠金融服务对象更易接受或更早熟练应用载体平台。因此，本研究从数字普惠金融产品或服务供给者和需求者两个角度构建抽样样本，不拘泥于某一或具体某类数字普惠金融产品或服务数字化或智能化载体平台，而是从泛化的角度调研数字普惠金融产品或服务的感知价值、感知风险与人格特质之间的因果关系。

本书以湖北省孝感市县域数字普惠金融产品或服务的供给者与需求者为例，采用实地调研收集样本。由于社会关系的局限性，供给者仅选择4家传统金融机构的员工进行问卷发放，分别是：湖北孝感农村商业银行股份有限公司、中国农业银行孝感市分行、湖北银行股份有限公司孝感分行、湖北汉川农银村镇银行。每家发放 30 份共 120 份问卷，回收问卷 120 份，回收率为 100%，剔除无效问卷（没有填写完整、只填写同一选项或有明显填写规律的问卷）9 份，获得有效问卷 111 份，有效回收率 92.5%。经村委会、社区居委会、创新创业孵化基地的介绍与帮助，对孝感市城镇及乡村返乡创新创业的中青年农民，或从事垃圾处理、废旧塑料加工、花土专卖、绿色食品开发、太阳能发电等绿色环保创业项目的城镇居民或小微企业业主，发放调研问卷 200 份，回收问卷 178 份，回收率为 89%，剔除无效问卷 32 份，获得有效问卷 146 份，有效回收率 73%。共收集有效问卷257 份。

第四节 数据分析与模型检验

一、数据分析方法

对于收集到的样本数据，首先利用 SPSS 26.0 软件对问卷进行信效度分析，再利用 AMOS 23.0 软件进行结构方程模型分析。一般构建结构方程模型采用两大类估计技术，分别是基于极大似然估计（ML）的协方差结构分析方法，以线性结构关系（Linear Structural Relationships，LISREL）方法为代表，国内社会科学研究较多采用该方法；基于偏最小二乘法（PLS）的分析方法。

Amos 软件主要采用线性结构关系方法，它建立在协方差结构的基础上，又称为协方差建模方法，通过拟合模型估计协方差与样本协方差来估计模型参数。对于拟合指标，本书选取卡方自由度比（X2/df），这一指标是衡量整体模型拟合度的指标，值在 1～3 之间，表示模型拟合度可以接受，且其值越小代表模型的拟合度越好；拟合良好性指标（GFI）、调整拟合良好性指标（AGFI）、常规拟合指标（NFI），这三类指标的最大值为 1，值越大代表模型拟合程度越高，一般值在 0.9 以上，即可认为数据与理论模型的拟合度可接受；近似均方根误差指标（RMSEA），该指标受样本数量影响较小，是较好的绝对拟合指标，最小值为 0，其值越小代表模型拟合度越好，一般认为值小于 0.05 代表模型拟合度非常好，在 0.05～0.08 代表模型拟合度好，在 0.08～0.1 代表模型拟合度可接受，大于 0.1 代表模型拟合度不佳。

二、信效度分析

信度分析又称为可靠性分析，研究样本是否真实可靠，受访者是否真实回答问题，具体来说就是用问卷对调研对象进行重复测量时，所得结果的一致性程度。最常用的信度测量方法是克隆巴赫系数（Cronbach's coefficient alpha，Cronbach a 系数），计算公式如式（6-4）所示：

$$\alpha = \frac{K}{K-1}\left(1 - \frac{\sum S_i^2}{S_x^2}\right) \tag{6-4}$$

α 为信度系数，K 为测验题目数，S_i 表示所有被试在第 i 题上的分数差异，S_x 为所有被试所得总分的方差。其中，若样本方差之和/总体方差接近于 0，α 值接近于 1，则测试题项可靠程度高；若样本方差之和/总体方差接近于 1，α 值接近于 0，则测试题项可靠程度低。一般认为 Cronbach a 系数值大于等于 0.9，代表可靠程度非常高，在 0.7～0.9 代表可靠程度好，在 0.6～0.7 代表可靠程度可接受，在 0.5～0.6 代表可靠程度弱，小于 0.5 代表可靠程度不可接受。利用 SPSS 26.0 软件对本研究中的量表分别进行信度预测试，预测试样本数量为 80 份，个性特质（Per）、情境感知价值（Sc）及感知风险（Se）量表信度系数如表 6-10 所示，可见各量表测量题项的信度系数值均在可接受范围内，说明量表回答可信。

表 6-10　各量表测量题项信度系数值

Variable	Cronbach a	N of Items
Per	.847	20
Opt	.834	10
Pes	.851	10
Sc	.736	10
Da	.757	5
Gr-Fi	.719	5
Se	.699	10
Af	.702	5
It	.681	5

效度分析又称为有效性分析，评估测量工具或手段是否能够准确测出所需测量事物的程度，即问卷题项是否有效表达研究变量或维度的概念信息，

一般通过内容效度和结构效度研究题项设计是否合适。内容效度是题项对预测的内容或行为范围取样的适当程度，即测量内容的适当性和相符性，一般常用专家判断法或逻辑分析法进行定性判断。本研究中的量表试题均依据成熟量表问卷且经过多轮反复预测试，内容效度良好。结构效度是指量表实际测到所要测量的理论结构和特质的程度，即样本的结构是否符合预期，常用探索性因子分析对总体量表进行效度分析，评测指标有：KMO 系数，取值在 0～1 之间，越接近 1 代表量表的结构效度越好；巴特利球形检验的显著性，如果小于 0.05，表明量表具有良好的结构效度。利用 SPSS 26.0 软件，通过菜单路径"分析—降维—因子分析"获取 KMO 和 Bartlett 球形度检验指标值，如表 6-11 所示。KMO 大于 0.7，且 Bartlett 球形度检验对应的显著性值为 0.000，说明量表适合进行探索性因子分析，量表结构效度良好。

表 6-11　KMO 和 Bartlett 球形度检验值

结构效度指标		检验值
取样足够度的 KMO 度量		.779
Bartlett 的球形度检验	近似卡方	2589.134
	自由度	213
	显著性	.000

三、模型验证与假设检验

完整模型验证包括测量模型验证和结构模型验证，测量模型验证检验潜在变量与测量变量之间存在的相关关系，结构模型验证检验不同潜在变量之间存在的相关关系。测量模型验证通过验证性因素分析得出各潜在变量在其观测变量上的因子载荷值，从而判断假设的测量模型与观测数据是否能够有效契合。在测量模型中为让模型可以有效收敛估计，需将每个误差变量对测量指标的路径系数固定为 1，因为误差变量也是潜在变量，没有单位。使用 AMOS 23.0 对上述综合大数据因果图操作（条件独立性假设）及理论研究生成的数字普惠金融需求与供给修正的结构方程有向无环图，进行标准化模型图建构，且绑定量表数据，标准化结构方差模型输出图如图 6-8 所示。

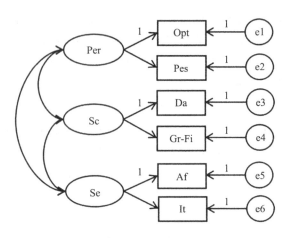

图 6 - 8　利用 Amos 软件标准化修正后的结构方程模型图

采用极大似然法估计的未标准化回归系数如表 6 - 12 所示，在模型设定上将"Opt←Per""Da←Sc""Af←Se"的未标准化回归系数设定为固定参数 1，因此这三条路径不需要进行显著性检验，其标准误（S. E.）、临界比（C. R.）、显著性 P 值均空白。其他三条路径的 C. R. 值大于 1.96，且在 5% 水平上显著，表示路径系数显著不为 0，三组参数高度相关。

表 6 - 12　未标准化回归系数

	Estimate	S. E.	C. R.	P
Opt←Per	1.000			
Pes←Per	.913	.086	10.616	＊＊＊
Da←Sc	1.000			
Gr-Fi←Sc	.681	.067	10.164	＊＊＊
Af←Se	1.000			
It←Se	.794	.071	11.183	＊＊＊

在验证性因素分析中，标准化的路径系数代表共同因素（潜在变量）对测量变量的影响，因素负荷量大小代表了测量变量对潜在变量的相对重要性，因素负荷值越大代表测量变量能有效反映其要测得的潜在变量。模型的标准化回归系数如表 6 - 13 所示，因素负荷量均在 0.50 以上，模型的基本适配度良好。

表 6 - 13 标准化回归系数

	Estimate
Opt←Per	.801
Pes←Per	.793
Da←Sc	.617
Gr-Fi←Sc	.579
Af←Se	.694
It←Se	.787

三个潜在变量之间的协方差估计值及协方差标准误估计值如表 6 - 14、表 6 - 15 所示,三组潜在变量之间的协方差检验结果显著不为 0,且协方差达到 5% 的显著水平,代表两两潜在变量之间有显著共变关系且关系显著,协方差的标准误在 0.750 以上,代表两两潜在变量之间存在高度相关。

表 6 - 14 协方差估计值

	Estimate	S. E.	C. R.	P
Per↔Sc	.285	.034	8.382	* * *
per↔Se	.311	.041	7.585	* * *
Sc↔Se	.407	.049	8.306	* * *

表 6 - 15 协方差标准误估计值

	Estimate
Per↔Sc	.793
per↔Se	.761
Sc↔Se	.789

三个潜在变量与六个误差变量的测量残差变异量估计值如表 6 - 16 所示,测量变量的多元相关的平方值如表 6 - 17 所示。表 6 - 16 中三个潜在变量和六个误差变量的变异估计值均为正数且达到 5% 的显著水平,且变异估计值均很小,代表模型的基本适配度良好。表 6 - 17 中,测量变量的多元相关的平方,代表该测量变量被其潜在变量可解释的变异量,也代表测量变量的信度系数,可见表中测量变量的信度系数均在 0.50 以上,代表模型的内在质量检验良好。

表 6 - 16　测量残差变异量估计值

	Estimate	S. E.	C. R.	P
Per	.279	.031	9.000	＊＊＊
Sc	.307	.039	7.871	＊＊＊
Se	.295	.034	8.676	＊＊＊
e1	.148	.017	8.705	＊＊＊
e2	.159	.019	8.368	＊＊＊
e3	.224	.027	8.296	＊＊＊
e4	.271	.029	9.344	＊＊＊
e5	.191	.021	9.095	＊＊＊
e6	.208	.025	8.320	＊＊＊

表 6 - 17　测量变量多元相关平方值

	Estimate
Opt	.815
Pes	.793
Da	.601
Gr-Fi	.597
Af	.699
It	.703

　　潜在变量的路径分析（Path Analysis with Latent Variables；PA-LV），即完整的结构方程模型，包含测量模型与结构模型。与观察变量路径分析（Path Analysis with Observed Variables，PA-OV）不同的是，潜在变量的路径分析模型综合了形成性指标与反映性指标，不但可以进行潜在变量与其测量变量所构成的测量模型的估计，也可以进行变量间路径分析的检验。潜在变量的路径分析首先通过潜在变量的测量指标之间构成的标准化残差协方差矩阵值，来观测基于理论推导的方差协方差矩阵与基于观察样本的方差协方差矩阵的差距，差距值越小代表模型与观察数据越拟合。标准化残差协方差矩阵如表 6 - 18 所示，标准化残差协方差数值的绝对值均小于 2.58，代表模型参数表现良好，且参数 Da、Gr-Fi、Af、It 与 Opt 的标准化残差协方差相关系数分别为 0.033、0.052、0.072、0.067，相关关系显著；参数 Da、Gr-Fi、Af、It 与 Pes 的标准化残差协方差相关系数分别为 －0.019、－0.022、－0.054、－0.039，相关关系显著；参数 Af、It 与 Da 的标准化

残差协方差相关系数分别为 0.005、0.018，相关关系显著；参数 Af、It 与 Gr-Fi 的标准化残差协方差相关系数分别为 0.125、0.274，相关关系不显著，但可接受。

表 6-18　标准残差协方差矩阵

	Opt	Pes	Da	Gr-Fi	Af	It
Opt	.000					
Pes	.000	.000				
Da	.033	−.019	.000			
Gr-Fi	.052	−.022	.000	.000		
Af	.072	−.054	.005	.125	.000	
It	.067	−.039	.018	.274	.003	.007

表 6-19 为外因潜在变量对内因潜在变量的标准化总效果值，外因潜在变量 Per 对内因潜在变量 Sc 的直接影响效果值为 0.103、对内因潜在变量 Se 的直接影响效果值为 0.247，内因潜在变量 Sc 对内因潜在变量 Se 的直接影响效果值为 0.011，内因潜在变量 Se 对内因潜在变量 Sc 的直接影响效果值为 0.268。表明，潜在变量 Per、Sc、Se 之间相关关系显著。

表 6-19　外因对内因潜变量的标准化总效果值

	Per	Sc	Se
Sc	.103	.000	.268
Se	.247	.011	.000
Opt	.786	.000	.000
Pes	.659	.000	.000
Da	.097	.892	.396
Gr-Fi	.012	.704	.105
Af	.029	.086	.698
It	.027	.102	.503

表 6-20 为结构方程模型的适配度评估指标，从各指标值看均达到模型可以接受标准，包含测量模型和结构模型的整体理论因果模型图与实际数据可以适配，且根据整体结构方程模型检验结果，上述假设检验成立。

175

表 6 - 20　整体模型适配度检验

模型拟合指标	适配标准	检验结果	适配判断
X2/df	＜3	2.674	是
GFI	＞0.9	0.915	是
AGFI	＞0.9	0.901	是
NFI	＞0.9	0.928	是
RMSEA	＜0.08	0.069	是

四、研究结论

①结构方程模型与贝叶斯网络的核心一致，均是利用统计学方法建立图形模型，以拟合观测数据。通过变量之间的条件独立性判定贝叶斯网络参数间特定结构的存在性，最接近于贝叶斯网络结构的语义特性，但存在马尔可夫等价类的结构问题，而基于结构方程模型的因果推断是解决马尔可夫等价类难题的有效手段。将基于条件独立性的方法与结构方程模型相结合，可有效提高因果模型对高维数据因果方向的判断能力。

②结构方程等传统标准统计分析有一套固有的研究方法论或研究范式，均是在假定因果关系存在的前提下，根据样本检验假设的因果关系是否合理，必须有理论引导才能构建假设模型图，若理论不够合理，就会导致后续模型拟合、拟合校验及分析结果合理性等一系列问题。由大数据引导数据驱动的科学能够提出额外有价值的见解，是对社会科学理论模型不断完善及创新推动。

③基于大数据构建的知识图谱可从全镜像的视角探测以往经验理论无法触达的领域，并可动态获取多层多维变量间的复杂关联关系。在通过大数据分析获取四大知识图谱的基础上，获得条件独立性假设 SE ⫫ (IT，DA) ｜ AF 与 INC ⫫ {(Sc，Sp)，(GR，FI)} ｜ DA，由于场景变量（SC）和安全变量（SE）无法直接测量，属于潜在变量，适合建构结构方程模型分析。根据因果推断的后门规则，将条件独立性假设分别转换为有向无环图，并结合结构方程 DAG 图特点，生成数字普惠金融需求与供给匹配的结构方程初始有向无环图。

④基于场景、感知风险、感知价值、个人特质理论等基础理论修正并完善数字普惠金融需求与供给匹配的结构方程初始有向无环图。通过理论研究得出：场景作为大数据宏观背景下的情境，被赋予更多复杂的因素与含义，

逐渐由客观环境过渡到认知、意识、动机等主观理念因素，理念是决定"主观"情境的关键要素，情境是个体心理上知觉的环境；感知价值与感知风险都是一种主观体验的感知，感知价值是对感知利得与感知利失的一种主观判断，情境和个性是感知利得与感知利失的重要驱动因素，感知风险也是在特定情境下个人主观对客观存在条件的认知与判断，与情境、个性紧密相关。因此，在感知情境价值（Sc）与感知风险（Se）所构建的初始结构方程有向无环图中，加入个性特质（Per）变量，生成数字普惠金融需求与供给修正的结构方程有向无环图。

⑤基于修正后的数字普惠金融需求与供给结构方程有向无环图，实现整个结构方程模型的分析与设计流程。利用 SPSS 26.0 软件对问卷进行信效度分析，利用 AMOS 23.0 软件进行结构方程模型分析，统计结果显示模型与样本数据拟合度较好，假设检验通过。这与基于大数据分析构建的有向无环图进一步精简了传统基于理论研究的模型图相关，证明大数据分析有助于传统标准化统计分析中理论假设的创新与精准化。

⑥从微观层面可知，数字普惠金融需求与供给的精准匹配中，感知情境价值（Sc）、感知风险（Se）、个性特质（Per）均是重要的影响因素，决定了是否能够使数字普惠金融需求端与供给端精准匹配，从而提高县域微观经济发展。通过因子分析、路径分析等可知，个性特质（Per）是感知情境价值（Sc）和感知风险（Se）的外因潜在变量，因此在实现需求端与供给端精准匹配的过程中，对数字普惠金融用户进行个性特质需求画像非常关键；感知风险（Se）同时也是感知情境价值（Sc）的外因潜在变量，对于移动互联网时代下的数字普惠金融感知情境价值，提高数字普惠金融数字化或智慧化平台的场景运营效果，降低信息操作风险，显得尤为重要；对于整体结构方程模型而言，感知情境价值（Sc）和感知风险（Se）互为内因潜在变量，其中用户大数据分析（Da）、绿色金融产品精准推荐（Gr-Fi）、算力（Af）、智能（It）均为精准匹配中的重要影响因素。

第七章　基于事件驱动的数字普惠金融对县域经济高质量发展的影响机制构建

　　在数字普惠金融数字化带来的价值和背景下，数字普惠金融对县域经济高质量发展的影响因素及影响因素之间的相关或因果关系，会综合形成"数字化"或"智能化"平台的功能模块，成为影响功能模块创新及功能模块之间关系改变的因素来源，影响数字普惠金融平台构建的质量及应对县域经济高质量发展中各类场景的感知和推荐能力。因此，基于事件驱动的数字普惠金融对县域经济高质量发展的影响机制构建目的是实现数字普惠金融需求与供给的精准匹配，从而动态适配县域经济高质量发展中各类数字普惠金融产品与服务的应用场景。场景中一个完整的情境可用一个发生行为价值改变的事件来代表，因此情境建模可以用事件建模来代替，事件建模的核心在于不仅要包含影响用户感知的核心元素，还要包含核心元素的状态以及状态跃迁，即事件语义结构要建立在用户的感知心理及价值观等上层概念语义上，实现场景感知推荐在用户态度心理及价值观等深层因果结构层面的推理。构建集成相关及因果概念节点的知识图谱，由事件驱动引导实现与用户个性特质画像知识图谱的语义集成，并在语义集成的基础上计算事件语义结构相似度，从而实现由某一事件核心元素、状态及状态跃迁扩展到全局知识图谱中语义相近的概念节点及节点路径，获知形成相关或因果概念节点聚合的用户"个性特质"等深层影响因素，以及实现不同事件相似度计算下的场景迁移等功能。

第一节　基于事件驱动与情境感知的动态反馈影响机制模型构建

一、事件驱动与情境感知

汉语词典对"事件"的解释是：比较重大、对一定的人群会产生一定影响的事情。在物理学中，事件是由它的时间和空间所指定的时空中的一点。伦纳德·泰尔米（Leonard Talmy，2003）在其著作《走向认知语义学》（Toward a Cognitive Semantic）中提到情绪是否为事件激发。由前文可知，情绪、心态等主观认知是情境感知的核心驱动力，因此事件驱动与情境感知息息相关，在相同事件中不同用户对事件构建元组所包含的元素及元素间的关联或因果关系的感知能力、感知态度、感知反馈均不同，即相同事件驱动可引发不同用户的情境感知状态，这由不同用户的人格特质引起，持有悲观与持有乐观态度的用户看待同一事件的内心反馈自然不同。以移动互联网、大数据、云计算、人工智能等高科技信息技术为根基的数字经济时代，数字普惠金融对县域经济高质量发展的影响综合表现在数字普惠金融产品与服务的数字化或智能化平台运营中，融合大数据分析、知识图谱、随机化实验与因果图操作，以及结构方程模型等多种数据分析方法与技术手段，构建由融合因果与相关关系的知识图谱、用户人格特质画像、内外部环境触发的事件驱动模型、事件驱动的情境感知推荐四大核心模块构成的平台运营机制，实现数字普惠金融对县域经济高质量发展的动态反馈影响机制的构建。其构建模型如图 7-1 所示：

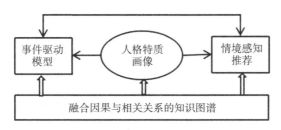

图 7-1　基于事件驱动与情境感知的动态反馈影响机制构建模型

在该模型中，用户的人格特质画像是动态反馈影响机制构建的核心，不同用户的人格特质会与事件驱动模型构件中的不同元素产生刺激反应和连接，使不同用户对同一事件引发的情境有不同的感知，进而产生相关推荐，推荐内容与事件中用户应激的内部因素及外部因素高度相关，提高了推荐的质量和精准性。同时，情境感知推荐的内容又反向影响事件驱动模型构件中相关元素的进化与发展，产生量变或质变从而形成新的情境，该情境是新的影响因素复杂关系的综合表现，产生新一轮的感知反馈。由人格特质画像、事件驱动模型、情境感知推荐三大模块形成动态反馈影响因素分析机制的基础，便是需要融合大数据分析、传统标准化统计分析等多种数据驱动和知识驱动方法和技术，从海量大数据和针对性小数据中获取知识规则的相关及因果关联，通过语义集成形成融合相关和因果关系的知识图谱。

二、人格特质画像

埃里希·弗洛姆（Erich Fromm，2002）在《逃避自由》一书中提到，人格的形成是由先天与后天因素共同作用的结果。人格是建立在生物基础上的心理趋势，先天因素在人格形成过程中扮演了重要的角色。在每个人的身上都存在一种与生俱来的"精神胚胎"，它在生命之初表现为气质性格，影响着人们对外部刺激的反应，也成为个体人格特质的基础内核。人格形成的后天因素，主要是指原生家庭等能够影响人生最初记忆的成长环境与经历。因此在人格特质画像中除了基于"大五人格"理论进行性格标签分类外，还需对先天因素，如血型、星座、智商、情商；后天因素，如家庭关系、职业压力、教育经历、两性关系进行标签分类。

三、事件驱动模型

信息抽取领域中，事件通常有精心设计的、任务相关或类别相关的结构表示。有关事件结构模型，美国国家标准与技术研究所（NIST）的研究项目"自动内容提取"（Automatic Content Extraction，ACE）提出，事件由事件触发词和描述事件结构的槽（slot）角色构成。槽是指事件中所包含的信息量，在事件结构上表现为槽的类别和数量。基拉·拉丁斯基和萨吉·达维多维奇等（Kira Radinsky & Sagie Davidovich et al.，2012）将事件定义为通用的六元组结构，其中槽的数量为 6，槽的类别分别是：P 代表关系类型，指事件中的动作，通常为事件触发词；O_1-O_4 分别代表实施者、动作对象、地点和工具；T 代表时间。事件结构模型定义为：$E=(P, O_1, O_2, O_3, O_4, T)$。在定义事件结构模型中，如果槽的数量太多会包含过多的冗余信息，如果槽的数量过少便不能表现出事件的本质属性，因此将事件六元组结构中的动作、动作实施者和动作对象定义为事件结构模型的基本元素。吴冬茵（2016）提出基本事件三元组 $E=(O_1, P, O_2)$。事件还是管理过程的核心，通过事件及其发生情境信息的融合，能够准确认识管理过程中的突发状况，并做出有效决策。任明仑和李伟（2017）从人—物—场信息融合的角度定义事件信息结构模型，主要信息包括实体及实体属性、状态信息、环境信息、场景、事件及决策，其中场景是构建在环境信息上的知识规则，多场景的约束规则对感知到的状态变化有着多场景的理解，从而形成不同的事件。

四、基于事件驱动的情境感知推荐

情境感知是泛在计算的重要研究方向，泛在计算降低了用户对设备的依赖性，为了向用户提供恰当的信息和服务，设备应用与服务需要感知用户情境并自动调整以适应其不断变化的情境，即为情境感知过程。情境感知推荐系统（Context Awareness Recommendation System，CARS）将情境信息引入传统推荐系统中，利用时间、地点、设备、周围环境等众多情境信息为用户生成推荐，将传统的二维推荐扩展到多维推荐，即突破了传统推荐系统"用户—项目"二元关系的限制，拓展到了"用户—项目—情境"三元关系模式中。将情境信息融入传统二维推荐过程的方法主要有三种：情境的前置过滤、情境的后置过滤和情境建模，其中情境建模与前两种情境信息松耦合模式不同，它是直接将情境信息融入推荐系统中，实现了用户与情境的紧耦合关系。由事件驱动模型可知，事件中包含情境信息，且可用事件结构模型表示情境上下文信息，因此基于事件驱动的情境感知推荐系统，即将事件驱动模型融入传统二维推荐系统中。

五、融合因果与相关关系的知识图谱

知识图谱作为一种拥有大量实体和丰富语义关系结构化知识库，可以辅助推荐系统中涉及项目的语义扩展。大数据环境中，利用数据挖掘等数据驱动方法实现知识图谱的语义关系结构化学习，多数集中在概念间等级关系学习，如整体与部分关系、上下位继承关系等语义结构学习；或实现概念间非等级关系学习，如利用依存句法分析抽取（主，谓，宾）三元组的使动关系。这些语义关系为相关关系，推荐系统仅能依据这些相关关系判断推荐项目与哪些项目相关，或通过谓语动词浅层判断项目间为何相关，而无法深入导致项目存在相关关系的深层原因，如用户的价值观、内外部环境变化等机制影响。因此，在大数据分析等数据驱动引导的知识图谱构建中，需融入理论引导的传统标准化统计分析等知识驱动方法，深入挖掘相关关系中存在的因果关联，升级知识图谱的语义推理能力，是实现动态反馈影响机制的基础条件。

第二节　数字普惠金融影响县域经济高质量
发展的因果知识图谱构建

一、相关关系与因果关系的语义集成

结合科学知识图谱分析、LDA 主题模型挖掘、支持向量机等多种数据驱动方法，从多源多结构化海量数据中学习获得四大知识图谱，分别是：县域经济高质量发展中对数字普惠金融需求知识图谱、县域经济高质量发展中对数字普惠金融供给知识图谱、数字普惠金融对县域经济高质量发展影响的环境知识图谱、数字普惠金融对县域经济高质量发展影响的关联知识图谱。在这四大知识图谱的基础上，依据反事实理论及因果图操作获取 4 个条件独立性假设，并通过倾向得分匹配法、结构方程模型实现相关因素变量之间的因果分析。按照〈需求，供给，环境，关联〉语义集成模板，以知识驱动获取的因果关系变量及路径为核心，参照四大知识图谱中相关关系变量及路径，基于知网 Hownet 的语义相似度计算与因果变量及路径语义相关的变量及路径，实现核心语义变量的扩展及集成。具体规则如下：

①设 $\{x_1, x_2, \cdots, x_n; y_1, y_2, \cdots, y_n; (x_1, y_1), (x_2, y_2), \cdots, (x_n, y_n)\}$ 为因果变量及因果路径，若因果变量及因果路径 $\{x_t, y_t, (x_t, y_t)\}$ 存在于四大知识图谱概念集及概念关系路径集中，则找出相关节点及节点路径，包含在节点路径中的子节点、父节点以及相邻节点均为语义集成后知识图谱中的生成节点；

②设 $\{x_1, x_2, \cdots, x_n; y_1, y_2, \cdots, y_n; (x_1, y_1), (x_2, y_2), \cdots, (x_n, y_n)\}$ 为因果变量及因果路径，若因果变量及因果路径 $\{x_t, y_t, (x_t, y_t)\}$ 不存在于四大知识图谱概念集及概念关系路径集中，基于知网 Hownet 语义相似度计算算法，通过概念义原相似度来扩展与 $\{x_t, y_t, (x_t, y_t)\}$ 节点及节点路径的语义相似节点及相关路径，为语义集成后知识图谱中的生成节点。

通过对四大知识图谱的因果图 Do 演算过程，获得 Gr ⊥ IN｜（CH，PR）、SU ⊥ INC｜BO、SE ⊥（IT，DA）｜AF、INC ⊥｛（Sc，Sp），（GR，FI）｝｜DA 四个非混杂性条件独立假设，其中相关变量节点及节点关联路径均在四大知识图谱中，但针对 SE ⊥（IT，DA）｜AF、INC ⊥｛（Sc，Sp），（GR，FI）｝｜DA 这两个条件独立性假设的因果论证中，结合结构方程模型

添加了外部变量人格特质（PER），该变量与条件独立性假设中的核心变量 SE、SC 所形成的概念节点及概念节点路径并不存在于四大知识图谱中，因此需要基于四大知识图谱的原有概念语义结构进行语义扩展，添加人格特质画像，实现用户深层认知心理、价值观等与知识图谱中影响因素所形成的因果及关联概念节点及概念节点间关联路径的语义整合。不仅实现了知识图谱中影响因素所形成的概念节点及节点关联关系的因果化，还提高了知识图谱对事件或场景的深层语义及因果推理的能力，形成数字普惠金融对县域经济高质量发展影响中动态反馈机制的构建基础。

二、融合因果与相关的数字普惠金融对县域经济高质量发展影响的知识图谱

依据上述相关关系与因果关系语义集成的算法，将基于四大知识图谱因果操作获得的 $Gr \perp IN \mid (CH, PR)$、$SU \perp INC \mid BO$、$SE \perp (IT, DA) \mid AF$、$INC \perp \langle (Sc, Sp), (GR, FI) \rangle \mid DA$ 四个非混杂性条件独立假设中的因果变量，以及通过倾向指数匹配和双重差分法、结构方程模型进行因果论证的变量关联，对应于四大知识图谱的概念节点及节点路径进行标注，且按照相关关系与因果关系语义集成的规则，即因果节点及节点路径包含在四大知识图谱中，进行语义扩展和集成，所生成的知识图谱如图 7-2 所示。灰色标签概念节点及节点间关系路径，为四大知识图谱因果操作获取的具有因果关系的影响因素及因果路径，非灰色标签概念节点及概念节点之间的相关路径、非灰色标签概念节点与灰色概念标签节点及节点间的相关路径，为语义扩展节点及相关路径，这些因果与相关概念节点及路径均包含在原有四大知识图谱中，通过前文的因果关系论证，实现语义标注。

在对条件独立性假设 $SE \perp (IT, DA) \mid AF$、$INC \perp \langle (Sc, Sp), (GR, FI) \rangle \mid DA$ 中变量 SE 与变量 SC 的因果关系论证中，加入不包含在原有四大知识图谱中的"个性特征（PER）"变量，依据相关关系与因果关系语义集成的规则，实现变量 PER 与原有知识图谱中概念节点的语义关联，并通过扩展与变量 PER 语义相关的外部节点，来扩充原有知识图谱的概念节点关联范畴。构建用户画像来扩展与 PER 变量有语义关联的概念节点，用户画像中除了添加形成 PER 变量的先天因素与后天因素标签外，更重要的是添加由 PER 变量导致的数字普惠金融产品与服务偏好标签，通过计算偏好标签与原有知识图谱中的关联节点的语义相似度，达到用户画像与原有知识图谱的语义集成，从而实现知识图谱的语义扩展。在原有知识图谱中已包含的因果变量概念节

点与相关变量概念节点语义集成所形成的知识图谱基础上，即在图7-2上添加语义关联的用户画像知识标签，如图7-3所示。由于因果变量PER不包含在原有的四大知识图谱中，通过构建有关PER的画像知识图谱，实现已在原有知识图谱中的因果变量概念节点及相关变量概念节点的语义扩展，并提升知识图谱对用户感知心理、价值观等深层语义影响因素的推理能力。

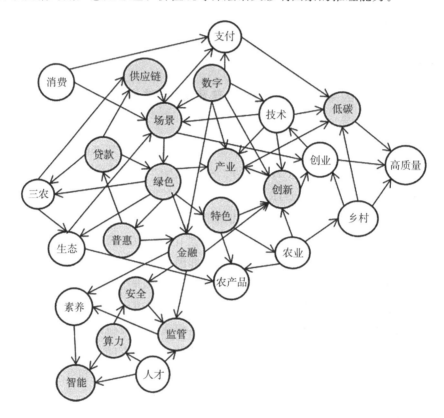

图7-2 已包含在四大知识图谱中的因果节点语义集成图谱

通过前文结构方程模型实证分析可知，用户个性特质画像系统中"金融产品偏好"类别标签对应于已有相关与因果节点集成后知识图谱系统中的"场景"概念节点，"风险偏好特质"类别标签对应于"安全"概念节点，当用户受到事件中某一"场景"因素触发，便会对知识图谱中代表影响因素的相关概念节点及节点路径产生综合反应，进而影响其行为决策。用户个性特质画像系统与已有相关与因果节点集成后知识图谱系统的语义集成过程，是由事件驱动的结果。不同用户对同一事件中包含因素的刺激反应不同，即不同用户对同一事件所关联的知识图谱中节点变量不同，所构建的动态影响反馈机制可实现不同用户与同一场景中不同影响因素的语义关联。

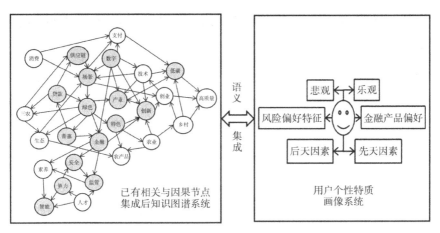

图 7 - 3　不包含在四大知识图谱中的因果节点语义集成图谱

第三节　数字普惠金融影响县域经济高质量发展的事件驱动模型构建

一、数字普惠金融影响县域经济高质量发展的场景

发展数字普惠金融，目的就是要提升金融服务的覆盖率、可得性、满意度，满足人民群众日益增长的金融需求，特别是要让农民、小微企业、城镇低收入人群、贫困人群和残疾人、老年人等及时获取价格合理、便捷安全的金融服务。大数据、人工智能等自动化智能化技术在金融行业的深入应用，可基本应对数字普惠金融的增长压力、满足数字普惠金融的发展要求。因此，在数字普惠金融影响县域经济高质量发展的场景分析中，数字化与智能化技术及平台功能是核心要素，直接影响数字普惠金融用户群体对便捷与安全两大性能的体验。

数字普惠金融产品与服务场景化，主要体现在为客户提供涵盖信用、抵押、质押、保证全品类线上贷款产品，并面向"专精特新"、供应链等重点领域，涉农经营群体及新市民客群，推出定制化、场景化的专属产品服务。例如，将信贷服务有机嵌入村集体"三资"管理、农户生产经营、生活消费等"三农"特色场景中。此外，基于电商平台的供应链模式、基于农业龙头企业的产业链模式和基于大型金融科技平台的综合模式等一系列数字普惠金融创新模式的出现，在助力县域经济高质量发展中发挥着重要价值。可见，数字普惠金融影响县域经济高质量发展的场景是特色化且精准定制的，涉及的主体是多元化的，产品与服务的内容是具有创新性的。

二、数字普惠金融影响县域经济高质量发展场景中的事件驱动模型

按照文学研究理论，场景中所包含的情境是否可用一个事件来表示，取决于该事件是否在价值观层面带来转折，一个场景中可包含多个情境，而代表一个完整情境的多个事件是按照主体行为价值是否发生改变进行区分的。在数字普惠金融影响县域经济高质量发展场景中的事件定义中，除了借鉴基拉·拉丁斯基和萨吉·达维多维奇等（2012）将事件定义为通用的六元组结构外，还需添加上事件中用户的价值观、态度、认知心理等核心结构元素。

合并参考任明仑等提出的融合人—物—场信息定义事件结构模型，从上述数字普惠金融影响县域经济高质量发展的场景描述中，可知事件的基本参与元素如下：

①实施者（Implementer，Imp），主要包括数字普惠金融产品与服务供给方（Supplier，Sup），分为商业银行等传统金融机构及互联网金融企业两大类别金融机构；数字普惠金融产品与服务需求方（Demander，Dem），主要有农民、小微企业、贫困群体等；数字普惠金融产品与服务监管方（Supervise，Sup），主要有监管部门及监管条例。

②实施对象（Object，Obj），主要包括支付、贷款、保险、理财、基金证券等面向80%长尾用户的传统金融产品的数字化创新。

③实施工具/操作（Tools/Operation，Ope），主要是线上数字化或智能化移动平台，采用前台—中台—后台的逻辑框架，前台主要是与用户直接交互的界面；中台主要是整合某种通用能力提供给前台，如用户画像等数据中台；后台为面向内部运营人员的专家系统。

④实施环境（Environment，Env），主要包括时间、地点、数字普惠金融产品与服务供给方的支持力度及社会影响力、数字普惠产品与服务属性特点、数字普惠金融产品与服务需求方的心理接受态度、数字普惠金融产品与服务监管方的约束程度、数字化或智能化技术成熟度等。

⑤实施状态（Status，Sta），主要是指在一个连续的时空场景中，实施环境动态变化的过程，即实施环境中各元素从一个状态到达另一个状态。

数字普惠金融影响县域经济高质量发展场景中的事件基本元素结构可以定义为五元组结构，即 E＝（Imp，Obj，Ope，Env，Sta），使事件中各元素产生语义关系的事件触发词不确定为事件中的动作。从人—物—场信息融合的角度来定义事件，事件触发词应该为数字普惠金融影响县域经济高质量发

展场景中能够触发需求方态度或价值观改变的任何元素，可以为描述场景的名词、形容词、动词或者组合词。

第四节　基于事件驱动的语义集成与情境感知推荐

一、事件驱动触发词辨别模型

由前文分析可知，事件驱动的触发词是能够引起事件实施状态发生改变的事件元素，其辨别模型如图7-4所示，与多数研究中将动作元素P记为事件触发词不同的是，事件触发词为同一连续时空下的场景中改变实施者、实施对象、实施工具等实施环境中元素状态的元素，且实施工具状态的改变与实施对象状态的改变，均会导致实施者价值观、心理态度等状态的改变，符合一个完整的故事情节，所构建的事件结构可表示为场景。例如，信贷周期、利率、发行单位等属性的改变会带来数字普惠金融需求方接受态度及心理的改变；数字普惠金融数字化或智能化平台的操作便捷性、安全性、信息完整性、及时性，以及智能推荐和服务的全面性及精准性等属性的改变，会导致数字普惠金融实施者行为价值的改变。因此，事件驱动中触发词的辨别是实施工具→实施对象→实施者状态不断递进累积改变的过程，数字化或智能化技术创新必然会引起数字普惠金融产品的创新，数字普惠金融产品的创新会导致数字普惠金融供给方、需求方、监管方三方实施者行为价值的状态改变，核心元素即为事件触发词。

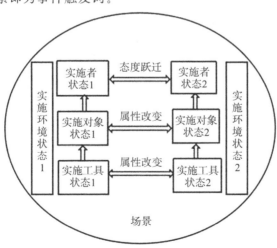

图7-4　事件驱动触发词辨别模型

二、基于依存句法分析的事件触发词抽取

句法分析是自然语言处理的关键技术，其目的是获取句子的句法结构来理解语言并为自然语言处理任务提供支持。句法分析是语义分析的基础，语义分析通常以句法分析的输出结果作为输入来获取更多的指示信息。根据分析任务的不同，句法分析可分为三种：句法结构分析，识别出句子中的短语结构及短语之间的层次句法关系；依存句法分析，识别句子中词汇与词汇之间的相互依存关系；深层文法句法分析，对句子进行深层句法及语义分析。其中依存句法分析在对句子语义结构分析中使用最为广泛。

依存句法认为"谓语"中的动词是一个句子的中心，句子中的其他成分与动词直接或间接产生关系，这种关系称为"依存"。具有依存关系的词与词之间并不是对等的，而是形成一种支配与被支配的语义逻辑关系，可用一棵依存句法树来描述。一般会对依存树的边加上不同标记，来丰富依存结构传达的句法信息，借鉴百度的 DDParser 和哈工大的 Ltp 均采用的通用依存句法标记体系如表 7-1 所示，其中 SBV、VOB、IOB、FOB、DBL 分别代表了实施者、实施工具、实施对象的不同语义逻辑关系，SBV 代表供给方与实施工具的关系、VOB 代表实施工具与实施对象的关系、IOB 代表实施工具对需求方的关系、FOB 代表实施工具与实施对象的关系、DBL 代表实施工具与需求方的关系；ATT、ADV、CMP、COO、LAD、RAD 分别代表了实施者、实施工具、实施对象的属性特征及实施环境的语义表述，ATT 代表实施对象的属性特征、ADV 代表实施者或实施工具或实施对象属性特征程度、CMP 代表实施工具的属性特征、COO 代表实施者或实施对象的属性特征、LAD 代表实施者或实施对象的属性特征联系、RAD 代表实施者或实施对象的属性特征；IS 代表同一场景中两个无语义关联的事件；HED 代表句子中核心的语义关系，即能够通过递进累积最终影响实施状态的核心关系，处于该核心关系中的中心词即为事件触发词

表 7-1　通用的依存句法树的标记体系

关系类型	Tag	Description	Example
主谓关系	SBV	Subject-Verb	我送她一束花（我←送）
动宾关系	VOB	直接宾语，Verb-Object	我送她一束花（送→花）
间宾关系	IOB	间接宾语，Indirect-Object	我送她一束花（送→她）
前置宾语	FOB	前置宾语，Fronting-Object	他什么书都读（书←读）

续表

关系类型	Tag	Description	Example
兼语	DBL	Double	他请我吃饭（请→我）
定中关系	ATT	Attribute	红苹果（红←苹果）
状中关系	ADV	Adverbial	非常美丽（非常←美丽）
动补关系	CMP	Complement	做完了作业（做→完）
并列关系	COO	Coordinate	大山和大海（大山→大海）
介宾关系	POB	Preposition-Object	在贸易区内（在→内）
左附加关系	LAD	Left Adjunct	大山和大海（和←大海）
右附加关系	RAD	Right Adjunct	孩子们（孩子→们）
独立结构	IS	Independent Structure	两个单句在结构上彼此独立
核心关系	HED	Head	整个句子的核心

　　基于依存句法分析与事件驱动触发词辨别模型，采用语义关系累积递进的方式判断最终影响实施环境发生状态跃迁，且最终使实施者行为价值发生改变的核心语义关系及核心词。根据事件驱动触发词辨别模型，在依存句法分析中语义结构集〔SBV、VOB、IOB、FOB、DBL〕为实施状态累积结构，其中动词为状态累积核心词；语义结构集〔ATT、ADV、CMP、COO、POB、LDA、RAD〕为实施状态跃迁结构，其中 ATT、ADV、CMP 为核心语义结构，形容词为状态跃迁的核心词；HED 为实施状态累积结构与实施状态跃迁结构的核心关联结构，由两大结构词集中的核心词语义关联构成。

　　例如，事件：中信银行研发出无抵押信贷产品"荔枝易贷"，有效缓解了农户融资难的问题。按照事件驱动触发词辨别模型及依存句法分析获取事件触发词的过程如下：

　　①按照依存句法分析实现该事件语义结构分析及语义角色标注，形成的依存句法树如图 7-5 所示，依据依存句法分析中核心关系由动词引导，"缓解"为核心词，与"缓解"相关的词形成的依存关系为核心关系；

　　②按照事件驱动触发词辨别模型中的语义关系累积递进法则，由"缓解"改变了"农户融资难"的状态，是由"无抵押信贷产品""荔枝易贷"引发，因此将"无抵押信贷产品"实施对象确定为事件驱动触发词。

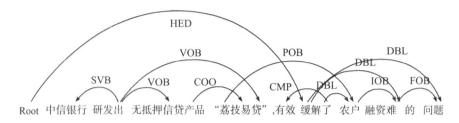

图 7-5 事件语义结构分析结果

三、基于事件驱动语义结构的语义集成及情境感知推荐

当事件触发词抽取后，事件驱动语义结构可表示为 E＝（触发词，状态词，状态跃迁过程），上述事件中，事件驱动语义结构可表示为 E＝（无抵押信贷产品，融资难，难→易）。依据上述融合因果与相关关系的语义集成知识图谱的构建方案，由事件驱动实现用户个性特质画像知识图谱和已有相关与因果节点集成后的知识图谱两大图谱的语义集成，基于事件驱动语义结构的语义集成实现方案如下。

①由事件触发词启动用户个性特质画像知识图谱中的"风险偏好特征""金融产品偏好"标签，由已有相关与因果节点集成后形成的知识图谱为事件触发词、"风险偏好特征"概念集标签、"金融产品偏好"概念集标签提供语义相似度计算的语义集成模板，实现由事件触发词到用户个性特质画像知识图谱中产品及属性偏好概念标签集，再到已有相关与因果节点集成的知识图谱中广泛概念节点集的语义集成，实现由触发词引导的知识图谱语义集成及概念、概念间因果及关联路径扩展。

②由状态词和状态跃迁过程启动用户个性特质画像知识图谱中的"悲观""乐观"标签，实现与由事件触发词所引导的知识图谱语义集成因果及相关概念集的语义关联，从用户心理、价值观等深层语义层面理解事件驱动触发后语义集成的知识图谱中概念节点间因果及相关关系的形成原因，进一步精准定位用户个性特质画像知识图谱中"后天因素""先天因素"的具体影响因素标签，实现事件触发词到用户个性特质画像知识图谱中的"个性特质"概念标签集，再到已有相关与因果节点集成的知识图谱概念节点集的语义集成，从而赋予集成后的知识图谱在态度、价值观等心理层面的因果推理能力。

基于事件驱动的情境感知推荐是建立在事件驱动语义结构的知识图谱语义集成的基础上，以往情境感知推荐中的情境建模仅在时间、空间的维度对推荐项目进行多维延伸，而基于时间驱动语义结构的情境建模不仅在时间、空间维度上进行延伸，更重要的是添加了状态及状态跃迁维度，实现情境感知推荐在用户心理、价值观等深层语义层面对推荐项目的因果推理和概念语义延伸，具体构建算法如下：

①设事件集原本的文本语义结构为事件驱动模型元件 $E_0 = \{X_0，Y_0，Y_{0_1} \to Y_{0_i}\}$，其中 X_0 为事件驱动语义结构中的触发词集元件，Y_0 为事件驱动语义结构中的状态词集元件，$Y_{0_1} \to Y_{0_i}$ 为事件驱动语义结构中的状态跃迁过程词集元件；

②设用户 A 对事件集原本的文本语义理解后形成的语义结构为事件驱动模型 $E_A = \{X_A，Y_A，Y_{A_1} \to Y_{A_i}\}$，其中 X_A 为用户 A 感知的事件触发词集，Y_A 为用户 A 感知后的状态词集，$Y_{A_1} \to Y_{A_i}$ 为用户 A 感知后的状态跃迁过程词集。

参考基于内容的推荐算法进行情境感知推荐，利用余弦相似度计算事件语义结构相似度，计算如式（7-1）所示，其中使用 TF-IDF 方法构建触发词集 X_A、X_0 对应的词频向量，使用布尔向量模型构建状态词集和状态跃迁词集的词频向量，在这里设置状态词语义"正"为 1，"负"为 0；状态跃迁语义的"发生转折"为 1，"没有发生转折"为 0。

$$\text{Sim}(E_A, E_0) = \cos(E_A, E_0) = \frac{X_A \cdot X_0}{|X_A|_2 \times |X_0|_2} + \frac{Y_A \cdot Y_0}{|Y_A|_2 \times |Y_0|_2}$$
$$+ \frac{(Y_{A1} \to Y_{Ai}) \cdot (Y_{01} \to Y_{0i})}{|(Y_{A1} \to Y_{Ai})|_2 \times |(Y_{01} \to Y_{0i})|_2} \quad (7-1)$$

③设用户 A 与用户 B 分别对事件集原本的文本语义理解后形成的语义结构为事件驱动模型 $E_A = \{X_A，Y_A，Y_{A_1} \to Y_{A_i}\}$ 与 $E_B = \{X_B，Y_B，Y_{B_1} \to Y_{B_i}\}$，参考协同过滤推荐算法进行不同用户对同一情境感知的推荐，同样利用余弦相似度计算不同用户对同一情境感知的事件语义结构相似度，计算如式（7-2）所示，其中 $\cos(E_B，E_0)$ 的计算方法与 $\cos(E_A，E_0)$ 的计算方法一致，变量集的测量采用 TF-IDF 词频和布尔变量向量模型。

$$\text{Sim}(E_A, E_B) = \cos(E_A, E_B) = \cos(E_A, E_0) + \cos(E_B, E_0) \quad (7-2)$$

④在情境感知相似度计算中，分别计算与事件驱动模型元件语义结构相似度目的是，事件驱动模型元件的语义结构是用户个性特质画像知识图谱和已有相关和因果节点集成的知识图谱语义集成的核心，通过对其语义相似度计算，将用户感知事件的元素扩展到整个语义集成后的知识图谱节点及节点路径中，实现针对不同用户对情境中事件感知内容的不同，实现动态反馈机

制。这些概念节点及节点路径就是导致不同用户感知情境出现不同状态的影响因素。

因此，基于事件驱动的数字普惠金融对县域经济高质量发展的影响机制构建的核心，即为融合数据驱动和知识驱动的知识图谱。通过大数据挖掘相关知识节点、通过小数据论证相关知识节点中存在的因果关联节点，通过语义集成形成既包含相关关系又包含因果关系的概念节点及路径的知识图谱。事件能否代表一个情境的完整语义，在于事件是否发生行为价值的改变，对比以往情境建模的研究成果，本研究在事件语义结构建模中加入了"状态"及"状态跃迁过程"两个元素结构，来代表一个完整的情境语义结构。由小数据结构方程模型论证可知，情境中用户对"事件触发词"的感知"状态"与"个性特质"紧密相关，因此在已有相关与因果关系概念节点的知识图谱语义集成中，引入用户个性特质画像知识图谱，并通过设置情境感知推荐算法，将不同用户对同一情境中事件的感知内容及状态推广到整个知识图谱中，即"用户个性特质画像知识图谱"与"已有相关与因果概念节点语义集成后的知识图谱"两大类知识图谱集成后形成的全局知识图谱中，来整合用户感知事件发生后形成不同心理或价值观状态的各类影响因素及相关或因果路径，实现在深层语义层面上的相关及因果推理，达到数字普惠金融对县域经济高质量发展动态反馈机制建设的目标。

第八章　总结及展望

第一节　研究回顾

本书采用"提出问题→解决问题→问题归纳及建模"的研究思路，按照以下研究路径开展相关研究内容设计。

①如何利用大小数据融合的思路解决数字普惠金融影响县域经济高质量发展的因素发现？相比于传统基于标准统计分析的实证研究，融合大小数据分析的优势是什么？能否利用大数据挖掘技术，特别是构建基于大数据挖掘的知识图谱来扩展传统标准统计分析中变量的覆盖面，以创新其假设论证依据的理论基础？如何融合利用大数据挖掘的数据驱动方法和小数据实证分析的知识驱动方法，把数字普惠金融影响县域经济高质量发展的因素综合起来，构建一个既包含相关关系又包含因果关系概念节点的知识图谱，在此基础上实现数字普惠金融需求与供给的精准匹配，并针对县域经济高质量发展中不同的应用场景进行动态适配和深层语义推荐？

②为了实现上述研究问题，在对国内外相关研究成果调研、学习、归纳总结的基础上，基于科学知识图谱分析方法，从海量科技文献数据源中发现与数字普惠金融和县域经济两个学科领域相关密切的高频关键词及高频关键词路径，对下一步相关概念的挖掘提供知识词表。基于改进的 LDA 主题模型算法，在科学知识图谱分析结论的基础上，针对海量相关主题微博数据源，按照〈需求，供给，环境，关联〉语义集成模板，综合采用 TextRank 图结构、义原相似度计算、随机游走算法，实现在词汇级的语义挖掘和集成，构建四大知识图谱：县域经济发展中的需求知识图谱、县域数字普惠金融的供给知识图谱、数字普惠金融与县域经济发展的环境知识图谱、数字普惠金融与县域经济发展的关联知识图谱。在四大知识图谱的基础上，按照因果图的链式、V 型和对撞三种基本结构，对四大知识图谱进行 D-分离和 D 演算过程，获取知识图谱中代表变量因果关系的四个非混杂性条件独立假

设，即 $Gr \perp IN \mid (CH，PR)$、$SU \perp INC \mid BO$、$SE \perp (IT，DA) \mid AF$、$INC \perp \langle (Sc，Sp)，(GR，FI) \rangle \mid DA$，对其中的 $Gr \perp IN \mid (CH，PR)$、$SU \perp INC \mid BO$ 两个条件独立性假设，由于涉及的变量可测量，因此采用倾向指数匹配与回归双重差分法，并利用 2012—2017 年湖北省县域面板数据进行两个条件独立性假设实现随机化研究设计，论证了条件独立性假设是否成立，即通过小数据实证分析论证大数据挖掘获取的知识模式的正确性，进一步确定了由相关关系节点构成的知识图谱中的因果概念节点及因果路径。对条件独立型假设中无法直接测量的因果变量，即场景变量（SC）和安全变量（SE），结合相关基础理论，引入个性特质（Per）外部变量，设计量表问卷，采用结构方程模型验证三组变量之间存在的因果关系，即在原有知识图谱的因果及相关概念节点中加入用户心理、价值观等影响因素。

③通过上述大小数据分析、挖掘、验证过程，形成融合相关与因果概念节点及路径的知识图谱，代表数字普惠金融影响县域经济高质量发展中的相关与因果变量及对应的关联关系。为实现数字普惠金融供给动态适配县域经济高质量发展中的各种影响因素，即应用场景变量，构建基于事件驱动的数字普惠金融对县域经济高质量发展的影响机制，实现数字普惠金融供给与县域经济高质量发展需求精准匹配的普适模型构建及推广。按照一个完整的场景可用一个行为价值改变的事件来代表，即场景/情境模型可用事件语义结构来替换。与以往情境模型构建中仅考虑"用户—项目—时空"等多维元素结构不同的是，事件中不仅考虑时空变量，还要考虑不同用户对事件触发词的感知状态也不同等情境因素，因此在事件语义结构中除了核心元素即事件触发词构建以外，重要的是加入事件触发词所影响的事件状态、状态跃迁。通过事件语义结构的相似度计算实现全局知识图谱的语义集成，不仅由一个事件中的核心元素节点扩展到全局相关及因果概念节点，还实现了对用户个性特质画像知识图谱的语义集成，从用户态度心理、价值观的层面对影响因素变量进行语义因果推理。

第二节　研究创新

融合大小数据分析的视角，分析数字普惠金融对县域经济高质量发展的影响因素。综合采用知识图谱、语义集成、LDA 主题模型构建等大数据挖掘方法，以及因果图操作、条件独立性假设、随机化实验、倾向指数匹配、结构方程模型等小数据因果论证方法，实现代表影响因素的概念节点及节点路径在全局知识图谱上的相关及因果推理。具体的创新如下。

①研究思路的创新：将影响因素的研究与获取反馈到一个集成相关概念节点和因果概念节点的知识图谱的构建中，并通过场景驱动使影响因素的研究由静态模式转化并提升到动态模式，且能够根据场景中用户的感知心理从态度、价值观层面实现影响因素在全局知识图谱上的概念节点及路径聚合，从而扩展影响因素获取及挖掘的语义广度和深度。

②研究方法的创新：以往数字普惠金融对县域经济高质量发展的影响因素研究，是基于基础理论提出研究变量之间因果关系的研究假设，并构建回归等统计模型验证假设，使用统计指标值判断假设是否成立。使用传统标准化统计分析进行变量间因果关系论证的方法，优点是标准化、严谨化且小数据可反映出大数据无法发现的行为态度、价值观等层面的变量关系，缺点是基础理论普适性论证不足、基础理论创新性不足、统计模型无法涵盖更多具有因果关系的因与果变量，即不能通过"扰动变量"涵盖一切隐藏变量。基于此，在小数据分析中融入大数据挖掘技术，利用大数据的"海量""多源""多结构化"以及能够在一定程度上代表事物"镜像"等优势，扩展小数据知识发现的边界，以发展与核心因变量、果变量有更多关联及因果关系的变量，通过大数据挖掘形成的知识图谱体现出这些影响因素所代表的概念节点及概念节点之间的相关与因果关联。同时，原有大数据驱动下的知识获取中，概念节点呈现相关关系，通过小数据的知识驱动和理论分析实现了从相关关系节点中准确定位具有因果关系的概念节点及路径，因此可实现既包含相关又包含因果关系的知识图谱构建。

③研究内容的创新：研究主要采用图论的方法进行内容的创新。基于科学知识图谱分析数字普惠金融与县域经济高质量发展的相关路径，综合利用科技知识图谱软件 Citespace 与复杂网络分析软件 Gephi，获取频繁词表集及词表关联路径集；在频繁词表集及词表路径集〔县域经济高质量发展中对数字普惠金融需求实体集〕、〔县域经济高质量发展中对数字普惠金融供给实体集〕、〔影响数字普惠金融对县域经济高质量发展的环境实体集〕、〔需求，供给，环境关联集〕的引导下，综合使用 LDA 主题模型挖掘、条件随机场、TextRank 图结构、义原相似度计算、随机游走算法等，构建频繁词表集及频繁路径集对应的四大知识图谱，即县域经济高质量发展中的需求知识图谱、县域数字普惠金融的供给知识图谱、数字普惠金融对县域经济高质量发展的环境知识图谱、数字普惠金融对县域经济高质量发展的关联知识图谱；在四大知识图谱的基础上，结合因果图操作及潜在因果模型理论，采用

倾向指数匹配与回归双重差分法，利用 2012—2017 年湖北省县域面板数据，实现随机化研究设计，以论证方法的可行性及数字普惠金融与县域宏观经济发展的因果关系；根据因果推断的后门规则，将因果图操作生成的条件独立性假设转换为有向无环图，并结合传统理论研究，生成数字普惠金融需求与供给匹配的有向无环图，并在此基础上实现完整的结构方程模型实证分析流程。基于事件驱动模型实现相关影响因素节点与因果影响因素节点的语义集成，并融合用户个性特质知识图谱，实现在用户感知心理、价值观层面的影响因素动态反馈与语义集成、推理过程。

第三节　研究结论

通过大数据挖掘获取的关联知识图谱、通过小数据实证分析获取的因果变量，通过语义集成后形成的关联及因果相交的概念节点及路径，以具有因果关系的概念节点及路径为核心实现相关概念节点及路径的语义扩展。从集成后的知识图谱中获取宏观及微观的研究结论。

①从宏观层面上看，数字普惠金融对县域经济高质量发展影响因素主要有：绿色低碳、技术创新、产业升级、绿色供应链绩效、绿色信贷，这些因素变量之间形成了重要的因果关系。与这些因果关联节点相关的影响因素有：三农发展、消费升级、创新创业、场景开发、绿色生态、数智基础设施、金融素养等。从这些影响因素、因果及相关关联路径中获得的启示：数字普惠金融应着力向绿色信贷、绿色保险、绿色证券等绿色金融方向发展，着力推动绿色技术创新、绿色低碳环保产业升级，加大对三农创新创业金融扶持，发展三农生态产业，推动县域消费市场升级，加强数智基础设施建设和金融素养培训，提高三农绿色供应链绩效，从而综合推动县域经济高质量发展。

②从微观层面上看，数字普惠金融对县域经济高质量发展影响因素主要有：风险与安全、智慧化、数据、算力、监管、场景、绿色金融，这些因素变量之间形成了重要的因果关系。与这些因果关联节点相关的影响因素有：人才、创新、产业、低碳、乡村、物流、交通、高质量等。依据感知风险与感知价值理论，实证分析个性特质变量、风险与安全变量、场景变量存在因果关系，因此在原有知识图谱概念节点上还要加入用户个性特质的因果影响变量。从这些影响因素、因果及相关关联路径中获得的启示：在移动互联网时代，数字普惠金融对县域经济高质量发展影响的价值主要体现在数字普惠

金融产品与服务应用于不同的数字化场景中。针对应用场景进行精准推荐，代表对场景中各种影响因素的综合考量，以实现智慧化平台对数字普惠金融产品和服务供给与县域经济高质量发展中数字普惠金融产品和服务需求的精准匹配。因此，构建数字普惠金融智慧化平台，提升对场景大数据的运算和推荐能力，实时感知数字普惠金融产品与服务需求端的心理及态度变化，调整数字普惠金融产品与服务开发及供给策略，提高数字普惠金融在县域经济高质量发展中各类应用场景的动态适配能力，在数字普惠金融对县域经济高质量发展影响中起到决定性作用。另外，加强对智慧化数字普惠金融平台运营的监管与风险防控、加强对高素质金融人才的引进、加强物联网等创新性技术在智慧场景中的布局，是实现县域绿色金融发展、乡村低碳产业发展、县域经济高质量发展与共同服务的必备条件与环节。

第四节　不足与展望

①利用大数据对各类数据源进行挖掘与分析的过程，首先收集的数据不同、对数据预处理质量的不同等均会导致分析结果的不同；其次采用数据分析方法与算法、技术与工具、路径与模型的不同，也会导致分析结果的不同。在本研究中并未做对比研究与设计。

②利用小数据进行变量间因果关系实证分析的过程，是建立在大数据挖掘获取的知识图谱基础上。不同专家对大数据挖掘结果的理解不同，对相关概念节点及概念节点相关关系的处理方法上也不同，本研究使用半监督学习方法和算法抽取关键词及关键词间的关联关系，并设置〈需求，供给，环境，关联〉语义集成模板实现相关知识图谱构建。这对因果关系论证的理论创新范畴和程度均有一定的影响，也直接影响在知识图谱基础上进行因果操作的结果，影响小数据分析假设论证中变量设计的广度与深度。

③相关研究的方法与算法还需进一步实验论证。例如基于事件驱动的数字普惠金融影响县域经济高质量发展的动态反馈机制，即针对场景中用户感知的变量关联用户心态心理、价值观及个性特质等影响因素，将用户感知的核心变量语义推广到全局知识图谱中的相关与因果概念节点及节点路径，实现动态情境感知推荐以及深层语义影响因素发现与整合。所提出的一系列算法、模型需要进一步的研究与论证过程。

④基于大小数据融合的视角，研究数字普惠金融对县域经济高质量发展的影响因素，其本质是论证大数据作为第四代研究范式对社会科学研究的影

响。融合数据驱动与知识驱动的研究方法与研究思路，既是对社会科学研究范式的创新，也是推动人工智能不断进化的核心。基于数字普惠金融"数字"的价值，实现对县域经济高质量发展影响因素获取的研究范式创新，同时也提出优化数字普惠金融智能平台的建设，实现针对不同应用场景的动态影响因素反馈机制构建。后期将进一步实现理论落地，相关模型标准化建设和应用推广，真正能为县域经济高质量发展提出一套标准化及流程化的数字普惠金融产品和服务供给与需求精准匹配的执行方案。

|参考文献|

［1］徐翔.数字经济时代——大数据与人工智能驱动新经济发展［M］.北京：人民出版社，2021.

［2］杜圣东.大数据智能核心技术入门——从大数据到人工智能［M］.北京：电子工业出版社，2019.

［3］丛日玉，高心岊，等.数字经济研究进展综述［J］.当代经济，2022，39（1）：15－19.

［4］郭海明，许梅，等.数字经济核算研究综述［J］.统计与决策，2022，597（9）：5－10.

［5］王佳玲.中国数字普惠金融经济效应研究［D］.太原：山西财经大学，2021.

［6］吴海晴.数字普惠金融发展对贫困减缓影响的实证研究［D］.济南：山东大学，2020.

［7］国务院.国务院关于印发推进普惠金融发展规划（2016—2020 年）的通知［R/OL］.（2015－12－31）［2016－1－15］.http：//www.gov.cn/zhengce/content/2016－01/15/content _ 10602.htm.

［8］何龙森.数字普惠金融对经济高质量发展的影响研究［D］.重庆：重庆工商大学，2021.

［9］北京大学数字金融研究中心课题组.北京大学数字普惠金融指数［R/OL］.（2017－3－26）［2021－4－21］.https：//idf.pku.edu.cn/index.htm.

［10］郭峰，王靖一，等.测度中国数字普惠金融发展：指数编制与空间特征［J］.经济学，2020，19（4）：1401－1417.

［11］李逢春，李莉.高质量发展语境下县域经济发展：特征、趋势与作用［EB/OL］.［2022－02－10］.https：//rmt.eol.cn/2022/02/10/9912744.html.

［12］新华社.中共中央 国务院印发《乡村振兴战略规划（2018－2022 年）》

[R/OL]．［2018－9－26］．http：//www. gov. cn/zhengce/2018－09/26/content _ 5325534. htm.

[13] 何龙森．数字普惠金融对经济高质量发展的影响研究［D］．重庆：重庆工商大学，2021.

[14] 姜博文．基于随机森林算法的山东省县域经济发展研究［D］．济南：山东大学，2020.

[15] 魏军霞．数字普惠金融对经济高质量发展的影响研究［D］．兰州：兰州大学，2020.

[16] 汪雅霜，嵇艳．大数据分析与量化研究的区别与整合［J］．四川师范大学学报（社会科学版），2017，44（4）：36－41.

[17] 李金昌．大数据分析与小数据研究［J］．中国统计，2018（2）：24－26.

[18] Financial Stability Board（FSB）. Financial stability implications from fintech：supervisory and regulatory issues that merit authorities attention［R/OL］.（2017－7－27）［2019－10－08］. http：//www. en. cnki. com. cn/Article _ en/CJFDTotal | JRJG201709001. htm.

[19] GURLEY J. G.，SHAW E. S.. Financial aspects of economic development［J］. American Economic Review，1995，45（4）：515－538.

[20] GOLDSMITH R. W.. Financial structure and development［M］. New Haven：Yale University Press，1969.

[21] 吕勇斌．数字普惠金融：理论逻辑与经济效应［M］．北京：社会科学文献出版社，2021.

[22] 蒋鹏程．数字普惠金融对经济增长质量的影响研究［D］．镇江：江苏大学，2021.

[23] 单楚舒．金融科技提升金融服务实体经济效率研究［D］．重庆：重庆工商大学，2021.

[24] ALLEN F.，GALE D.. Financial contagion［J］. Journal of Political Economy，2000，108（1）：1－33.

[25] LEVINE R.. Bank-based or market-based financial systems：which is better?［J］. Journal of Financial Intermediation，2002，11（4）：398－428.

[26] BECK T.，DEMIRGü-KUNT A.，LEVINE R.. Financial institutions and markets across countries and over time：the updated financial development and structure database［J］. The World Bank Economic Review，2010，24（1）：77－92.

[27] 张杰，郑文平，新夫. 中国的银行管制放松、结构性竞争和企业创新 [J]. 中国工业经济，2017（10）：118—136.

[28] 王淑娟，叶蜀君，解方圆. 金融发展、金融创新与高新技术企业自主 创新能力——基于中国省际面板数据的实证分析 [J]. 软科学，2018 （3）：10—15.

[29] 徐飞. 银行信贷与企业创新困境 [J]. 中国工业经济，2019（1）： 119—136.

[30] LEVINE R.. Financial development and economic growth：views and agenda [J]. Journal of Economic Literature，1997，35（2）：688—726.

[31] KEUSCHNIGG C.. Venture capital backed growth [J]. Journal of Economic Growth，2002，9（2）：239—261.

[32] TADESSE S.. Financial architecture and economic performance：inter-national evidence [J]. Journal of Financial Inermediation，2002，11 （4）：429—454.

[33] 侯世英，宋良荣. 金融科技发展、金融结构调整与企业研发创新 [J]. 中国流通经济，2020，34（4）：100—109.

[34] 巴蜀松，白海峰，胡文韬. 金融科技创新、企业全要素生产率与经济 增长——基于新结构经济学视角 [J]. 财经问题研究，2020（1）： 46—53.

[35] SHAW E. S.. Financial deepening in economic development [M]. New York：Oxford University Press，1973.

[36] 庄雷，王烨. 金融科技创新对实体经济发展的影响机制研究 [J]. 软 科学，2019，33（2）：43—46.

[37] 孙志红，张娟. 金融科技、金融发展与经济增长 [J]. 财会月刊， 2021（4）：135—142.

[38] JAGTIANI J.，LEMIEUX C.. Fintech lending：financial inclusion， risk pricing，and alternative information [R]. Working Paper：Fed-eral Reserve Bank of Philadelphia，2017.

[39] DEMERTZIS M.，MERLER S.，WOLFF G. B.. Capital markets union and the fintech opportunity [J]. Journal of Financial Regula-tion，2018，4（1）：157—165.

[40] BUNEA S.，KOGAN B.，STOLIN D.. Banks versus fintech：at last， it's official [J]. Journal of Financial Transformation，2016，44（14）：

122—131.

[41] 唐松，赖晓冰，黄锐. 金融科技创新如何影响全要素：促进还是抑制？——理论分析框架与区域实践 [J]. 中国软科学，2019（7）：134—144.

[42] HELLMAN T.，MURDOCK K.，STIGLITZ J.. Financial restraints：toward a new paradigm [M]. Oxford：Clarendon Press，1997.

[43] 杨军辉. 金融约束指数研究 [D]. 哈尔滨：哈尔滨商业大学，2017.

[44] EMRAN M. S.，STIGLITZ J. E.. Financial liberalization，financial restraint，and entrepreneurial development [J/OL]. Social Science Research Network ，2007（8）：16 — 26 [2009 — 1 — 4]. http：//www. ssrn. com. DOI：10. 2139/SSRN. 1332399.

[45] Du J. L.，Yi L.，Tao Z. G.. Bank loans and trade credit under China's financial repression [C]. Guangzhou：2009 China International Conference in Finance，2009.

[46] 刘蕾，鄢章华. 共享经济——从"去中介化"到"再中介化"的被动创新 [J]. 科技进步与对策，2017，34（7）：14 —20.

[47] LAEVEN L.，LEVINE R.，MICHALOPOULOS S.. Financial innovation and endogenous growth [J]. Journal of Financial Intermediation，2015，24（1）：1—24.

[48] 唐松，伍旭川，祝佳. 数字金融与企业技术创新——结构特征、机制识别与金融监管下的效应差异 [J]. 管理世界，2020，36（5）：52—66.

[49] LEYSHON A.，THRIFT N.. The restructuring of the U. K. financial services industry in the 1990s：a reversal of fortune？ [J]. Journal of Rural Studies，1993，9（3）：223—292.

[50] LEYSHON A.，THRIFT N.. Geographies of financial exclusion：financial abandonment in Britain and the United States [J]. Transactions of the Institute of British Geographers（New Series），1995，20（3）：312—341.

[51] KEMPSON E.，WHYLEY C.. Kept out or opted out？：understanding and combating financial exclusion [M]. Bristol：The Policy Press，1999.

[52] ALLEN K.，QUINN J.，HOLLINGWORTH S.，et al. Becoming employable students and "ideal" creative workers：exclusion and ine-

quality in higher education work placements [J]. British Journal of Sociology of Education，2013，34（3）：431－452.

[53] 于海洋.数字普惠金融对中小微企业研发的影响研究——基于融资约束和信息不对称视角 [D].济南：山东大学，2021.

[54] 星焱.普惠金融：一个基本理论框架 [J].国际金融研究，2016，353（9）：21－37.

[55] 冉奎.金融素养、风险态度与金融排斥 [D].北京：对外经济贸易大学，2020.

[56] SARMA M.，PAIS J..Financial inclusion and development [J].Journal of International Development，2011，23（5）：613－628.

[57] DEMIRGÜÇ-KUNT A.，KLAPPER L.，SINGER D..et al.The global findex database：measuring financial inclusion and the fintech ievolution 2017 [R].Washington DC：International Bank for Reconstruction and Development/The World Bank，2017.

[58] 何龙森.数字普惠金融对经济高质量发展的影响研究 [D].重庆：重庆工商大学，2021.

[59] GOMBER P.，KAUFFMAN R.J.，PARKER C.，et al.On the fintech revolution：interpreting the forces of innovation，disruption，and transformation in financial services [J].Journal of Management Information Systems，2018，35（1）：220 －265.

[60] 盛天翔，范从来.金融科技、最优银行业市场结构与小微企业信贷供给 [J].金融研究，2020（6）：114－132.

[61] 马俊，孟海波，邵丹青，等.绿色金融、普惠金融与绿色农业发展 [J].金融论坛，2021，26（3）：3－20.

[62] 杨燃.基于平台经济视角的互联网金融商务模式研究 [D].南京：东南大学，2017.

[63] 薛楠，韩天明，朱传言.数字经济赋能乡村农业振兴：农业平台生态系统的架构和实现机制 [J].西南金融，2022（3）：58－67.

[64] 袁菲.数字经济赋能农村居民收入增长的研究 [D].成都：西南财经大学，2021.

[65] 阳镇，陈劲.平台情境下可持续性商业模式：逻辑与实现 [J].科学学与科学技术管理，2021，42（2）：59－76.

[66] 刘绪光.科技驱动下金融中介的边界与价值 [J].银行家，2019（10）：

122—124.

[67] NIDUMOLU R．，PRAHALAD C. K．，RANGASWAMI M. R．．Why sustainability is now the key driver of innovation [J]．Harvard business review，2009，87（9）：56—64.

[68] 朱芳芳．平台商业模式研究前沿及展望 [J]．中国流通经济，2018，32（5）：108—117.

[69] 罗珉，李亮宇．互联网时代的商业模式创新：价值创造视角 [J]．中国工业经济，2015，57（1）：95—107.

[70] SCOBLE R．，ISRAEL S．．Age of context：mobile，sensors，data and the future of privacy [M]．Charleston：Createspace Independent Publishing Platform，2013.

[71] 喻国明，梁爽．移动互联时代：场景的凸显及其价值分析 [J]．当代传播，2017（1）：10—13.

[72] 梁旭艳．场景：一个传播学概念的界定——兼论与情境的比较 [J]．新闻界，2018（9）：55—62.

[73] 苏敬勤，张琳琳．情境内涵、分类与情境化研究现状 [J]．管理学报，2016，13（4）：491—497.

[74] 中国人民大学金融科技研究所，蚂蚁金服研究院．开放银行全球发展报告——开放银行：让银行无处不在 [R/OL]．[2020-3-12]．http：//sf. ruc. edu. cn/info/1076/9048. htm.

[75] 陈筱然，邱峰．银行业转型新模式：开放银行运作实践及其推进 [J]．西南金融，2019（9）：48—55.

[76] 夏义堃．数据管理视角下的数据经济问题研究 [J]．中国图书馆学报，2021，256（47）：105—119.

[77] 刘刚．创业企业商业模式的多层次结构创新——基于战略创业的欧宝聚合物案例分析 [J]．中国工业经济，2018（11）：174—192.

[78] 阳锐，李俊珠，李振东，等．大数据驱动的数字经济平台及关键技术研究 [J]．邮电设计技术，2021（11）：67—73.

[79] 张培，杨惠晓．数据重构平台商业模式创新的内在逻辑与实现路径 [J]．科技管理研究，2022，42（5）：186—192.

[80] GEORGE G．，OSINGA E. C．，DOVEV L．，et al. Big data and data science methods for management research [J]．Academy of Management Journal，2016，59（5）：1493—1507.

［81］孙新波，钱雨，张明超，等．大数据驱动企业供应链敏捷性的实现机理研究［J］．管理世界，2019，35（9）：133－151．

［82］VOSSEN G..Big data as the new enabler in business and other intelligence［J］．Vietnam Journal of Computer Science，2014（1）：3－14．

［83］KROTOV V..The internet of things and new business opportunities［J］．Business Horizons，2017，60（6）：831－841．

［84］张明超，孙新波，浅雨．数据赋能驱动智能制造企业 C2M 反向定制模式创新实现机理［J］．管理学报，2021，18（8）：1175－1186．

［85］蒋军锋，尚晏莹．数据赋能驱动制造企业服务化的路径［J］．科研管理，2022，44（4）：56－65．

［86］丁大尉．大数据时代的科学知识共生产：内涵、特征与争议［J］．科学学研究，2022，40（3）：393－400．

［87］PóR G..Designing knowledge ecosystems for communities of practice［C］．Los Angeles：Advancing Organizational Capability Via Knowledge Management conference，1997．

［88］储节旺，林浩炜．大数据知识生态系统构成、特征与运行演化机理研究［J］．情报科学，2022，40（4）：18－63．

［89］陈剑，黄朔，刘运辉．从赋能到使能——数字化环境下的企业运营管理［J］．管理世界，2020，36（2）：117－128．

［90］李赞梅，周鹏，王璇．当代情报学理论思潮：历史主义［J］．图书情报知识，2012（1）：30－35．

［91］彭玉生．社会科学中的因果分析［J］．社会学研究，2011，26（3）：1－32．

［92］米加宁，章昌平，李大宇等．第四研究范式：大数据驱动的社会科学研究转型［J］．社会科学文摘，2018（4）：20－22．

［93］罗小燕，黄欣荣．社会科学研究的大数据方法［J］．系统科学学报，2017，25（4）：9－12．

［94］彭知辉．论大数据思维的内涵及构成［J］．情报杂志，2019，38（6）：124－130．

［95］VARIAN H. R..Big data：new tricks for econometrics［J］．Journal of Economic Perspectives，2014，28（2）：3－27．

［96］苏新宁．新时代情报学教育的使命与定位［J］．情报学报，2020，39（12）：1245－1252．

[97] 丁晓蔚. 数字金融时代的金融情报学: 学科状况、学科内涵和研究方向 [J]. 情报学报, 2021, 40 (11): 1176-1194.

[98] 吴本健, 石雪, 肖时花. 数字普惠金融发展能否缓解农村多维相对贫困 [J]. 华南师范大学学报 (社会科学版), 2022 (3): 26-41.

[99] 王凤羽, 冉陆荣. 数字普惠金融对缓解我国农村相对贫困的影响 [J]. 中国流通经济, 2022, 36 (3): 105-114.

[100] 庞凌霄. 数字普惠金融、农村减贫与乡村振兴 [J]. 统计与决策, 2022, 38 (10): 57-62.

[101] 李林汉, 李建国. 数字普惠金融、经济开放对经济高质量发展的非线性效应 [J]. 统计与决策, 2022, 38 (11): 104-108.

[102] 焦云霞. 中国数字普惠金融的空间不平衡性与成因探究——基于国家重大战略区域的考察 [J]. 技术经济, 2022, 41 (4): 107-119.

[103] 汪雯羽, 贝多广. 数字普惠金融、政府干预与县域经济增长——基于门限面板回归的实证分析 [J]. 经济理论与经济管理, 2022, 42 (2): 41-53.

[104] 张龙耀, 邢朝辉. 中国农村数字普惠金融发展的分布动态、地区差异与收敛性研究 [J]. 数量经济技术经济研究, 2021, 38 (3): 23-42.

[105] 郭妍, 张立光, 王馨. 农村数字普惠金融的经济效应与影响因素研究——基于县域调查数据的实证分析 [J]. 山东大学学报 (哲学社会科学版), 2020 (6): 122-132.

[106] 葛延青. 农村数字普惠金融发展的生态框架及实施路径探讨 [J]. 金融理论与实践, 2020 (3): 32-39.

[107] 唐文进, 李爽, 陶云清. 数字普惠金融发展与产业结构升级——来自283个城市的经验数据 [J]. 广东财经大学学报, 2019, 34 (6): 35-49.

[108] 杨虹, 王乔冉. 数字普惠金融对产业结构升级的影响及机制研究 [J]. 投资研究, 2021, 40 (9): 4-14.

[109] 谭蓉娟, 卢祺源. 数字普惠金融促进了产业结构优化升级吗? [J]. 投资研究, 2021, 40 (9): 85-104.

[110] 杜金岷, 韦施威, 吴文洋. 数字普惠金融促进了产业结构优化吗? [J]. 经济社会体制比较, 2020 (6): 38-49.

[111] 徐铭, 沈洋, 周鹏飞. 数字普惠金融对经济高质量发展的影响研究 [J]. 经济与管理, 2021, 37 (9): 1080-1085.

[112] 谢汝宗, 杨明婉, 白福臣. 数字普惠金融、居民消费与产业结构升

级——基于广东省地级面板数据的 PVAR 动态分析 [J]. 调研世界，2022 (2)：59—70.

[113] 新华社. 中共中央 国务院关于做好 2023 年全面推进乡村振兴重点工作的意见 [R/OL]. (2023—1—2) [2023—2—13]. http：//www.gov. cn/zhengce/2023—02/13/content _ 5741370. htm.

[114] 邵智宝. 发挥好金融支持乡村产业振兴的作用 [J]. 中国金融，2022 (5)：26—27.

[115] 金婧. 共同富裕背景下数字普惠金融对乡村产业振兴的影响——基于省域面板数据的实证 [J]. 商业经济研究，2022 (4)：177—180.

[116] 周林洁，韩淋，修晶. 数字普惠金融如何助力乡村振兴：基于产业发展的视角 [J]. 南方金融，2022 (4)：70—78.

[117] 孙倩，徐璋勇. 数字普惠金融、县域禀赋与产业结构升级 [J]. 统计与决策，2021，37 (18)：140—144.

[118] 田娟娟，马小林. 数字普惠金融推动农业转型升级的效应分析——基于省级面板数据的实证 [J]. 征信，2020 (7)：87—92.

[119] 罗政骐，宋山梅. 数字普惠金融与农业产业升级——来自柯布道格拉斯生产函数的证据 [J]. 科技与经济，2022，35 (2)：31—35.

[120] 孙学涛，于婷，于法稳. 数字普惠金融对农业机械化的影响——来自中国 1869 个县域的证据 [J]. 中国农村经济，2022 (2)：76—93.

[121] 张林. 数字普惠金融、县域产业升级与农民收入增长 [J]. 财经问题研究，2021 (6)：51—59.

[122] 中国网. 十九大报告：生态文明建设和绿色发展的路线图 [R/OL]. [2017—10—20]. http：//www. china. com. cn/opinion/think/2017—10/20/content _ 41765709. htm.

[123] 刘潭，徐璋勇，张凯莉. 数字金融对经济发展与生态环境协同性的影响 [J]. 现代财经，2022，42 (2)：21—36.

[124] 邹新月，王旺. 中国数字金融与科技创新耦合协调发展的时空演变及其交互影响 [J]. 广东财经大学学报，2021，36 (3)：4—17.

[125] 万勇. 区域技术创新推动经济增长的微观效应与宏观机制 [J]. 华东经济管理，2011，25 (5)：36—40.

[126] 王亮，蒋依铮. 数字普惠金融、技术创新与经济增长——基于交互影响与空间溢出效应的分析 [J]. 金融与经济，2022 (4)：33—44，82.

[127] 张恒，李璐，赵茂. 数字普惠金融与绿色全要素生产率——基于系统

GMM 的实证检验 [J]. 新金融，2022（3）：31－40.

[128] 田杰，谭秋云，陈一明. 数字普惠金融、要素扭曲与绿色全要素生产率 [J]. 西部论坛，2021，31（4）：82－96.

[129] 程秋旺，许安心，陈钦. "双碳"目标背景下农业碳减排的实现路径 [J]. 西南民族大学学报（人文社会科学版），2022，43（2）：115－126.

[130] 谢贤君. 要素市场扭曲如何影响绿色全要素生产率——基于地级市经验数据研究 [J]. 财贸研究，2019，30（6）：36－46.

[131] 张帆. 金融发展影响绿色全要素生产率的理论和实证研究 [J]. 中国软科学，2017（9）：154－167.

[132] 赵军，李艳姗，朱为利. 数字金融、绿色创新与城市高质量发展 [J]. 南方金融，2021（10）：22－36.

[133] 李建军，彭俞超，马思超. 普惠金融与中国经济发展：多维度内涵与实证分析 [J]. 经济研究，2020，55（04）：37－52.

[134] 谢艳乐，祁春节. 农业高质量发展与乡村振兴联动的机理及对策 [J]. 中州学刊，2020（2）：33－37.

[135] 张合林，王颜颜. 数字普惠金融与农业高质量发展水平的收敛性研究 [J]. 金融理论与实践，2021（1）：9－18.

[136] 王留鑫，姚慧琴，韩先锋. 碳排放、绿色全要素生产率与农业经济增长 [J]. 经济问题探索，2019，439（2）：142－149.

[137] 解春艳，黄传峰，徐浩. 环境规制下中国农业技术效率的区域差异与影响因素——基于农业碳排放与农业面源污染双重约束的视角 [J]. 科技管理研究，2021，41（15）：184－190.

[138] 陈向阳. 金融结构、技术创新与碳排放：兼论绿色金融体系发展 [J]. 广东社会科学，2020（4）：41－50.

[139] 张翰祥，邓荣荣. 数字普惠金融对农业绿色全要素生产率的影响及空间溢出效应 [J]. 武汉金融，2022（1）：65－74.

[140] 刘亦文，欧阳莹，蔡宏宇. 中国农业绿色全要素生产率测度及时空演化特征研究 [J]. 数量经济技术经济研究，2021，38（5）：39－56.

[141] 张林，张雯卿. 普惠金融与农村产业融合发展的耦合协同关系及动态演进 [J]. 财经理论与实践，2021，42（2）：2－11.

[142] 姚星垣，汪卫芳. 消费者参与度与数字绿色普惠金融产品满意度 [J]. 浙江农业学报，2021，33（8）：1542－1551.

[143] 惠献波. 数字普惠金融与城市绿色全要素生产率：内在机制与经验证

据 [J]. 南方金融，2021（5）：20－31.

[144] 杨怡，陶文清，王亚飞. 数字普惠金融对城乡居民收入差距的影响 [J]. 改革，2022（5）：64－78.

[145] 董翀，冯兴元. 县域数字普惠金融的发展与供求对接问题 [J]. 农村经济，2022（3）：49－59.

[146] 宋科，刘家琳，李宙甲. 县域金融可得性与数字普惠金融——基于新型金融机构视角 [J]. 财贸经济，2022，43（4）：36－52.

[147] 廖凯诚，张玉臣，彭耿. 数字普惠金融对城市金融业全要素生产率的影响机制研究 [J]. 当代财经，2021（12）：65－76.

[148] 粟芳，方蕾. 中国农村金融排斥的区域差异：供给不足还是需求不足？——银行、保险和互联网金融的比较分析 [J]. 管理世界，2016（9）：70－83.

[149] 何婧，田雅群，刘甜，等. 互联网金融离农户有多远——欠发达地区农户互联网金融排斥及影响因素分析 [J]. 财贸经济，2017，38（11）：70－84.

[150] 许月丽，孙昭君，李帅. 数字普惠金融与传统农村金融：替代抑或互补？——基于农户融资约束放松视角 [J]. 财经研究，2022，48（6）：34－48.

[151] 朱太辉，张彧通. 农村中小银行数字化服务乡村振兴研究——兼论"双链联动"模式创新 [J]. 南方金融，2022（4）：36－58.

[152] 新华社. 中共中央关于制定国民经济和社会发展第十四个五年规划和二〇三五年远景目标的建议 [R/OL]. [2020－11－3]. http：//www.gov.cn/xinwen/2020－11/03/content_5556991.htm.

[153] 胡浩. 金融助力构建双循环新发展格局的着力点 [J]. 金融论坛，2020，25（12）：9－14，47.

[154] 李建伟，崔传浩，王薇. 数字普惠金融是否增强了"双循环"的内生动力——基于居民消费升级视角 [J]. 财会月刊，2022（12）：137－146.

[155] 颜建军，冯君怡. 数字普惠金融对居民消费升级的影响研究 [J]. 消费经济，2021，37（2）：79－88.

[156] 江红莉，蒋鹏程. 数字普惠金融的居民消费水平提升和结构优化效应研究 [J]. 现代财经，2020，40（10）：18－32.

[157] 樊继达. 新时代居民扩大消费的梗阻及疏解 [J]. 人民论坛·学术前沿，2019（2）：20－27.

[158] 唐勇，吕太升，侯敬媛．数字普惠金融与农村居民消费升级 [J]．武汉金融，2021 (7)：18－26.

[159] 龙海明，李瑶，吴迪．数字普惠金融对居民消费的影响研究："数字鸿沟"还是"数字红利"？[J]．国际金融研究，2022 (5)：3－12.

[160] 黎翠梅，周莹．数字普惠金融对农村消费的影响研究——基于空间计量模型 [J]．经济地理，2021，41 (12)：177－186.

[161] 董云飞，李倩，张璞．我国普惠金融发展对农村居民消费升级的影响分析 [J]．商业经济研究，2019 (20)：135－139.

[162] 谢绚丽，沈艳，张皓星，等．数字金融能促进创业吗？——来自中国的证据 [J]．经济学，2018，17 (4)：1557－1580.

[163] 罗新雨，张林．数字普惠金融的创业效应：机制、门槛及政策价值 [J]．金融理论与实践，2021 (2)：17－26.

[164] 谢文武，汪涛，俞佳根．数字普惠金融是否促进了农村创业？[J]．金融理论与实践，2020 (7)：111－118.

[165] 宋伟，张保珍，杨海芬．数字普惠金融对农户创业的影响机理及实证分析 [J]．技术经济与管理研究，2022 (2)：99－104.

[166] 胡国辉，赵婷婷．数字化基础、数字普惠金融与居民创业——基于中介效应模型的实证分析 [J]．工业技术经济，2022，41 (4)：122－130.

[167] 马小龙．乡村振兴背景下金融支持农户创业的现实困境与路径破解 [J]．西南金融，2020 (10)：36－46.

[168] 张呈磊，郭忠金，李文秀．数字普惠金融的创业效应与收入不平等：数字鸿沟还是数字红利？[J]．南方经济，2021 (5)：110－126.

[169] 张正平，黄帆帆．数字普惠金融对农村劳动力自我雇佣的影响 [J]．金融论坛，2021，26 (4)：58－68.

[170] 李晓园，刘雨濛．数字普惠金融如何促进农村创业？[J]．经济管理，2021，43 (12)：24－40.

[171] 宋伟，杨海芬．数字普惠金融对农村家庭创业的影响研究 [J]．农业经济，2022 (2)：113－114.

[172] 王倩，张晋嵘．数字普惠金融对农民创业的影响分析 [J]．武汉金融，2022 (1)：42－49.

[173] 唐文方．大数据与小数据：社会科学研究方法的探讨 [J]．中山大学学报（社会科学版），2015，55 (6)：141－146.

[174] 方环非．大数据：历史、范式与认识论伦理 [J]．浙江社会科学，

2015 (9): 113-120.

[175] ANDERSON C.. The end of theory: the data deluge makes the scientific method obsolete [J]. Wired, 2008, 16 (7): 1-3.

[176] PRENSKY M.. H. Sapiens digital: from digital immigrants and digital natives to digital wisdom [J]. Innovate: Journal of Online Education, 2009, 5 (3): 33-41.

[177] KITCHIN R.. Big data, new epistemologies and paradigm shifts [J]. Big Data and Society, 2014 (1): 1-12.

[178] 贺光烨. 喧嚣之后的沉思——关于社会科学大数据研究的认识论与方法论的探讨 [J]. 华东理工大学学报 (社会科学版), 2018, 33 (2): 1-9.

[179] 黄欣荣. 大数据主义者如何看待理论、因果与规律——兼与齐磊磊博士商榷 [J]. 理论探索, 2016 (6): 33-39.

[180] 齐磊磊. 大数据主义与大数据经验主义——兼答黄欣荣教授 [J]. 山东科技大学学报 (社会科学版), 2018, 20 (2): 16-21.

[181] 彭理强. 大数据主义与经验主义——兼评齐磊磊博士的"大数据经验主义" [J]. 长沙大学学报, 2019, 33 (3): 82-85.

[182] COWLS J., SCHROEDER R.. Causation, correlation, and big data in social science research [J]. Policy and Internet, 2015, 7 (4): 447-472.

[183] 彭知辉. 论大数据思维的内涵及构成 [J]. 情报杂志, 2019, 38 (6): 126-130.

[184] 舒晓灵, 陈晶晶. 重新认识"数据驱动"及因果关系——知识发现图谱中的数据挖掘研究 [J]. 中国社会科学评价, 2017 (3): 28-38.

[185] 杜圣东. 大数据智能核心技术入门 [M]. 北京: 电子工业出版社, 2019.

[186] 洪永淼, 汪寿阳. 大数据如何改变经济学研究范式? [J]. 管理世界, 2021, 37 (10): 40-55, 72.

[187] 刘涛雄, 尹德才. 大数据时代与社会科学研究范式变革 [J]. 理论探索, 2017 (6): 27-32.

[188] 陈国青, 张瑾, 王聪, 等. "大数据—小数据"问题: 以小见大的洞察 [J]. 管理世界, 2021, 37 (2): 203-213.

[189] 朱群雄, 耿志强, 徐圆, 等. 数据和知识融合驱动的智能过程系统工

程研究进展 [J]. 北京化工大学学报（自然科学版），2018，45（5）：143—152.

[190] ZHANG L.，LI X.，LI W. H.，et al. Context-aware recommenda-tion system using graph-based behaviors analysis [J]. Journal of Systems Science and Systems Engineering，2021（4）：482—494.

[191] 郭世泽，陆哲明. 复杂网络基础理论 [M]. 北京：科学出版社，2016.

[192] 杭婷婷，冯钧，陆佳民. 知识图谱构建技术：分类、调查和未来方向 [J]. 计算机科学，2021，48（2）：175—189.

[193] 田玲，张谨川，张晋豪，等. 知识图谱综述——表示、构建、推理和知识超图理论 [J]. 计算机应用，2021，41（8）：2161—2186.

[194] 陈祖香. 面向科学计量分析的知识图谱构建与应用研究 [D]. 南京：南京理工大学，2010.

[195] 周园春，王卫军，乔子越，等. 科技大数据知识图谱构建方法及应用研究综述 [J]. 中国科学：信息科学，2020，50（7）：957—987.

[196] 逯万辉. 知识网络演化分析及其应用研究进展 [J]. 情报理论与实践，2019，42（8）：138—143.

[197] 陈悦，陈超美，胡志刚，等. 引文空间分析原理与应用——CiteSpace实用指南 [M]. 科学出版社，2014.

[198] 李杰，陈超美. Citespace：科技文本挖掘及可视化 [M]. 北京：首都经济贸易大学出版社，2017.

[199] 李纲，巴志超. 共词分析过程中的若干问题研究 [J]. 中国图书馆学报，2017，43（4）：93—113.

[200] 钟伟金，李佳. 共词分析法研究（一）——共词分析的过程与方式 [J]. 情报杂志，2008（5）：70—72.

[201] 牟冬梅，郑晓月，琚沅红，等. 学科知识结构揭示模型构建 [J]. 图书情报工作，2017，61（12）：6—13.

[202] 林龙. 共词网络分析法浅探 [J]. 学术探讨，2018（15）：240—241.

[203] 马宇驰，牟冬梅，杨鑫禹. 优化关键词利用策略的共词分析研究 [J]. 数字图书馆论坛，2021（12）：34—40.

[204] 段涵特. 基于复杂网络的知识图谱构建与应用研究 [D]. 长沙：国防科技大学，2017.

[205] 刘勇，杜一. 网络数据可视化与分析利器——Gephi 中文教程 [M].

北京：电子工业出版社，2017.

[206] ZXHOHAI. 文本建模之 Unigram Model，PLSA 与 LDA ［EB/OL］.［2018－3－8］. https：//blog. csdn. net/hohaizx/article/details/79490920.

[207] 端坐的小王子 . LDA 主题模型 2——文本建模与 Gibbs 采样求解 ［EB/OL］.［2020－5－7］. https：//blog. csdn. net/u012290039/article/details/105786846.

[208] ZXHOHAI. 主题模型（4）——LDA 模型及其 Gibbs Sample 求解 ［EB/OL］.［2019－5－19］. https：//blog. csdn. net/hohaizx/article/details/88683977.

[209] 毛玲 . 基于 LDA 的文本主题挖掘研究 ［D］. 武汉：华中科技大学，2018.

[210] 王子牛，姜猛，高建瓴，等 . 基于 BERT 的中文命名实体识别方法 ［J］. 计算机科学，2019，46（S2）：138－142.

[211] 蒋婷，孙建军 . 学术资源本体非等级关系抽取研究 ［J］. 图书情报工作，2016，60（20）：112－122.

[212] 龙光宇，徐云 . CRF 与词典相结合的疾病命名实体识别 ［J］. 微型机与应用，2017，36（21）：51－53.

[213] 郭光明 . 基于社交大数据的用户信用画像方法研究 ［D］. 安徽：中国科学技术大学，2017.

[214] 蔡皎洁 . 融合大小数据分析的用户画像构建 ［J］. 情报工程，2022，8（1）：100－110.

[215] 巴基海贼王 . 折肘法＋困惑度确定 LDA 主题模型的主题数 ［EB/OL］.［2023－1－11］. https：//blog. csdn. net/weixin_43343486/article/details/109255165.

[216] 张莉曼，张向先，吴雅威，等 . 基于语义主题图谱的学术 APP 用户信息需求发现研究 ［J］. 情报理论与实践，2021，44（12）：133－140.

[217] LLOYDSHENG. 手肘法确定聚类数 K ［EB/OL］.［2021－1－8］. https：//blog. csdn. net/weixin_29722783/article/details/112458880.

[218] MIHALCEA R. ，TARAU P.. TextRank：bringing order into texts ［C］. Honolulu Hawaii：Proceedings of the 2004 Conference on Empirical Methods inNatural Language Processing，2004.

[219] 闫强，张笑妍，周思敏 . 基于义原相似度的关键词抽取方法 ［J］. 数

据分析与知识发现，2021，5（4）：80—89.

[220] 赵林静. 结合语义相似度改进 LDA 的文本主题分析 [J]. 计算机工程与设计，2019，40（12）：3514—3519.

[221] 刘群，李素建. 基于《知网》的词汇语义相似度计算 [J]. 中文计算语言学，2002，7（2）：59—76.

[222] SUNNY，T. 随机游走（Random Walk）算法 [EB/OL]. [2021—3—9]. https：//blog. csdn. net/qq_43186282/article/details/114585885.

[223] 李家宁，熊睿彬，兰艳艳，等. 因果机器学习的前沿进展综述 [J]. 计算机研究与发展，2023，60（1）：59—84.

[224] FISHER，AYLMER R.. The design of experiments [M]. New York：Hafner Publishing Company，1966.

[225] LALONDE R. J.. Evaluating the econometric evaluations of training programs with experimental data [J]. The American Economic Review，1986，4（76）：604—620.

[226] 赵西亮. 也谈经济学经验研究的"可信任革命"[J]. 经济资料译丛，2017（2）：80—90.

[227] 李文钊. 因果推理中的潜在结果模型：起源、逻辑与意蕴 [J]. 公共行政评论，2018（1）：124—149.

[228] ROSENBAUM P. R.. Observational studies [M]. Berlin：Springer，2002.

[229] ROSENBAUM P. R.. Design of observational studies [M]. Berlin：Springer，2012.

[230] 王筱纶，赵宇翔，王曰芬. 倾向得分匹配法：促进数据科学视角下情报学研究的因果推断 [J]. 情报学报，2020，39（11）：1191—1203.

[231] ROSENBAUM P. R.，RUBIN D. B.. The central role of the propensity score in observational studies for causal effects [J]. Biometrika，1983，70（1）：41—55.

[232] 李奉治. 因果阶梯与 Do—演算：怎样完美地证明吸烟致癌？[EB/OL]. [2020—12—11]. https：//m. thepaper. cn/baijiahao_10341933.

[233] 李广建，江信昱. 论计算型情报分析 [J]. 中国图书馆学报，2018，44（2）：4—16.

[234] 赵西亮. 基本有用的计量经济学 [M]. 北京：北京大学出版社，2017.

[235] 黄磊，吴传清. 长江经济带生态环境绩效评估及其提升方略 [J]. 改

革，2018（7）：116－126.

[236] 张荣博，钟昌标. 数字乡村建设与县域生态环境质量——来自电子商务进农村综合示范政策的经验证据 [J]. 当代经济管理，2023，45（2）：54－65.

[237] 申伟宁，柴泽阳，张韩模. 异质性生态环境注意力与环境治理绩效——基于京津冀《政府工作报告》视角 [J]. 软科学，2020，34（9）：65－71.

[238] 杨军. 县域农业绿色发展指数构建及实证分析——基于湖北省 2017 年县域截面数据 [J]. 江苏农业科学，2021，49（5）：24－30.

[239] 侯相成，李涵，王寅，等. 吉林省县域农业绿色发展指标时间变化特征——以梨树县为例 [J]. 中国生态农业学报（中英文），2023，31（5）：807－819.

[240] BRAUN E.，WIELD D.. Regulation as a means for the social control of technology [J]. Technology Analysis and Strategic Management，1994，6（3）：259－272.

[241] 张雪莹，吴多文，王缘. 绿色债券对公司绿色创新的影响研究 [J]. 当代经济科学，2022，44（5）：28－38.

[242] 周雪峰，韩露. 数字普惠金融、风险承担与企业绿色创新 [J]. 统计与决策，2022，38（15）：159－164.

[243] 钟廷勇，黄亦博，孙芳城. 数字普惠金融与绿色技术创新：红利还是鸿沟 [J]. 金融经济学研究，2022，37（3）：131－145.

[244] 张杰飞，尚建华，乔彬. 数字普惠金融对绿色创新效率的影响研究——来自中国 280 个地级市的经验证据 [J]. 经济问题，2022（11）：17－26.

[245] 孙耀武，胡智慧. 数字经济、产业升级与城市环境质量提升 [J]. 统计与决策，2021，37（23）：91－95.

[246] 崔耕瑞. 数字金融与产业高质量发展 [J]. 西南民族大学学报：人文社会科学版，2022，43（2）：136－144.

[247] 熊威. 绿色供应链绩效评价指标研究 [J]. 中国物流与采购，2008（12）：74－75.

[248] 廖小菲，罗贤禄. 企业绿色供应链发展效率及其影响因素研究——基于国家级新区调查数据的实证分析 [J]. 会计之友，2022（6）：27－32.

[249] ANA I. M.，GUSTAVO ADOLFO G. C.，Intra-metropolitan ag-

glomeration of formal and informal manufacturing activity：evidence from cali，colombia [J]. Tijdschrift Voor Economische En Sociale Geografie，2016，107（4）：389－406.

[250] LEE V. H，OOI K. B.，ALAIN CHONG Y. L.. Creating technological innovation via green supply chain management：An empirical analysis [J]. Expert Systems with Applications an International Journal，2014，41（16）：6983－6994.

[251] 张峰，任仕佳，殷秀清. 产业焦聚、技术创新与绿色供应链效率——基于 28 家大中型钢铁企业面板数据的 PVAR 分析 [J]. 中国科技论坛，2020（4）：51－64.

[252] 张振华，胡凯，曾德源. 基于 LCA 的江西省典型生猪供应链的碳排放测算 [J]. 家畜生态学报，2022，43（10）：78－85.

[253] 谢婷婷，刘锦华. 绿色信贷如何影响中国绿色经济增长？[J]. 中国人口·资源环境，2019，29（9）：83－90.

[254] 江红莉，王为东，王露，等. 中国绿色金融发展的碳减排效果研究 [J]. 金融论坛，2020，25（11）：39－48，80.

[255] ROSENBAUM P. R.，RUBIN D. B.. Constructing a control group using multivariate matched sampling methods that incorporate the propensity score [J]. The American Statistician，1985，39（1）：33－38.

[256] IMBENS G. W.，RUBIN D. B.. Causal inference in statistics，social，and biomedical sciences：an introduction [M]. Cambridge：Cambridge University Press，2015.

[257] 刘昕. 基于结构方程模型的因果分析算法研究及应用 [D]. 成都：电子科技大学，2019.

[258] 李艳颖. 贝叶斯网络学习及数据分类研究 [D]. 西安：西安电子科技大学，2015.

[259] 金玉国. 从回归分析到结构方程模型：线性因果关系的建模方法论 [J]. 山东经济，2008，145（2）：19－24.

[260] SCOBLE R.，ISRAEL S. 著，赵乾坤，周宝曜 译. 即将到来的场景时代 [M]. 北京联合出版社，2014.

[261] 彭兰. 场景：移动时代媒体的新要素 [J]. 新闻记者，2015（3）：20－27.

[262] 梁旭艳. 场景：一个传播学概念的界定——兼论与情境的比较 [J]. 新闻界，2018 (9)：55—62.

[263] 符国群. 消费者行为学（第三版）[M]. 北京：高等教育出版社，2015.

[264] 娄高明. 情境因素对顾客感知价值的影响研究 [D]. 沈阳：东北大学，2009.

[265] Hawkins D. I.，BEST R. J.，CONEY K. A. 著，符国群 等译. 消费者行为学（第 8 版）[M]. 北京：机械工业出版社，2003.

[266] 龚振. 消费者行为学（第二版）[M]. 广州：广东高等教育出版社，2011.

[267] SHETH J. N.，NEWMAN B. I.，GROSS B. L.. Why we buy what we buy：a theory of consumption values [J]. Journal of Business Research，1991，3 (8)：307—319.

[268] WOODRUFF R. B.. Customer value：the next source for competitive advantage [J]. Journal of the Academy of Marketing Science，1997，25 (2)：139—153.

[269] 陈玉钗. 感知价值、感知风险与互联网金融产品购买意愿的关系研究 [D]. 广州：暨南大学，2015.

[270] 袁宏福. 基于个性的顾客感知价值研究 [D]. 北京：中国人民大学，2008.

[271] WILLIAM L.，WYCKHAM，ROBERT G.. Perceptual segmentation of department store markets [J]. Journal of Retailing，1969，45 (2)：1—12.

[272] HENDON D. W.，WILLIAMS E. L.. Winning the battle for your customer [J]. Journal of Consumer Marketing，1985，2 (4)：65—76.

[273] ZEITHAML V. A.. Consumer perceptions of price，quality，and value：a means-end model and synthesis of evidence [J]. Journal of Marketing，1988，52 (3)：2—21.

[274] FINE L. M.，SCHUMANN D. W.. The nature and role of salesperson perceptions：the interactive effects of salesperson/customer personalities [J]. Journal of Consumer Psychology，1992，7 (3)：285—296.

[275] RAVALD A.，GROÖNROOS C.. The value concept and relationship

marketing [J]. European Journal of Marketing, 1996, 30 (2): 19—30.

[276] HOLBROOK M. B.. Customer value-a framework for analysis and research [J]. Advances in Consumer Research, 1996, 23 (1): 138—142.

[277] FLINT D. J., WOODRUFF R. B., GARDIAL S. F.. Exploring the phenomenon of customers' desired value change in a business-to-business context [J]. Journal of Marketing, 2002, 66 (4): 102—117.

[278] 江林, 袁宏福. 基于个性的顾客感知价值研究 [J]. 市场营销导刊, 2009 (2): 22—28.

[279] 白长虹, 范秀成, 甘源. 基于顾客感知价值的服务企业品牌管理 [J]. 外国经济与管理, 2002 (2): 7—13.

[280] BAUER R. A.. "Consumer behaviour as risk taking". In Dynamic marketing for a changing world. Proceedings of the 43rd Conference of the American Marketing Association, Febrary 389—398, 1960 [C]. Chicago: American Marketing Association, 2016.

[281] COX D. F., RICH S. U.. Perceived risk and consumer decision making: the case of telephone shopping [J]. Journal of Marketing Research, 1964, 1 (4): 32—71.

[282] THOMAS H., BAIRD I. S.. Toward a contingency model of strategic risk taking [J]. Academy of Management Review, 1985, 10 (2): 230—243.

[283] MITCHELL V. M.. Consumer perceived risk: conceptualizations and models [J]. European Journal of Marketing Journal of Marketing, 1999, 33 (1/2): 163—195.

[284] ALLPORT G. W.. Personality: a psychological interpretation [M]. New York: Henry Holt & Company, 1937.

[285] GUILFORD J. P. On personality: in readings in personality [M]. New York: Henry Holt & Company, 1973.

[286] ALLPORT G. W.. Pattern and growth in personality [M]. New York: Holt, Rinehart & Winston, 1961.

[287] CERVONE D., PERVIN L. A.. Personality theory and research [M]. Hoboken: John Wiley & Sons Ltd, 2010.

[288] FUNDER D. C.. On the accuracy of personality judgment: a realistic approach [J]. Psychological Review, 1995, 102 (4): 652—670.

[289] DAY D. V.. Personality and job performance: evidence of incremental validity [J]. Personal Psychology, 1989 (42): 25—36.

[290] 叶紫怡. 金融人格特质与金融产品投资研究 [J]. 中国市场, 2020 (10): 45—46, 155.

[291] TALMY L.. Toward a cognitive semantics [M]. Cambridge: MIT press, 2003.

[292] FROMM E. 著, 刘林海译. 逃避自由 [M]. 北京: 国际文化出版公司, 2002.

[293] RADINSKY K., DAVIDOVICH S., MARKOVITCH S.. Learning causality for news events prediction. Proceedings of the 21st international conference on world wide web, April 16—20, 2012 [C]. Lyon: ACM, 2012.

[294] 吴冬茵. 事件驱动的文本情绪原因发现研究 [D]. 哈尔滨: 哈尔滨工业大学, 2016.

[295] 任明仑, 李伟. 基于人—物—场信息融合的事件信息结构模型 [J]. 合肥工业大学学报 (自然科学版), 2017, 40 (4): 553—558.

[296] 史海燕, 韩秀静. 情境感知推荐系统研究进展 [J]. 情报科学, 2018, 36 (7): 163—169.

[297] ADOMAVICIUS G., MOBASHER B., RICCI F., et al. Context-aware recommender systems [J]. International Journal of Information Technology & Web Engineering, 2008, 32 (3): 335—336.

[298] 程秀峰, 张孜铭. 基于情境感知的电商平台推荐系统框架研究 [J]. 情报理论与实践, 2021, 44 (2): 168—177.

[299] KANTOR P. B., RICCI F., ROKACH L., et al. Recommender systems handbook [M]. Berlin: Springer, 2010.

[300] 黄卓, 王萍萍. 数字普惠金融在数字农业发展中的作用 [J]. 农业经济问题, 2022 (5): 27—36.